本书为美国福特基金会"依托学校建立
乡级贫困民族农村社区学习中心的探索性研究"
（项目编号：1105-1318）的阶段性研究成果

云南省教育学一级博士点建设学科
民族教育信息化教育部重点实验室
云南民族教育与边疆发展研究创新团队
美国福特基金会项目

资助成果

民族农村教育研究丛书

社会转型期民族农村地区教师压力研究

以云南省寻甸回族彝族自治县六哨乡为个案

李孝川 王凌 刘菊华◎著

人民出版社

目　录

总序一

在我国教育发展强调加强农村教育、实现教育均衡的今天，由云南师范大学罗黎辉教授主编，王凌教授和李劲松教授副主编的"云南民族农村教育研究系列丛书"出版了。这无疑是一件好事。

云南自然风光的神奇独特、少数民族文化的多彩绚丽，对于许多人来说都已并不陌生，但云南民族农村教育的真实面貌，即使在教育研究者当中，能谈得上了解的人就不多，更难说深入地认识。这本丛书从多层次、多侧面，向我们展开了一幅多少令人心酸，但更让人生长出希望的、同时能呼吸到泥土芳香和质朴民风的云南民族农村教育的当今画卷。就此而言，它已值得我们阅读和关注。

然而，更让我感动和敬佩的是丛书的作者们——云南师范大学教育科学与管理学院的一批同人。他们用八年的时间，深入到几个少数民族的乡村，与当地学校的校长、老师，在当地有关行政领导部门的支持下，一起持续开展改变学校的教育改革，并获得了成效，得到了社会的认同。我曾有机会随他们走了一次八年中他们无数次走过的路，一条八年中不断变化着的路。因而能感受到这种坚持的难能可贵，感受到他们打开局面的艰难不易，也感受到他们因这段刻骨铭心的教育改革经历而生成的独特幸福。为此，我有幸被邀为"丛书"作序。我相信，这是本丛书最值得让人珍爱的价值，它是一份难得的精神"财富"。

愿"财富"的拥有者更富有，唯有此种财富的增值，我国民族农村地区教育"贫穷"的面貌才会随之改变。愿更多的人为"财富"的增值付出自己一份心血，共同为云南、为中国每一块土地、为每个孩子的心田，开出美丽的教育之花而共同创造。

叶　澜

2009 年 12 月 5 日

总序二

毋庸置疑，在城乡差别依然明显，城乡二元体制依然存在的条件下，农村教育有其不同于城市教育的特殊性和规律。在这种情况下，把城市的教育模式几乎不假思索地套用到农村，换句话说，脱离农村的具体实际，按城市的教育特点与规律来办农村的教育，其结果必然既不能满足农村、农业和农民的需要，又不利于城乡教育的均衡发展和教育公平的有效推进。

客观讲，我们已经有了比较系统的、在农村的教育，但我们在农村的教育距离适合于农村的教育，尤其是距离适合于民族地区农村的教育，还有相当长的路要走。解决好这个问题，不仅需要政府的重视和正确的决策，而且，需要教育理论和实践工作者给予更多的关注和不懈的努力。

云南师范大学教育科学与管理学院的一批教育理论工作者，从

2001 年起，八年如一日，深入云南少数民族乡村，在当地政府和教育行政部门的支持下，与当地学校的校长、老师一起，立足于云南民族地区农村实际，持续开展创建适合于民族农村地区学校教育的探索研究。围绕这一主题，他们从家庭教育、学前教育、初等教育、中等教育、职业教育等多层次；从课程内容、课程结构、课程体系、教学方法、学生发展、教师专业发展、教学管理、学校管理、教育行政管理多个侧面；从课程与教学理论、德育论、教育心理学、教育评价理论、教育管理学、教育经济学、教育社会学、教育研究方法论以及文化学、民族学、人类学、社会学、经济学、管理学、历史学、统计学、哲学等多视角展开系统的研究。他们摒弃纯粹从思想演化思想，理论推导理论的教育理论研究路径，坚持理论与实践有机统一是研究和发展教育理论的根本途径的信条，努力实现研究的"顶天"而"立地"——归纳相关学科前沿的理论与方法，与云南民族地区农村最真实的教育实际相结合，建构适合于民族农村的教育和用以指导民族农村教育实践的鲜活教育理论。他们八年的研究取得了颇丰的收获，得到了社会的认可。《云南民族农村教育研究系列丛书》正是他们的系列研究成果较为集中的一个展现。

我以为，这套丛书的价值不仅在于揭示了云南民族农村教育长期面对的问题与困难，揭示了改革发展云南民族农村教育的策略、内容、路径与方法，对云南民族农村教育的改革与发展具有重要理论与实践意义，它更大的价值或许还在于揭示了中国农村教育长期照搬城市教育，脱离农村实际的痼疾，揭示了改革农村教育的必要性，指出了农村教育改革的一条路径，并且，为我国构建既符合国家发展需要，又符合农业、农村、农民发展需要的乡村教育提供了一个良好的范式，足以值得教育政策的制定者和致力于农村教育的广大工作者、管理者和研究人员阅读与关注。

　　任何一项研究都没有办法穷尽真理，这项带着鲜活泥土芬芳的研究同样只是在我国农村教育的理论建构方面做了一点点局部且尚待检验的工作。研究中的肤浅粗陋与不足之处，敬请读者匡扶斧正。中国农村教育发展真谛的揭示、中国农村教育的健康发展需要更多方面、更多有识之士的共同关心并为之奋斗。但我们有理由相信，当这一天来临的时候，中国农村的每个家庭、每个孩子必将能够享受到他们更加满意的、更良好的教育，教育的公平将在机会、过程和结果等方面在中国农村更好地得以实现。

罗黎辉

2009 年 12 月 6 日

前　言

伴随着社会转型期出现的信息技术的飞速发展和经济全球化趋势加剧等情形，社会个体普遍产生了一系列不适应症状，遭遇了一定的负性情绪体验和感受，压力感已成为当今时代的一大普遍特征，压力问题也随之成为人们日益关注的热点话题之一。

学校教育作为社会的重要组成部分，在社会转型时期也正在经历着前所未有的变革，特别是随着我国新一轮基础教育领域改革的不断深化和推广，教师专业化进程的推进以及教师职业本身的特殊性，使得社会各界以及教师本人都赋予了其更高的职业含义，教师普遍产生了较大的工作压力和职业危机感，尤其在广大民族农村贫困地区，教师压力问题尤为突出，而且这种压力不断被强化和加重，导致一部分教师出现职业道德缺失、心态失衡、教育观念陈旧、知识结构跟不上时代要求等问题。面对压力大、冲突多、责任重、任务杂、要求高的复杂情境，中小学相当多的教师出现离职，改行另谋他职者增多的现象，教师职业压力的影响已逐渐受到社会大众的关注，对教师工作压力等相关问题的研究，已成为当代教育领域的一个重要研究课题。

压力是引发个体产生心理健康问题的一个不可回避的诱因，教师高压力、多应急的职业特点更容易加剧他们心理健康问题发生的概率。因此，探讨如何从容稳健地应对压力的对策和建议是教师心理健康研究的重要目标和指向。众所周知，中小学教师在当前的社会转型中面临更多的压力，而边疆民族农村贫困地区的教师压力更甚。限于主客观条件，本研究无法对全国范围内的中小学教师在社会转型期的压力状况进行调查，而仅以云南省民族农村贫困地区的典型缩影——六哨乡为个案，全面、深入地探讨特殊地区教师群体在社会转型期的压力状况，分析引起当地教师产生压力的各种因素，并以教师的压力及压力的应对方式为研究的突破口，深刻理解教师职业，并探求云南省民族农村贫困地区教师适应压力的心理机制，构建积极应对压力的模式，为这些地区教师的心理健康辅导工作，教师个人的成长及教师的专业化提供一些参考，帮助这些教师对自身有更清晰的了解，提升他们的生命质量。

研究旨在使这些特殊地区的教师群体以更健康的心态投入工作，以更积极主动的行为参与到教育改革中，最终促进民族自治地方农村义务教育的均衡发展，提高民族人口的文化素养和公民素质，缩小民族自治地方农村教育与其他地方教育之间的差距，实现教育公平和社会公正。因此，关注边疆民族农村贫困地区教师的生存状态，探究教师压力的来源并寻求缓解教师压力的策略，是打破民族农村贫困地区教育发展的瓶颈，是提高农村教育质量的关键，也是本书的重点。

本书以云南省民族农村贫困地区六哨乡为个案，是基于以下三点考虑：一、六哨乡为云南民族农村贫困地区的一个典型缩影；二、前期项目提供的基础和可能性；三、我们对民族农村贫困地区教师群体的关注。

本书共分以下几部分：

第一部分为选题缘起，介绍了时代背景、教育发展、自身因素等推动了教师压力研究的开展。

第二部分是教师压力研究综述，在对已有研究进行了梳理和述评的基础上，对教师压力的相关概念做出界定。

第三部分根据本研究的需要设计研究思路，包括研究问题的提出、研究目的和意义、研究取向、研究方法的选择及本研究的创新之处。

第四部分呈现研究结果和分析，包括正式问卷的统计分析、教育改革中六哨乡教师压力的状况分析、教育改革中六哨乡教师压力的影响因素分析以及影响六哨乡教师在教育改革中压力的因素探讨。

第五部分从社会层面、学校层面和教师自身层面探究云南民族农村贫困地区教师在教育改革中压力产生的深层原因。

第六部分在实践的基础上，致力于寻求云南民族农村贫困地区教师压力的缓解途径和方式：引导教师转变观念、适当调整教育改革对教师的客观要求、增强教师应对教育改革的能力、为教师参与教育改革提供支持性的环境、关注教师在教育改革中的顾虑、关注教育改革中教师的情感体验、增强教师在教育改革中的自我效能感。

第七部分对研究进行小结，以及对未来研究教师压力的趋势进行展望。

另外，考虑到方便同行相关人员对该领域的进一步深入研究，本研究结尾也附上了有关教师压力研究的中外文参考文献，以便参阅。

在此需要特别说明的是，压力是一把双刃剑，具有双重属性。本文更多提及的是压力的负面效应，频繁提及教师在教育改革中的不良情绪体验，如：教师普遍存在压力体验，特别是民族农村贫困地区教师的压力体验明显强烈，过大的压力体验对教师个体身心产生的不良影响以及由此对教育改革的实施和推行造成的阻碍等。为了有效地激发个体的潜能，使各项工作顺利有序地开展，我们倡导适度压力的追寻，因为个体能够承受的适度压力会产生一定的积极作用。

本书稿从构思到酝酿完稿历时了六年多的艰辛，从全书整体框架的体例到具体某个观点的表述，都经历过反反复复的思考和深究。即便如此，我们仍深感本书还有很多需要进一步完善的地方，在某些方面甚至还存在不少疑惑，需要继续探究，这些疑惑和遗憾尚待对该领域感兴趣的读者朋友进一步研究和讨论，若能因此促进这一领域的深入研究，我们的目的也就达到了！

在本研究成书之际，我们要衷心感谢恩师，云南师范大学教育科学与管理学院的王凌教授和曹能秀教授，感谢两位恩师引导我们走入教育研究这一神圣的殿堂；感谢恩师给我们机会参与到这项研究中来，同时给予我们在这一研究领域的极大支持和鼓励，当我们在这一领域研究遇到瓶颈，无法继续深入下去时，恩师及时给予我们思路上的点拨，并不厌其烦地对后期书稿的具体修改提出了详细的意见。感谢他们一直以睿智的见解启发我们；以豁达的态度影响我们；以学问上严谨的精神要求和培育我们；以生活上宽广的胸襟关怀和包容我们。我们在学术和生活上的每一点进步和成长，都与恩师的教导、鼓励与期盼分不开。

同时，还要感谢课题组的成员：李天凤教授、赵敏敏教授、李云海教授、阳谦副教授、陈瑶副教授、王资岳副教授以及当地学校的老师们，没有您们的参与、配合及支持，本项研究将无法顺利地开展和持续。此外，本书稿的很多表述源自于很多学者研究思路的启发以及其研究过程的介绍和研究结果的陈述，有时因为没有明确地意识到，有时已意识到，但因不知如何引注才合理，故而未注。在此对这些给了我们启发和帮助的学者致以谢意！

本书稿自选题构思开始，到具体研究框架的设计以及后期的修改都由王凌老师亲自把关，在其指导下逐步完善起来。具体的撰写工作分工如下：第一、二、四章由李孝川负责；第三章由王凌负责；第五章由刘菊华负责；第六章由李孝川、刘菊华负责；第七章由李孝川、王凌负责。

尽管本书稿得益于许多关心与爱护我们的师长、同事、朋友的指导、帮助、支持得以出版。但是由于我们的学识和水平极其有限，本研究在很大程度上停留在较肤浅层面的描述和分析，还需要关注这一领域的其他学者进一步深入挖掘与探究。正因如此，书中缺失错误之处也就在所难免，诚望各位专家、学者给予批评指正！

李孝川

2011 年 11 月 10 日

第一章 选题缘起

> 教育如风，春风化雨，风化天下，润泽苍生。
>
> ——佚名

李培林在《"另一只看不见的手"：社会结构转型》（1992年）中提出社会转型问题，引起了学术界对此的高度关注。社会转型是指人类社会从传统向现代、从农业向工业、从封闭性向开放性的社会形态变迁、转变和发展的过程。它既有社会结构、制度文化、人际互动方面的变化，也有人们思想意识、价值观念以及行为方式的改变，这些变更与教育的关系十分密切。

社会转型必然引发教育领域相应的调整或变革，教师作为教育领域的核心要素之一，理应随着社会的变化而作出适当的改变。但由于各种因素的影响，在社会转型进程中教师作出的相应调整带有一定的滞后性，在很大程度上很难与社会变革的步伐保持完全一致，这就让教师在调整适应的过程中普遍感受到了压力体验，继而使教师工作的主动性和积极性面临很大的挑战。一方面，我国正处于社会经济及其政治结构急剧变革的转型时期，社会对教师提出的过高、过多要求对其造成了巨大的冲击；另一方面，一些教师受到社会变革中各种不良风气的侵蚀，使之片面地认知教师这一职业，认为教师与其他职业相比，社会地位低下、工作任务繁重，进而缺乏成就感，出现了厌教厌学心理，有的教师甚至因此离开了工作岗位。这样的现象会造成教育教学质量停滞不前，甚至倒退下降。因此，改善教育面临的尴尬局面成为了教育行政部门和学校急需解决的问题。对教师职业压力的研究成为改善教师心理环境的一种重要方式，我们也希冀着通过持续不断的研究，可以为改进教师的工作方法和工作作风，提高工作的主动性和积极性，进而提高教师的专业素养，在一定程度上改善这种局面作出学术上应有的贡献。

随着社会转型的加剧，当今社会已经打破了一体化格局，从一元走向多元化，这种多元化的趋势对学校教育也产生了一定的冲击，改变了学校固有的模式和格局，对传统的教育理念形成了一定的影响，对教师工作提出了相应的挑战。在这样的情境下，教师的地位、角色和作用都将随之发生相应的改变，传统的师生关系也需重新建立，为了迎接和适应如此变革，教师具备的专业知识和技能需要不断提高，教师的专业态度、专业意识理念等也需进行不停调整。社会不再以整齐划一的方式来定位教师，教师的工作和生活方式变得灵活多样，教师在面对各种变化情境时不得不质疑自己的职业选择，这就使得教师在社会转型时期面对更多的挑战，承受更多的职业压力。

在社会转型期，社会结构也将发生很大的变革，表现为技术的不断进步和人们意识形态的不断更新，为了适应千变万化的社会环境，教育也在发生着变化，教师必须在教育教学理念和行为方式上都作出适当调整，否则就会产生持续的压力，继而导致整个教师群体蒙受诸多不良影响。倘若教师不能通过有效的自我调适来消除心理的不良情绪，不但会影响到工作的主动性和积极性，而且会陷入消极情绪的恶性循环中，让教师身心耗竭。个体的价值观念和行为方式也在社会变革的驱动下不断改变，社会生活的各个领域充满了新奇的价值观、效益观、报酬观、平等竞争观、民主法制观、合作观等。社会、学校和家庭对教师的观念也相应地发生转变，他们的高要求、新观念在无形中给教师施加了压力，面对角色猝不及防的转换，教师不能及时应对而产生了心理冲突，长期的心理冲突延续不绝，令教师感受强大压力，这些压力得不到解决，教师难免身心疲惫，沮丧、压抑等不良情绪将会萦绕其左右。

社会转型中出现的现代化趋势是社会文明的标志之一，人的心理状态是社会现代化的一个重要表现。智利的萨拉特·班迪博士在 1971 年维也纳发展研究所举行的"发展中的选择"研讨会上指出："落后和不发达不仅仅是一堆能勾勒出社会经济图画的统计指数，也是一种心理状态。"①教育领域的现代化在一定程度上是通过教师个体的文明、素质得以体现，因为与其他从业人员相比，社会对教师群体的文化层次要求相对要较高一些，毕竟教师的作用在社会快速发展时期显得尤为重要。所以，社会往往对教育持有很高的期望，对教师提出很高的要求。但却往往忽视教师个体的局限性，忽视过高要求给教师个体心理健康产生的负面影响。近年来，媒体大肆宣扬发生在教师身上的个别不良事例，使教师群体的形象、地位等遭受了诸多不良影响，引发了教师的各种不良情绪。

如此情境引发了部分学者对教师群体的关注，对其心理健康的重视。于是，一些学者掀起了对教师的心理健康问题的研究，对教师职业压力和职业倦怠方面的研究开始凸显。相关研究结果表明：教师是一种具有高度奉献精神的职业，教师的工作负荷量较大，比其他职业更具压力。随着科技和知识的日益更新，教师除了要完成日益复杂的教育教学任务，还要置身于变化多端的教育改革中，对个体差异越来越大的学生因材施教，还得承受社会和家长对他们日益递增的要求和期望。教师个体因不能很好地缓解这些压力而长期处于压力状态，产生生理、心理上的疲惫，出现工作能力下降、工作热情丧失、工作成就感低等症状。可见，对教师的心理健康问题，特别是对教师的压力问题开展研究尤为重要，需要从不同的视角深入研究教师的压力问题，给身处压力情境中的教师提供一些参考性建议。

第一节　时代背景

社会的变迁引发教育的改革，这使得教育领域面临着新的挑战，也让教育理念与实践走进了新的困境，让作为教育的核心要素之一的

---

① 彭银祥：《跨世纪教师心理素质建设》，湖南大学出版社 1997 年版。

教师受到了巨大冲击，产生了许多心理问题。虽然信息技术在一定程度上取代了教师传统上"传道、授业、解惑"的作用。但是，教师的职责和任务却有增无减。为了能够适应教育的各种变化，教师必须花更多的时间和精力选择、组织教材，学会使用先进的教学方法进行教学，还要进行大量的教学研究。可见，教师的工作在信息时代更加复杂而多样化，这种多样化可以促进教师在知识技能上的不断成长，同时也形成了无形的压力，从而使心理健康问题也更加凸显。

同时伴随社会飞速发展和国际竞争加剧的情形，各国都把教育放在优先发展的重要位置，把教育当做生产力。教育在社会和个体的发展中的任务越来越艰巨，教师作为教育的中坚力量，对社会及个体的发展可谓举足轻重。教师相比其他职业具有很大的特殊性，教师是一种连续的、紧张的、与他人互动的助人行业。教师必须对社会、学校、家庭和学生负责，越来越重的教学任务，越来越高的社会期望，越来越多的角色要求，将花费教师更多的时间和精力去应付。教师职业的特殊性决定了教师群体是一个容易产生心理问题的群体。近年来如此频繁的教育改革让许多中小学教师面临着高压力。过重的压力损害了教师的身心健康，影响了教师的工作热情和主动性，也影响到学生身心的健康发展，更制约了教育教学质量的提高。因此，中小学教师能否以健康的身心状态投入到教育教学工作，以及如何缓解他们身上存在的过度压力是社会和研究者共同关心的问题。

伴随社会转型出现的一些快节奏因素，使个体生活得紧张而忙碌，精神压力增大，从而导致个体产生一些适应不良的症状，表现出心理烦躁不安、价值观念冲突、行为模式多元化、道德意识模糊等情形，作为高压力群体的教师也不例外。我国目前推行的新一轮基础教育改革对中小学教师提出了更新、更高的要求，而这些教师自身的素质和能力却远远达不到这样的要求，由此给他们带来了很大压力，教师压力问题成为了阻挡教育改革顺利推进的绊脚石。大量研究结果表明了我国许多的中小学教师，特别是民族农村贫困地区教师存在较严重的心理健康问题。在导致中小学教师心理健康问题的众多因素中，工作性质方面的因素是主要的。然而，教师的身心健康在过去没有得到足够的重视。传统的刻板理念定格了教师本该具有奉献精神，这样的观念在给教师带来了精神荣誉享受的同时，也从很多方面给教师施加了不可估量的压力。教育教学情境复杂而多变，而且会受到多重因素的相互作用，这是教师很难预期和控制的。加之随着社会的飞速发展和信息化时代的到来，社会对教师个体素质等方面的要求越来越高，对学校教育质量的要求也提出了更新的要求和期待，这在一定程度上会导致社会要求和传统师德之间产生不一致的境况，因为教师个体在满足知识传递和技能授予需求外，还需处理与调和可能出现的各种问题，这势必加重教师的负担。

长期以来，教师一直面临来自社会、学校、家庭和学生的压力。首先，教师被要求成为教育者，为社会树立良好的形象；教师个体除了掌握自己本专业的知识外，还必须精通教育科学等方面的知识，以及具备一定的自然和人文社会科学知识。其次，教师被要求成为社会进步的推动者，通过培育人才来推动社会进步。再次，教师被要求成为父母的替代者，对学生进行各方面的管理。如此繁多的要求常使教师处于满足社会的外在要求与自身的内心欲望相冲突的情境中，让教师心理滋生了前所未有的压力体验。

第二节 教育发展

在查阅和梳理前人的相关研究基础上，我们发现职业压力其实已在一定程度上威胁到个体的身心健康，影响到个体的生活和工作质量。自 20 世纪 70 年代以来，教师职业的特殊性令许多从事教育学和心理学的研究者打开了教师职业压力研究的闸门，使其迅速成为了研究的重要课题之一。大量此类研究表明：教师职业具有很大的压力性。一项比较有代表性的关于教师自评工作中压力体验的调查表明，大约 1/4 的中小学教师认为教师是一项"非常或极度有压力感"的职业[①]。很多学者的深入研究也表明了我国教师群体承受着较大的职业压力。国内外现有的研究成果都指出了一个事实：教师群体承受着巨大压力，

---

① 邵光华：《国外教师压力研究综述》，《比较教育研究》2002 年第 11 期。

这种压力对其身心产生了消极的影响①。

教师的压力体验与社会对其提出的高要求是密切联系的，特别是近年来，社会纷纷把教育看成是国际竞争的有效手段之一，把教育发展提到了国家发展战略的高度，给予教育很多的关注和期盼，社会对教育的重视和要求可以从国家制定的一些政策性文件里得以反映，如我国制定的《中国教育改革和发展纲要》明确指出："振兴民族的希望在教育，振兴教育的希望在教师。"② 在中共中央政治局 2010 年 6 月 21 日审议并通过的《国家中长期教育改革和发展规划纲要（2010—2020)》指出，要巩固提高九年义务教育水平，重点推进义务教育均衡发展。要大力发展农村教育、大力发展民族教育和民族地区教育。正在制定中的云南"十二五"教育发展规划，也对云南民族教育、农村教育提出了具体明确和高标准的要求。这些为云南民族自治地方的农村义务教育的发展带来了新的机遇和新的挑战。面对这一发展状况，云南义务教育将面临双重转型，即从普及教育到巩固成果、再到提高质量的转型；从数量增长到质量提高、从外延发展到内涵提升的转型。其核心是发展重心由注重普及向注重巩固和质量提高的转移。尽管在社会各界的支持与教师群体的努力下已经取得了巨大的成就，但与全国平均水平相比，云南义务教育发展差距还在进一步扩大，教育质量普遍偏低。2008 年，云南省初中阶段毕业生升学率为 62.35%，比全国低 21.35%。由此可见，制约云南义务教育发展的瓶颈是农村，尤其是民族自治地方农村义务教育的发展滞后。在基本实现普及义务教育的背景下，以民族自治地方为重点的义务教育巩固和提高就成为新的阶段性任务和突破口。下一阶段的工作重心将是在巩固已取得的成绩基础上，不断提升义务教育阶段教育教学的质量，以促进义务教育阶段均衡发展。

从上述相关政策的阐述和要求中可以看出，振兴民族的希望寄予教育，教育领域把实现希望的目标归于教师。因此，教师队伍的建设至关重要，要深化教育改革、落实素质教育，就得全面提高教师的素质、敬业精神和奉献精神。在激烈的竞争中，世界各国都把教育放在

---

① 刘荣：《教师职业压力与健康状况研究述评》，《首都师范大学学报》2004 年第 4 期。

② 《中国教育改革和发展纲要》，1993 年 2 月 26 日中共中央国务院发布。

国家发展战略的重要位置，看到教育也是一种国际竞争力量，各国为在国际竞争中获得一席之地，都在不断地进行教育改革。教育领域里的各种变化是影响教师压力的一个因素，而且教师的一举一动都会受到传统观念的约束，在这样的境况下，教师要适应教育改革提出的新要求，就会很难清晰地定位自己的角色，常常会感受到压力倍增。

为了实现教育与社会的协调发展，我国自 2001 年 9 月起，新一轮基础教育课程改革在全国范围内轰轰烈烈地开展和实施，这次教育改革是历次教育改革中力度最大、波及范围最广的一次基础教育领域的变革。改革的出发点主要是改变我国基础教育领域课程重学科本位、知识本位的传统，朝着促进每一个学生个体的发展这一目标迈进。课程改革的主要内容有：（1）课程的内容设置实现以综合实践活动课程为主。课程改革关注学生的各种能力，如学生的创造能力、交流能力和实践操作能力等。（2）课程的功能是把学习的主体地位还给学生。新基础教育课程改革注重培养学生的积极性和主动性。（3）强调课程和教材的编制要充分顾及当地的实际情况。除了设置统一的国家课程外，还规定了省级课程、市级课程和校本课程等，以及各级课程所占的比例。（4）在课程的评价方面，新基础教育课程改革提倡发展性的评价和中介性的评价，评价指标除了知识和技能外，还应该包括学生的情感体验、态度与价值观评价等。《课程改革纲要》（试行）明确指出："中小学教师继续教育应以基础教育课程改革为核心内容，要确保教师培训工作与新一轮课程改革的推进同步进行。"[1] 社会、各级教育行政部门、学校和教师在教育改革的潮流中扮演着积极推动者的角色，各种各样的教师培训鞭策着教师不断完善自己的知识和技能，不断提升自我，以此推动教育改革顺利进行。

教育领域的相关行政部门为提高教师的素质、主动性、积极性和竞争力，也纷纷加入改革的大潮。意识到教育事业要取得蓬勃的发展，必须从提高教师队伍的素质着手，民族农村贫困地区教育的发展更离不开高素质的教师队伍。落后的经济造成了民族农村贫困地区教师的严重流失，一些稍有门路或业务能力较强的教师纷纷离开学校去从事

---

① 朱慕菊：《走进新课程》，北京师范大学出版社 2002 年版。

别的工作或流入经济发达的地区。那些依然驻守在民族农村贫困地区的教师因此而增添了繁重的教育教学任务，这对他们来说无疑是雪上加霜。因此，加强对中小学教师群体的压力研究就显得非常有必要，这在一定程度上可以引导教师寻找缓解压力的途径，走出艰难困境，同时也可以帮助他们提高自身的素质以及教育教学的质量，从而促进学生的全面发展，实现教育事业的稳步发展。

许多中小学教师因为社会的变迁，以及教育改革引发的压力而出现了身心健康问题，这不仅是教育领域的问题，同时也是一个普遍的社会问题。教师职业压力的研究虽然已经取得了一定成果，但教师的职业压力却未得到根本解决。中小学教师，特别是民族农村贫困地区教师要以积极态度正确认识自身的职业压力，适当体会超负荷压力，了解压力、面对压力，继而克服压力，让教师主动积极地投身于教育改革当中。

第三节　自身因素

"小时候，我以为你很神秘，让所有的难题都变成了乐趣；长大后，我就成了你，才知道，这支粉笔画出的是彩虹，洒下的是泪滴。小时候，我以为你很有力，你总是把我们高高举起；长大后，我就成了你，才知道，这讲台举起的是别人，奉献的是自己。"每当听到《长大后我就成了你》这首歌曲，心中都感慨万千，更坚定了自己选择做一名教师的决心。当然这与笔者自身的生活轨迹不无关系。笔者童年的大部分时光是跟随外公、外婆在一个偏僻的农村里度过的。从记事起，笔者就发现外公和外婆似乎总是生活在孤单中，每天除了几个不同班级的学生外，只剩下简陋而破旧不堪的学校。也时常听见外婆的抱怨，但那些抱怨却从未有人认真倾听过，他们的工作与生活也从未因此有过任何改变。依然的处境和孤独，依然的生活轨迹周而复始，时光唯一带走的是他们的苍老和无奈。后来，时间的车轮把笔者送到城市上学了。城市学校与民族贫困农村学校各方面条件的强烈反差让笔者更加挂念和同情最疼爱她的外公和外婆，也对他们产生了深深的敬仰。萌发了让更多的人了解像笔者的外公和外婆一样生活着的特殊群体的念头。加之笔者参与了导师主持的美国福特基金会资助的"以教育促进寻甸回族彝族自治县六哨乡农村社区经济发展与民族文化传承研究"（项目批准号：1050）和"以教育促进云南省民族农村贫困地区经济社会发展和民族文化传承推广实验研究"的研究项目。随着项目研究的实施和深入，以及在与民族农村贫困地区六哨乡教师频繁的接触过程中，我们之间建立了一种融洽和信任的关系，这种友好的关系是保障研究得以顺利推进的前提条件。这就促使我们想去了解当地教师生存状态如何？是否产生了职业压力？产生职业压力的程度和范围如何？职业压力又呈现出怎样的特征？导致教师职业压力主要的原因是什么？这些疑问引发了我们的思考。我们带着这些疑问和兴趣，以云南省民族农村贫困地区六哨乡作为研究个案，对教师职业压力的现状进行考察，试图从中探索出一些规律和特征，以便为学校、社会、教育行政机构，尤其是教师自己了解和认识教师职业压力问题提供一定的理论依据，为教师队伍的管理和建设提供科学的参考，于是更坚定了我们把民族农村贫困地区教师群体作为研究对象的决心。

我国的传统文化把教师比做蜡烛，燃烧了自己，照亮了别人；把教师比喻为"人类灵魂的工程师"；把教师职业形容为"太阳底下最光辉的事业"；把教师比做永远不知疲倦的"春蚕"和"辛勤的园丁"……然而，在这些光环的背后，教师担负着多么艰巨的责任，承受着怎样的压力。中小学教师群体的处境，特别是民族农村贫困地区教师群体的现状引起了我们对他们的关注。于是在分析民族农村贫困地区中小学教师压力源的基础上，我们提出了缓解这些地区中小学教师压力的对策，希望本研究能够引起人们对民族农村贫困地区教师群体的关注。如若更能以此提高民族地区，尤其是民族贫困地区农村义务教育阶段的教育质量，促进这些特殊地区教育的均衡发展，那我们的描述和探索也就达到了最初的期望。

第二章　相关概念和理论

以小明大，见一叶落而知岁之将暮；

睹瓶中之冰，而知天下寒。

——《淮南子·说山训》

随着科学技术的飞速发展，人类步入了信息时代，个体对待生活和工作的态度也发生了相应的改变，工作作为谋生的手段被强化。"劳动者在自己的劳动中并不肯定自己，而是否定自己。"在职业生活中，他们"并不自由地发挥自己的肉体力量和精神力量，而是使自己的肉体受到损伤、精神遭到摧残。"因此，"劳动者只是在劳动之外感到自由自在"。[①] 劳动在一定程度上被异化了，这种异化让更多的从业人员感受到压力的困扰和威胁。而当前的社会转型，使社会经济、政治、文化结构处于重新调整、分化、建构的历史运动之中，教育系统也将受到变革的冲击，作出相应的调整，教育系统将由僵滞走向变更、由封闭走向开放、由落后走向文明。并且随着教育改革的不断推进和深化，教师除了面对教育改革外，还将面对教育机制的创新、教育岗位的竞争、新知识新技术的引进、新方法的使用，在这个过程中教师面临的压力更是无从回避、日趋沉重。

---

① 陈学明编译：《二十世纪哲学经典文本西方马克思卷》，复旦大学出版社 1999 年版。

第一节　关于压力的研究

一、压力的界定

有学者对压力（stress）一词的来源进行过考察，发现其词源有很多种，如中古英语 stresse（含困难之意），部分源自 destresse，部分源自古法语 estrece（含狭窄、压迫之意），部分源自拉丁语 strictia，源自拉丁语 strictus、stringere 的过去分词（含拉紧之意）。1303 年在英国诗人 Robort Mannyng 的作品 *Handlying Symne* 中出现了压力一词，这是有关压力最早的文字记载。14 世纪以来，物理学和工程学领域开始对压力进行界定，其界定范围是将 structural（结构工程）、engineering（系统解算）、systems（程序）和 solver（语言）这四个词进行组装合成，把压力看成是当外部力量集中于某一个物体时，该力量使物体发生扭曲变形的现象。这些所有外力就被称为压力。进入 20 世纪，医学界开始出现压力的概述，把压力界定为个体承担的超过自身负荷的度。而在医学等其他领域，压力被称为应激状态；心理学领域将其翻译为压力、应激或者紧张。① 随后哈佛著名的生理学家 Walte Cannon 把"压力"这个术语引入社会领域，把压力定义为斗争和逃避的综合征，是与"稳态"相对应的一种状态，使个体处于体内环境的平衡水平。他的继承者，加拿大著名生理心理学家汉斯·薛利（Hans Selye）在其理论的基础上，提出了适应综合征理论。薛利认为，压力是对某种特殊症状的一种反应状态，是因为个体生理系统中对某种刺激作出反应而引发的一种特殊性的变化。同时薛利把压力分为积极压力和消极压力两种。积极压力具有建设性、愈合性，可以使人产生一种愉悦的正向情绪体验，并促进人的健康成长与发展。相反的，消极压力则会使人产生一种不愉快的甚至悲伤痛苦的情绪体验，具有损害

———————

① 宋利国：《西部初中教师职业压力探因》，《伊犁教育学院学报》2004 年第 9 期。

性、妨碍性，有碍于人的健康成长。薛利指出，无论是积极压力还是消极压力都有一个度。过高或过低的积极压力对个体都是不利的，而任何一种程度的消极压力都是我们要避免的。之后，压力这一名词就得到了广泛的使用。20世纪后半期以来，随着西方心理学和医学的发展，这些领域的工作者开始广泛地关注和研究压力问题。赖斯（Phillip L. Rice）把压力的定义归纳为以下三类：第一类是基于工程学的观点，压力指那些使人感到紧张不安的生活事件或环境刺激，指出压力存在于外部事件中；第二类是基于心理学的观点，压力指人们的一种主观体验，或是人在紧张或唤醒状态下的一种内部心理反应，它是人体内部出现的理解性的、情绪化的、防御性的应对过程；第三类是基于生理学的观点，压力指人体对获得某种需要或避免某类伤害入侵的一种生理反应。[①] 一旦人们长期处于各种压力状态，可能会引发消极情绪情感反应，甚至对身心健康产生不良影响。

之后，有学者不断对压力问题进行深入研究，并对压力定义提出许多不同的见解，以下是一些具有代表性的观点。（见表1）

表1　压力概念

年份	学者	主要观点
1967	Holmes & Rahe	压力指的是当自身所经历的生活事件使自己产生不平衡感时，个体为不断适应这些不良生活事件，力图恢复到原来的心理状态所需要的物质和精神力量的总和。
1974	Margolis & Kroes	压力是工作条件和工作者的特征之间的交互作用，因而干扰了个人心理和生理的平衡状态。
1975	Caplan	压力是工作环境中对个体具有威胁感的特征。
1976	McGrath	压力是环境的要求超出个体的应付能力或资源。
1978	Beehr & Newman	压力是个体与环境之间复杂的交互作用，改变了个体心理的或生理的状况，导致个体的身心被迫偏离常态的功能。

---

① Phillip, L. Rice 著：《压力与健康》石林等译，中国轻工业出版社2000年版。

（续表）

年份	学者	主要观点
1980	Ivancevich & Mattson	压力的产生来自于那些对个体产生某种特殊的生理和心理反应的外界事件，且这些特殊的生理和心理反应是与个体特质和心理历程有关的。
1983	Martin & Schermerhorn	压力是指个体在与自然相互影响下，对遇到的要求、限制及机会而产生的一种主观知觉，从而发生相应的积极或者消极情绪反应。
1984	Lazarus & Folkman	压力不仅是某些刺激，而且是在这些刺激下产生的一种情绪反应，它指的是在与环境相互作用的过程中，个体的某些需求超过自身身心适应能力而引起的一系列不良反应或者状态。
1987	周立勋（台湾）	压力是个体遇到外界刺激时，对自身需求进行衡量、比较之后的一种身心适应反应。
1988	Hobfoll	压力是个体在遇到诸如（1）资源贫乏（资源是指个体认为有价值的、有意义的人或物、人格特质等）；（2）对失去资源的恐惧的觉察；（3）真正失去资源等这些情境时所产生的反应。
1988	Phlip G Zimbardo	压力是有机体没有能力来平衡和处理扰乱自身内心状态的刺激事件时所表现出特定或非特定的反应状态。
1992	Hipps & Halpin	当个体认为自己无法应付外界环境中的某个刺激或者结果时压力就产生了。
1993	Compas，Orosan & Grant	压力是指外界存在的客观生活事件对个体产生的消极、痛苦的情绪情感反应。

（资料来源：转引自田强：《课程改革背景下中学体育教师的压力与对策研究》，《华东师大硕士学位论文》2007年第4页。并在此基础上根据查阅的已有文献［见参考文献］整理归纳见上表。）

对以上的叙述进行分析可以把压力的定义大致归纳为以下三类：① 刺激型定义。这类定义将压力视为外界刺激，强调引起压力的事物。也就是说，压力对个体来说是来自于外部环境，是引起压力的一个压力源。渐渐地，这一定义被很多人认同并大量使用。比如霍尔姆斯和雷赫等，国内的刘启珍等对此也持同样的观点。霍尔姆斯（Holmes）和雷赫（Rahe）为了对压力进行更深入的研究，于 1967 年编制了第一个《生活事件压力量表》，提出了一套压力源测量指标。[①]他们的研究取向，在于分析各种情境下的刺激，将压力直接理解为一种刺激源，探讨社会环境与物理环境变化等这类刺激对于个体身心变化的影响。因此这一观点对压力来源的重要性给予强调。② 反应型定义。强调个体对某些外界压力的反应，将压力视为某种内心的反应。以这种定义为出发点，压力指的是个体在面对外界刺激时，为使自身达到一种平衡状态所做的适应性反应；不论外界的或身体内的变化，都会引起机体的一体化反应。一旦被报告有此反应，则可以认为有机体处于压力之下。坎农（Walte Cannon）和薛利（Hans Selye）是使用这类定义的主要代表人物。另外，薛利还对身体反应的非选择性和非特异性给予了特别强调，即只要个体对外界环境产生某种需求，则个体身体组织和生化成分均会发生相应的改变，为适应这些改变，个体就引发身体的某些适应性反应。薛利将这些反应称为压力的一般适应综合征，将其发展归纳为三个水平阶段：警觉反应期、抗拒期和耗竭期。此观点对有机体机能的生化反应给予重视，主要强调医学的研究取向，偏重身体的一体化反应，而不是很在乎压力来源的重要性，也未涉及个体认知评估的探讨。[②] ③ 互动型定义。这类定义强调个体与环境的交互影响，将压力视为中介因素。认为压力是外界环境要求与个体适应能力之间相互影响的结果。拉兹洛斯（Lazarus）是该观点的主要代表人物。他指出，压力是外界环境的需求超出个体能力和可用资源的刺激情境。他将认知因素视为一个中介，特别强调认知因素在应激反应中的作用，注重个体的主观反应对应激过程的影响。[③] 拉兹洛斯教授在其研究中指出，在个体的生命活动中其为了适应外界环境的不断变化，就必须相应地产生着生理和心理的需要，这些需要的

---

① 转引自 T. H. Homes & R. H. Rahe: *The social reajustment rating scale.* Psychosomatic Medicine, 1967, 11 (2).

② 王以仁：《教师心理卫生》，中国轻工业出版社 1999 年版。

③ 张林：《大学生心理压力感量表理论及其信、效度研究》，《心理学探新》2003 年第 5 期。

满足必须通过个体自己的行为和活动来实现。但个体的能力毕竟是有限的，当有机体的理想与现实出现不一致时，有机体继而出现身心的不平衡状态。如果这种不平衡状态得不到有效缓和，并且持续强烈下去，有机体就会出现身心的紧张状态，由此产生压力。这种观点更重视有机体的认知因素，强调有机体在对外界刺激进行主观评价时认知所起的关键性作用，认为有机体与环境是相互影响的。综合以上论述可以得出，大多数学者在研究压力时的观点有一些是相同的：一是压力与个体当时所处的外界情境有关联；二是个体在面对这些外界的压力时会有剧烈而明显的生理和心理变化。鉴于此，对压力进行研究和分析，一般要将产生压力的外界环境和由此引发的个体身心的变化联系起来。[①] 在本研究中，对于压力的界定则是采取互动型定义，认为压力是当有机体在面对外界的某些不良刺激时，经有机体的认知评价，意识到外在环境刺激会给自身造成相当程度的不良影响或者对自身正在进行的事情产生过度的负荷，并感到自身内在资源无法应付这些种种不良刺激时引起身心不平衡的状态。即压力的产生离不开刺激、认知评价、反应这三个基本要素。

二、压力的症状

压力对个体的影响是通过个体的生理反应、心理反应和行为反应这三个方面表现出来的，具体内容见表 2 所示。

表 2 压力的症状

生理反应	心理反应	行为反应
新陈代谢紊乱，免疫力下降	紧张、焦虑、急躁、易怒	做事效率低下，工作能力不强
心跳加速，血压上升	生气、愤恨	做事拖沓，缺乏积极性
消化功能下降，肠胃功能紊乱	情绪低落、压抑、退缩	旷工

---

① 赵积琼：《新疆维汉初中教师职业压力探析》，《新疆师范大学硕士学位论文》2006 年。

生理反应	心理反应	行为反应
头痛，腰酸背疼	不满现有工作	频繁调换工作
疲劳，全身乏力	注意力不集中	提前退休
肌肉紧张	自卑、受挫感	开始抽烟和喝酒
失眠	缺乏主动性和创造性	改变以往饮食习惯
易患心脏疾病	孤独感、疏远感和无助感	对待家人、同事、朋友冷漠，甚至关系恶化
皮肤功能失调，汗流量增加	疲惫不堪和工作低效能	频繁到医院就诊
呼吸问题	缺乏交流的欲望	出现冒险性和破坏性行为
尿频，便秘	猜疑、敏感	进入不了工作状态
癌症	迷茫、不安、惊恐	出现轻生的想法或行为

　　（资料来源：转引自周隽：《上海市中学教师职业压力状况及影响因素研究》，《华东师范大学硕士学位论文》2003年第11页。

　　关于个体的生理症状、心理症状和行为症状是如何被压力引发的？坎农的解释是，当个体感觉到危险或威胁的时候，会作出所谓的"战或逃反应"，当个体试图面对或者逃避某个刺激并作出相应的反应时，都会和身体的某些机能相互联系起来。在这种情形下，个体的生理机能就会发挥其优势，把机体的肌肉系统、神经系统、心血管系统的功效发挥出来，从而提高机体的反应能力。但是这些反应并不是一直能持续下去的，因为它们在提高自身身体能力的同时，也加速了身体资源的耗竭。一旦压力持续进行下去，有机体就会受到不同程度的伤害，在不断地受到伤害而又未采取任何防御措施时，就易产生疾病，严重的还会引起死亡。这些由压力导致的生理、心理和行为症状，不仅会影响个体的身体、心理以及社会适应等方面的健康程度，而且其本身也有可能成为一种新的压力源，加重压力所产生的不良影响①，使消极压力恶性循环。

---

　　①　周隽：《教师职业压力探析与应对》，《思想、理论、教育》2004年第1期。

三、压力研究的发展阶段

Freudenberger 教授和 Maslach 教授等人率先注意到了职业压力，并对其进行了相关研究，发现职业压力成为影响个体发展的不可忽视的问题之一，对社会产生一定的影响。之后，人们开始关注社会中的各种职业压力，并进行了深入而广泛的研究，且已经取得了相当程度的研究进展。追溯前人的研究历程，可以分为这样三个阶段：

（1）临床取向研究阶段

在压力研究的起步阶段，医生注意到并研究压力，主要代表人物是 Freudenberger 教授，他主要是从临床的角度来研究压力。但多数是对压力现象进行描述，缺乏实证研究，更没有对压力研究进行理论建构。在这个时期压力还没有一个相对统一完整的概念，对职业压力主体的界定也模糊不清，在一定程度上是研究者根据自己的经验作出一定的评价。由于这个阶段没有系统连贯的研究记录，因此我们难以对这个时期的研究成果进行客观的借鉴和评价，也不能对研究结果进行科学合理的解释。但这些纷呈多样的经验和观点为以后职业压力的研究提供了一定价值的信息。

根据 Perlman 和 Hartman 对已有相关文献的统计分析，对压力进行研究的 48 篇文献中，有实证资料的只有 5 篇，其他的大部分是关于奇闻逸事和个人生活历史的陈述。[①] 在这一时期里，有关职业压力的研究，各领域的研究者从不同的角度对此进行了分析，临床心理学家的研究取向更多是关注职业压力的症状以及心理健康问题。[②] Freudenberger 是临床心理学观点的代表人物，他指出职业压力的产生是由于长期处于强度过高的工作状态环境，并且忽视自己的个人需求而引起疲惫不堪的状态，常常做一些超出自身或者正常人能力范围之事，试图通过过分努力来达到社会或个人不切实际的期望。[③] 社会心理学的代表人物是 Maslach 和 Pines，他们对考察服务的提供者和接受者的关

---

① 李永鑫：《教师工作倦怠研究综述》，《心理与行为研究》2005 年第 3 期。
② 王晓春、甘怡群：《国外关于工作倦怠研究的现状述评》，《心理科学进展》2003 年第 5 期。
③ 李江霞：《国外关于教师职业倦怠理论对我国的启示》，《教育科学》2003 年第 3 期。

系以及服务行业的情境因素进行研究。在职业压力现象的研究中，Maslach 是首批研究助人行业中的学者之一。她的观点是，职业压力是人们在承担那些需要连续地、紧张地与他人互动的行业中，经历长期持久的压力状态下的一种反应。[①] Sarason 作为社会历史学观点的代表人物，他指出压力产生的根源是在社会的传统信念、价值观和历史因素的作用下，个体努力在工作中寻求自我价值的实现的结果。他认为对于员工的工作问题应该从人类服务发展历程的角度来理解。并认为"压力不仅是个体的一种特性，也是社会面貌在个体心理特征上的一种反应及表现"。指出当社会所提供的资源和情境不能最大限度地满足人类的需要或者不能与个体联系起来时，要让该个体全身心地投入在服务工作中是一件困难的事情。[②]

（2）发展取向研究阶段

自 20 世纪 80 年代开始，对职业压力的研究进入到一个相对集中的实证性研究阶段，一些研究者通过调查数据、问卷资料、访谈反映、临床个案研究等解释了职业压力现象的工作模式、运作机制，并在此基础上提出了相应的缓解职业压力的策略。在这个阶段还开发了标准化的测量工具，如 "Maslach Burnout Inventory" 问卷开发和使用，"Maslach Burnout Inventory" 问卷提供了非常有效的测量工具研究职业压力，也为职业压力研究进入实证研究阶段提供了前提条件。并为职业压力的研究提供了较为精确的操作定义和方法论上的指导，得到许多研究者的广泛认同，这就使得职业压力研究进入到一个系统化的研究阶段。与此同时，多数国家都有一定的研究者开始关注职业压力并对其进行研究，一些研究者还开始了职业压力的跨文化研究，研究者对压力产生的原因、压力的症状反应、以及压力的缓解策略等问题都进行了较为深入的研究。

Maslach 和 Schaufeli 于 1993 年对他们的研究进行陈述，首先指出在此阶段其对压力的研究有五个明显的趋势。一是当时的压力问卷其标准化程度有限，"Maslach Burnout Inventory" 问卷被全权包揽，成为在压力研究中最受欢迎的问卷，被广泛使用。二是压力研究的范

---

① 杨秀玉：《教师职业倦怠解析》，《外国教育研究》2002 年第 2 期。
② 王晓春：《国外关于工作倦怠研究的现状述评》，《心理科学进展》2003 年第 5 期。

围不断拓宽，美国以外的国家也开始关注和研究压力问题。三是尽管研究范围在扩大，但总体来讲压力研究的范围还是有限的，主要集中在服务行业，对服务行业之外的其他职业群体的压力研究很少。四是除了关注引发压力的个人因素外，组织因素和工作因素成为研究的主要关注对象。五是研究所采用的方法和技术路线出现多元化倾向，并开始出现了长期的纵向研究。[1]

（3）整合取向研究阶段

自 20 世纪末期开始，在借鉴前人研究的基础上，职业压力的研究进入到一个不断扩展的阶段，出现了一些新的变化和特点。以往的研究关注点主要集中在服务行业，对其他行业较少涉及，在对职业压力的影响因素进行考察时，主要关注工作满意度、工作压力、工作期望、工作中的人际关系、工作负荷等工作因素。而对个体影响因素的认识更多关注人口统计学变量对职业压力的影响。首先，研究者在借鉴前人研究的基础上结合自身的研究试图构建一个职业压力的大理论模型，[2] 并且希望在自己的研究中进行验证。压力概念的外延不断从服务行业扩展出去。加之这一时期 MBI－GS 等测量工具的编制和推广，关于压力的研究不再仅仅局限于服务行业和教育行业，而是被迅速扩展到了其他更为广泛的职业领域。比如 Hellesoy 等学者于 2000 年将海洋石油工业员工视为研究被试，并对其压力情况进行了研究，结果发现在这一被试人群中，他们的压力范围除了包括耗竭、人格解体、个人成就感之外，还产生出一个新的职业指向维度——远离家人的担忧；另外有学者将职业分为常与人打交道的职业与不常与人打交道的职业，并对此进行了比较研究，如 Taris 等人于 1999 年对随机抽出的不常与人打交道的软件工程师和与人打交道的大学教师两个样本进行对比研究，结果显示，这两种不同的职业样本 MBI－GS 因素结构趋势基本相同。[3] 随着职业压力的理论有了新的发展，对职业压力的研究也开始从消极转向积极。特别是近年来，有研究者开始关注影响职

---

① 李永鑫：《教师工作倦怠研究综述》，《心理与行为研究》2005 年第 3 期。

② Vandenberghe，R. Huberma，A. M：*Understanding and Preventing Teacher Burn-out*：A Sourcebook of International Research. Cambridge University Press，1999.

③ 李永鑫：《教师工作倦怠研究综述》，《心理与行为研究》2005 年第 3 期。

业压力的深层因素，比较突出的表现是从需求和资源的角度来解释职业压力的机制，如资源保存理论认为，当个体缺乏所需要的特定资源，其正常的需求无法获得充分满足或是预期的回报无法得到时，个体就会出现不同程度的压力体验。① 这一理论在压力研究中得到了广泛的研究支持与应用。

其次，关于职业压力的研究领域不断被扩大，并且跨文化的研究也备受关注。压力研究从美国不断向外扩展，由之前只有美国学者研究转变为各国学者纷纷开始关注此研究，并加强了各国家、各文化间的交流和合作，从原来只在一个国家或一种文化内部的研究转变为在不同国家或不同文化内部的关注和研究。如 1995 年 Zazman 等通过抽取荷兰、德国和法国的三个民族样本对"Maslach Burnout Inventory"的心理计量学特征进行了统计分析；2002 年 Perrewe 等对抽取的 9 个国家和地区的被试进行研究，主要分析了角色应激源、一般效能感和压力的关系；2002 年 Pines 等则在不同文化背景下对社会支持和压力的相互关系进行了考察。②

四、压力研究的主要理论

关于压力研究的传统理论和方法从很大程度上来说是与更广泛的社会发展水平相联系的，主要是对相对单一的压力概念进行界定和测量的，在此基础上提出压力对个体和组织结构的作用。例如 Hendrix，Summers，Leap，Steel 于 1995 年等对压力的研究模式中，就将压力产生的原因归为以下三类：第一类是来自组织内部的因素造成的；二类是来自组织外部的因素造成的；三类是来自有机体本身的个性特征造成的。其中把导致压力产生的最直接因素归结为组织内部的因素，这些来自组织内部的因素包括角色冲突、角色不清、角色过多、时间压力、工作自主性自由度较小、对能力的利用度不够、管理/督查、较低的参与度和控制能力等；组织外部的因素被认为是引起工作压力的

---

① 徐长江、时勘：《工作倦怠：一个不断扩展的领域》，《心理科学进展》2003 年第 6 期。
② 陈策：《萍乡市农村普通高中教师职业倦怠状况调查与分析》，《萍乡高等专科学校学报》2007 年第 2 期。

间接因素，它们包括：工作环境、工作氛围、人际关系、组织气氛以及组织矛盾等；个体的个性特征被认为是不可或缺的影响因素，它们包括：个体的认知、个体的价值取向、个体的情绪、情感态度等。随后一些学者开始关注压力研究，并在前人研究的基础上，进行深入的分析，从不同的角度丰富了压力研究的理论。

（1）生理学观点

薛利（Selye）教授在 1956 年最早提出压力研究的生理学观点，他认为压力是"有机体的一种非特异性反应，这种反应是有机体对外界刺激所作出的需求反应"。薛利（Selye）教授把让人不愉快的、坏的、破坏性的压力称为不良压力，把积极的、令人愉快的、正性的压力称为良性压力。在长期的压力研究中，他提出了自己的压力研究模式，总结出压力与个体的某些需求相联系，但是这种需求无论好与坏都不会对压力产生影响。不过，不能用需求本身来对压力进行界定。当个体试图要满足某一方面的需求时，身体必须要同时高度配合，达到某一较高水平的唤醒度，对外界压力有一定的敏感度，并对此进行一定程度的反应，因此就必须消耗全身心的一部分能量，而这些身体的唤醒与能量消耗过程正是构成压力产生的动力。有关压力的开创性研究中，指出压力的产生"不仅仅与紧张焦虑的情绪变化有关"，而且是"个体在种种不确定性因素下为满足自身需要作出的适应性的反应"。这种观点的来源建立在这样一种假设前提下，即当个体处于压力情境时，会作出许多种反应，被称为"一般适应综合征"（General Adaption Syndrome 简称 GAS）。薛利对产生压力的这一生理学反应模式进行了详细的描述，认为压力会经历以下三个阶段。[①]

第一，反应阶段。在此阶段，当个体处在较为危险的刺激环境时，身体会自觉不自觉地作出应对或者回避的反应。外部反应是身体不断分泌出肾上腺素，将体内的糖分转化为能量，用来应付这些让人不愉快的刺激和反应，此时身体内不重要的血液供给量减少，用来供应作出防御性反应的器官的血液量。这一阶段里，人体会出现一个低于正常值的抗拒水平，并作出自我保护的防御性反应调节。若这种防御性

---

① Phillip，L. Rice 著：《压力与健康》，石林等译，中国轻工业出版社 2000 年版。

的反应调节一旦有效，对外部刺激的警觉性就会自然消减。

第二，抗拒阶段。一旦第一阶段的防御性反应不足以用来抵御危险，压力还会存在。当有机体已经适应这种压力的存在，有机体内的某些化学成分就会保持在一个较低的阈值水平。

第三，衰竭阶段。当个体在较强的压力水平下，且这种压力水平持续很长的一段时间，就会导致有机体肾上腺素的破坏，并不能在体内进行常规的工作，不良的后果就是血液中的糖降低，严重的还会出现种种身体和心理上的疾病，如高血压、心脏病、冠心病等。在压力一直存在不能得到缓解时，更严重的后果将是威胁到生命安全。（如图 1）

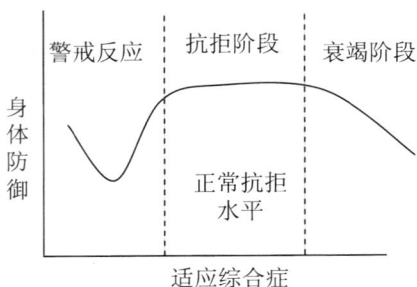

图 1 压力的持续时间与相应的压力反应曲线图

（资料来源：转引自陈德云：《教师压力：来源分析与应对策略》，《华东师大硕士学位论文》2004 年第 5 页。）

（2）工程学观点（基于刺激的观点）

在"工程学"领域里，压力被工程师看成是一种作用于物体的外部力量。库伯（Cooper）和马歇尔（Marshell）就曾将职业压力看成是一些消极的环境因素，这些因素是与工作量、角色不清或角色冲突等不良工作环境联系的。对于这一观点考克斯（Cox）和弗莱彻（Fletcher）是给予支持和肯定的，他们也认为压力是由工作量、角色冲突及不良工作环境等消极的因素引起的，是有机体对这些不良刺激作出反应的结果。这种把压力界定为是由外部力量引起的观点揭示了压力是由外部环境刺激引发的，有机体不可能回避外界刺激，所以只能承受这些压力，认为外部刺激就是一种压力，有机体只能生活在压力之下。

（3）心理学观点

与工程学观点相比较，心理学观点对个体的反应模式更加关注和强调，持心理学观点的学者把压力界定为当个体面临的需求使个体无法满足时发生的一种反应，即个体所拥有的资源不足以应对其所面临的需求时的反应。心理学观点强调决定有机体对压力作出不同反应的关键因素在于个体的知觉特点和认知特点。同时在心理学观点中非常重视评价的作用，学者理查德·S.拉扎鲁斯教授在其对压力的研究中也注意到了评价的作用，特别是个体对所处环境的认知评价的重要作用。此外，马勒诗和佩斯教授也是这一观点的典型代表人物，两位教授对压力现象进行的研究采用的是社会心理学的研究方法，使用大量的问卷进行调查，在其研究中把压力的主要特征归纳为三个，第一个特征是情绪耗竭，所谓的情绪耗竭就是指个体感觉到身心的耗尽，无力来应对所处环境；第二个特征是去个性化，即个体表现出对人对事极度无情、麻木和冷酷；第三个特征是低个人成就感，即个体不能客观地评价自己，往往低评自我，个体对环境也缺乏一定的适应性。他们编制了"马勒诗职业压力问卷"来评估压力者的三个特征的状况。最后得出相应的结论，即指出压力是个体自身的一种恐惧、焦虑、紧张不安感，是一种内心的精神挣扎，甚至能明显感觉到危险事物或者伤害性刺激来临时的惊恐。压力也是一种当强大威胁性刺激来临时的自身无法应付的内心冲突。这时个体会采用两种抵御方法，一是会采用积极的方法来解决问题并不断想办法战胜强大的消极刺激。另外一种方式则是采用回避、退缩、否认等消极的应对方法来处理问题和不良刺激。无论是积极的应付还是消极的应对，心理冲突都需要付出类似于消耗时间与精力的代价。一旦此心理冲突一直存在，则个体将会长期处于无法宁静的状态中，这样一来压力便继续消耗我们的能量并且影响到我们生活和工作的热情和动力。

另一学者 Gmelch 教授也持有心理学的观点，于 1993 年在对压力进行研究后，给压力做了一个界定，把压力界定为超越了个体所拥有的应对资源，个体无法承载的，并对个体身心健康的环境产生影响的一种刺激。即个体所拥有的资源无法满足其需求时产生的负荷过度的一种情形。在其研究的基础上，一些学者开始从不同层面和侧重点入手对压力进行探讨，在研究中也提出了不同的观点和理论，其中心理动力学模型理论、刺激反应模型理论和关系模型理论是最典型的代表。

①心理动力学模型。著名的心理学家弗洛伊德教授是该模型的代表人物，弗洛伊德教授把个体的焦虑水平分为两种类型，第一种类型是信号焦虑，即信号焦虑的出现是当个体处于较为危险的外部环境时所表现出的一种情绪反应，这种关系相仿于压力源与焦虑之间的关系。第二种类型是创伤性焦虑，即由个体本能反应产生的焦虑。焦虑会加剧个体的紧张度，所以当个体处于紧张状态时就需要及时转化，所谓的转化就是把具有冲突性的情境转变为没有危险的情境的一个过程，其中最关键的因素在于用一种心理症状替代冲突的能量。

②刺激反应模型。Eisdorfer 教授是该模型的代表人物，其在 1977 年关于压力的研究中，提出压力是一种来自环境事件的外界刺激，包括内驱力刺激、神经特质方面的刺激等，这种刺激能够引起个体一系列紧张反应。在此基础上，Elloitt 和 Cohen 教授对个体的压力反应进行研究，其关注焦点在系列事件、时间限制的压力源，慢性间歇性压力源，慢性压力源的角度等方面。在刺激反应模型中，压力通常被看成自变量，重点探讨个体一般在什么样的刺激环境下会产生紧张情绪体验以及个体会作出怎样的反应状况。该模型的观点在 1980 年 Seiye 教授的研究中得到证实，Seiye 教授在其研究中认为压力是有机体的一种非特异性反应，这种反应是有机体对任何需求作出的。而能成为压力的，可以是任何导致个体行为发生变化的有害的、极端的、非常态的威胁性刺激。Basowitz 教授也赞同此种说法，指出压力才是更有可能导致困扰出现的那些不良刺激。

③关系模型。Lazarus 和 folkman 教授是该模型的典型代表人物，其在 1985 年对压力进行研究时指出不同的观点，认为压力就是一种关系，是有机体理性地应对个体的需求之间的关系，而绝非其他学者提出的压力是一种刺激或是有机体对外界刺激的一种反应。直观地表述为个体认知—现象学—相互作用之间的关系模型。该模型强调的是个体与环境之间的联系，兼顾个体的个性特征和环境等外部特征。该模型的核心在于强调跟压力有关的外部行为和心理过程，指出对压力进行研究时，最主要的任务是当外界刺激被个体所知觉，在此基础上作出相应的反应，并调节刺激与反应的关系的中介变量和过程，进而形

成一定的归因模式。关系模型中有三个重要的观点。第一种观点是认知评价的观点，该观点认为个体与环境的特定关系或系列关系是否具有压力性质是由个体的认知评价决定的。导致个体压力反应的主要中介因素和直接的动因来自于个体的认知、经验、情境和个体对事件意义的评定。这里所指的认知评价，按压力的程度大小可以分为初级评价和次级评价。第二种观点是现象学的观点，持该观点的学者认为应该从时间、事件、环境以及人物的具体性出发来研究压力。第三种观点是相互作用的观点，该模型主要强调个体压力的产生原因在于个体本身与环境之间的特定性关系，一旦遇到强大的刺激，个体自身无法应付时便产生了强烈而持久的压力情绪反应。

（4）个体—环境匹配观点

French 和 Caplan 在 1972 年提出了个体—环境匹配理论。这一理论提出后迅速得到发展和推广，成为工作压力研究领域中运用最多、被广泛接受的理论之一。French，Caplan，Van Harrison 则从关系学的观点指出压力的产生不仅仅是个体自身或者外界环境单独起作用的结果，而是个人和环境相互影响的产物。工作压力的出现一般是在工作的性质、任务和要求远远超过个体自身能力情况下产生的。只有当个体特征和工作环境由原来的不匹配转变为匹配时，个体才会很好适应内部环境。对此，Parkes，sytles 和 Broadbent 还试图通过实验研究进行更进一步的分析和验证。

借助于个体—环境匹配理论的指导，很多研究就引起不同职业压力的原因进行了调查，在研究不同职业中的角色模糊和角色冲突对工作压力的影响时，强调了员工的自觉性、主动性和自我控制力在工作中的重要性。他们的观点是当个体处于自控力较低的水平时会降低学习和工作的动机和效率，因而很难摆脱工作所带来的种种压力。[1] 另外一些研究者着眼于工作负荷和人际矛盾对雇员工作满意度的影响。Spector 在他的研究中指出，超负荷的工作量和工作的人际关系紧张与

---

① Fisher，C. D，Gitelosn，R：*A meta-analysis of the correlates of role conflict and am-biguity*，Journal of applied pyschology，1983.

焦虑、挫折感、工作满意感和健康状况有明显的正相关。[1]但其他研究也发现低工作负荷量与不满情绪、健康症状、抑郁之间存在着一定的正相关。[2] 工作压力的产生不是由单纯的个体压力问题引起，而是由个体与工作情境的互动所引起的。因此，对工作压力的研究是十分广泛的，除了关注个体之外，还应该关注个体与组织的关系，并对其作相关性的研究。在这种理念的指导下，2001 年 Leiter 和 Maslach 在对压力研究的基础上，提出压力的匹配—不匹配模型，其观点是工作压力是一种个体内在特征与工作外环境之间的非建设性关系，并非特指临床上的紊乱症状，也并非工作外环境或者个体自身单方面的原因而引起压力的产生，主要看的还是其两者之间的匹配度——个体与工作情境之间的差距越大，越易产生工作压力。[3] 以此为基础，Maslach 与 Leiter 接着提出了"工作投入"的概念。他们指出之前的研究更着重于将工作压力视为一种负面的心理状态，这就不太符合匹配论的观点，即个体自身与工作外环境的匹配是较为单一和不完整的。而新的研究要将与工作压力相对应的变量——工作投入，把这种正面的心理状态考虑进来，使之更加完整、全面。这样一来，对个人与工作情境的匹配程度就会得到进一步的扩大，并包含有相对的两极：工作压力与工作投入。但这两种心理状态都可以从精力、参与和效能感这三个层面上来加以描述。[4]

Leiter 和 Maslach 对压力进行了进一步的研究，认为在对个体自身与工作外环境的匹配度进行评定时，可以从以下六个方面来考虑：控制感、工作负荷量、公平、报酬、团体、价值观。这六个方面越是不匹配，个体就越有可能产生工作压力；而这六个方面越是表现出匹配状态，个体就会越努力工作，工作积极性和满意度也就越高。

---

① Speetor, P. E: *Interactive effects of perceived control and job stresses on affective reactives and health outcomes for clerical workers*, work and stress, 1987 (1).

② Ganster, D. C, Fusilier, M. R, Mayes, B. T: *Role of social support in the experience of stress and work*. Journal of Applied psychology, 1986 (71).

③ Maslach, C, Schaufeli, W. B, Leiter, M. P: *Job Burnout*. Annual Review of psychology, 2001.

④ Leiter, M. P, Maslach, C: *Burnout and quality in a step-up world*. The Journal for Quality and Participation, 2001, 24 (2).

个体—环境匹配理论从一个更全面、更宏观的角度来研究工作压力，将工作环境和个体需求结合起来进行考察，而不仅仅是只考虑环境或者个体的某一个方面。个体—环境匹配理论是更能揭示为什么个体会产生工作压力的理论。

（5）资源保存观点

霍布富尔教授首先提出了资源保存观点理论，该理论是工作压力研究中很有影响的理论之一，适用于广泛的职业领域。该理论认为个体总是努力获得和保持个体认为有价值的资源，这些有价值的资源可能是与物质有关的事物：工作控制权与决定权、工作自主性、报酬、时间等，也可能是与个体人格有关的自我效能和自尊等。有价值的资源作为一种重要资源，它可以激励个体，帮助其有效地处理和应对工作环境中的应激问题。当有价值的资源丧失或受到限制不足以满足个体需要时，负面的结果即工作压力就有可能发生。而化解资源丧失所产生的压力和防止压力现象发生的主要方法有两种，一种是防止和减少珍贵资源的继续丧失，另一种是增加获取其他珍贵资源的机会。① 该理论从需求和平衡的角度来解释职业压力的机制，当个体特定的资源或工作要求无法满足、无法得到预期的回报时，个体就会产生职业压力。②

Hobfoll 教授在 1988 年、1989 年和 1998 年先后提出资源保存理论是对传统压力理论的一种挑战，特别是对以压力评估为基础的理论的挑战，同时也是解释压力过程的主要机制。其突出表现是从需求和资源的角度来解释职业压力。Hobfoll 教授在 1998 年对压力的研究中，Diener & Fujita 教授在其 1995 年对压力进行的研究中，对资源的界定是那些对自身有用的目标物、个人特征、条件或精力，抑或是那些获取或保护有价值目标的途径、方式。资源保存理论的基本观点是个体会试图努力地获取并保持相当长一段时间或者永久保持、加以保护和促进他们认为有意义的事情，一旦个体失去某些特定的资源，工作要求无法得到充分的满足，或是在投入了大量的资源如时间、精力、为了支持工作而失去与家庭共享的机会、时间和亲密关系等，没有得到

---

① 佚名：《中外工作倦怠研究现状的比较分析》，guohuamingabc 的 blog，http://blog. sina. com. cn/4830fd89010007kn。

② 唐芳贵：《国外教师职业倦怠研究述评》，《教育与职业》2005 年第 5 期。

能够满足自身需要的资源，这时压力就会产生。① 资源对压力有双重作用：当个体获取更多的资源时，一方面所承受的压力较少，另一方面当压力来临时，能够对压力的抵御起到一定的积极作用。② 资源保存理论在压力的相关研究中获得了广泛的支持和推广。1996 年 Lee 和 Ashforth 教授采用元分析（meta-analysis）的方法并运用资源保存理论对 1982 年到 1984 年间以 MBI 为测量工具的 61 篇压力文献进行了分析。他们认为压力的影响因素可以分成需求和资源两大类。指出，与需求相关的因素更多是与情绪衰竭和去人性化相关的，相应的，与资源相关的因素则可以减缓情绪衰竭和去人性化的扩张，支持个体的某些需求，另外减缓个人成就感低落的主要因素也与资源相关的因素有联系。③

　　总而言之，从理论意义上来说，资源保存理论拓展了压力的理论研究范围，使人们能从一个更为开阔的视野来对压力问题进行研究，能更直观地从文化角度分析外界环境对个体某种压力的影响，而不再局限于关注个体，正是这一优势，使得资源保存理论不断被关注和推崇。

　　（6）认知交互作用观点

　　认知—交互作用压力模式由拉扎罗斯（Lazarus）教授及其同事所构建的。这一模式于 20 世纪 70 年代早期提出，一经提出就一直不断地进行演变，成为压力研究中非常有影响的理论之一。持该理论观点的研究者将压力反应区分为内部反应状态和外部反应状态，处于内部反应状态时，个体会把压力理解为情绪或有机体生物反应的压力刺激；处于外部反应状态时，个体把压力集中于不同时期在生活方式上体验到的压力类型。此理论模式的观点是"压力既不是外界的环境刺激，

---

① Hobfoll, S. E: *The influence of Culture, Community, and the Nested-Self in the Stress Process: Advancing Conservation of Resource Theory.* Applied Psychology: An International review, 2001, 50 (3).

② Hobfoll, S. E, Freedy, J: Conservation of Resourece: A General Stress Theory Applied to Burnout, In Schaufeli W. B et al. Professional Burnout: Recent Developments in Theory and Research. Washington, D. C: Taylor & Francis, 1993.

③ Hobfoll, S. E, Freedy, J: Conservation of Resourece: A General Stress Theory Applied to Burnout, In Schaufeli W. B et al. Professional Burnout: Recent Developments in Theory and Research. Washington, D. C: Taylor & Francis, 1993.

也不是个人的人格特质，更不仅仅是一种对某件事情的应激，而是有机体的一种需求与理性满足需求的能力之间的一种关系"。换句话说，压力只有当个体所具备的资源无法满足环境的需求时才存在。如果个体所拥有的资源足以应对环境的需求，即个体的应对能力很强大时，压力是不会产生的。反之，如果个体所拥有的资源不足以应对环境的需求，即个体的应对能力很弱小时，压力便会产生。

　　另一研究者 Sapolsky 教授在参考前人研究的基础上，于 1994 年对压力进行深入的探讨，提出了一种新的压力交互作用模型，即从压力情境与压力源、应对资源的相互作用的层面进行压力研究。指出当个体对平衡或超出其应对能力的刺激事件进行改造时，对其的应激状态就是压力，这里的刺激事件不仅指个体内在的因素也包括许多外在的因素，即个体对某种需求产生的适应性反应的刺激性事件，统称为压力源。个体在满足自身某种需求变化时是由所发生的不同水平的反应复合体构成：生理水平、行为水平、情绪水平和认知水平。而这些反应中有些是有利的，为个体所适应的；有些是有害的，不为个体所能接受。

　　纵观上述研究可以看出，工程学观点认为个体压力的实质是引起个体消极反应的外部刺激。心理学观点认为压力是个体内部的一种反应。而认知交互作用观点是工程学和心理学观点的折中，该观点既不强调外部刺激，也不强调内部反应，而是强调压力的交互作用的特点。该观点是当个体对需求的评估与个体感知到的应对需求的能力之间失衡时，压力就会出现，并且视为一种知觉现象。这种失衡越明显，压力感就会越大，个体就会产生某种应激状态。如果个体的应对是无效的，则压力会增加并持续导致个体功能损伤。因此，要减轻个体的应对反应，就应该从个体的生理和心理两方面入手。对此，考克斯和麦琪将交互作用模式的过程归纳为五个阶段：第一阶段是个体产生某种需求。第二阶段是个体感知到这种需求。第三阶段是个体作出应对压力的反应并加以克服。应对反应是一种认知策略，即改变知觉及认知功能以减少压力感的策略。第四阶段是在应对反应下会产生某种结果。在这个阶段，实际的应对结果和个体自身感知到的应对结果都是很重要的。第五阶段是信息反馈。反馈贯穿于每个阶段，同时影响到每个阶段结果的形成。[①]

　　Lazarus 和 folkman 教授认为认知—交互作用压力模式的核心观点是压力评价和反应模式。并在其研究中将压力评价区分为首要评价和次要评价。首要评价方式最显著的影响是个体遭遇的评价条件上的个体和情境因素。这种主要的评价来自于伤害的威胁或个体先前威胁刺激的状况和个体心理特征依赖的缺乏（cohen et al，1986）。这种遭遇到的调整是无关的、积极的、良性的或压力的（Lazarus & Folkman，1984：53）。首要的评价结果划分为伤害/缺失、威胁和挑战。而次要评价方式与应对行动和"可能做的调整"相关（Lazarus & Folkman，1984：53）。Barno 和 Rodin 教授在 1978 年的研究中提出压力的评价和应对策略对个体与环境的交互作用相关，特别的压力情境下意味着合理的要求，显示可辨别的应对反应模式。同时认为反应模式由影响因素、评价过程和结果三部分构成。同时认为认知—交互作用理论有以下两个主要的原则：一是当有机体在面对一个情境时，个体与环境之间产生的相互作用；二是个体与环境的相互影响超越了个体或者环境单独的作用。并且他们的关系在不断地变化着。如果一个个体与环境的关系产生了某种压力，个体首先会认为压力的产生与自己的工作有直接的关系。其次，只有当个体的需求超过个体拥有的资源所能达到的水平时，心理压力也就自然而然产生了。[②] Lazarus 指出，压力的产生不是个体某一特性的结果，也不是外部环境的结果，而是某一环境刺激源与个体当面对这些环境刺激源时对其作出威胁进行评价相结合的产物。交互理论把压力视为一个过程，这一过程会随着时间和面临任务的转变而发生相应的改变。个体与环境的交互作用和个体与环境的匹配程度无论时间上、工作任务难度或活动性质上都是会产生相应的变化的。

　　之后的研究者根据该模式提出了三种观点，一种是由 Jacob & Schryeer 教授在 1980 年研究中提出的，他认为应对的相互作用可能理解情境的压力反应。另一种由 Schneider and Hammitt 教授在 1995 年

---

　　① 陈德云：《教师压力：来源分析与应对策略》，华东师范大学硕士学位论文，2004 年。

　　② Lazarus，R. S. Psychological stress in the work place. In Rick Crandall, Pamela L Perreweed. Occupational Stress：A Handbook. New Jersey：Prentice Hall. 1995.

研究中提出的，他对这种关系作了如下解释："相互作用来自于内部状态或外部时间的压力体验。"还有一种观点是由 Aldw 教授等人于 1994年提出的，认为压力表征为知觉个体环境要求和个体反应拥有的合理资源反应的不平衡结果，并把压力定义为是个体和环境的评价通过个体超越他/她的资源并危及到他/她的幸福。压力的知觉可能归类为每天烦恼的事情对生活方式造成威胁的挑战。这些观点的提出没有本质上的差别。在此基础上，Lazarus and folkman 教授于 1984 年提出了压力模式和五种主要的应对成分：①个体和环境影响因素；②认知评价；③压力；④应对反应；⑤短期和长期的适应结果（见图2）。

T. A. Millerands. F. Mecool

影响因素───────→评价───────→结果

短期　长期

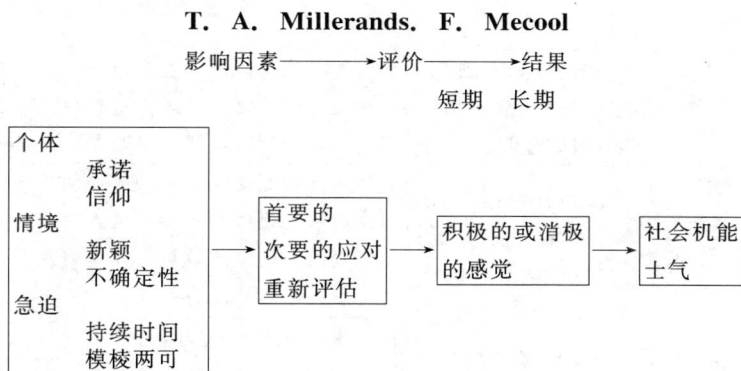

图 2　压力评价和反应模式图

（资料来源：转引自彭小英：《教师压力应对干预效果的纵向研究》，《首都师范大学硕士学位论文》2005 年第 7 页。

五、压力研究的理论模型

伴随着压力研究的日益深入，研究者从不同的角度和层面着手研究压力，并从不同的理论层面来解释压力产生的机制，如生理学理论、心理学理论、社会学理论、整体健康理论和系统理论等。生理学理论从个体对外部刺激作出的反应方式来解释压力。心理学理论试图通过个体的人格、期望和解释等因素去了解个体或社会事件如何转变为应激情境，并尝试着去解释有机体所作出的一系列应对反应是否可以或如何减少与预防刺激再现带来的影响。不管是生理学理论还是心理学理论都尝试着去寻找一个合理的解释来阐释在应激条件下个体行为改变的方式。社会心理学理论则更多是从社会的角度来分析压力的产生原因，试图阐释压力为何以群体冲突的方式以及以权力和财富的不平等分布为基础。整体健康理论则遵循社会价值观和个人价值观的原理，这种价值观将人的躯体和灵魂相互统一起来。系统论试图解释在众多复杂的自我调节系统中，有机体是怎样进行自我调节的。①

本研究将各个理论的具体理论模型归纳如表 3：

表 3　压力理论模型

压力理论	压力模型	压力源	压力模型内容
生物应激理论	适应综合论	各种环境刺激，慢性疾病，用尽所贮存的能量	压力源导致个体进入警戒反应阶段，如果危机持续，则导致个体进入抗拒反应阶段。如果危机依旧持续，则个体进入衰竭阶段。
生物应激理论	素质压力互动模型	生理天赋与环境威胁（压力源）之间的不匹配	人的基因地图决定了生理倾向因素比较低的应激阈限与机体的弱性，使人容易生病。低应激阈限、应激的数量、发作力及个人经历共同影响个体的压力程度。
心理应激理论	心理动力模型	威胁与内心冲突信号	压力来自于外界压力源和个体的内心冲突。当个体将冲突性的想法转变为没有害处的东西时，便会产生压力。
心理应激理论	学习理论	一些条件刺激或强化刺激的出现	条件刺激与无条件刺激相结合可能导致个体产生压力，而这种压力是可以预期的。个体行为的结果影响其行为变化。消极的行为结果强化个体的回避行为。
心理应激理论	交互作用论	真实存在的或知觉到的心理社会压力	外界刺激能否成为压力源关键在于个体对于需求和理性应对需求的主观评估。这种评估又分为三个阶段：初级评估（关注个体在事件结果中所得到的利益），二级评估（判断应对技巧与情境要求间的匹配程度）和建立在前两极评估反馈基础上的再评估。

---

① Phillip, L. Rice 著：《压力与健康》，石林等译，中国轻工业出版社 2000 年版。

（续表）

压力理论	压力模型	压力源	压力模型内容
社会学理论	社会应激论	社会冲突或压迫，社会变化或生活条件改变，缺乏使用的资源	强制性的社会准则、社会资源稀缺、社会财富分配不均、社会动荡不安和个体生活变化都会导致个体紧张。社会变化和紧张是社会发展不可避免的结果，个体必须学会适应。
控制论	应激的系统模型	任何引起系统不平衡性的数据	外部应激源是信息输入系统的障碍，当这种障碍从参照系（理想状态或适度紧张）中产生矛盾（极度紧张）时，系统就会采取自我调节行为来恢复其理想状态。这些就是减少或消除压力源的应对行为。在免疫系统的调节机制中也发现了更多的负反馈弧。
整体健康理论	整体健康理论	把人错看做功能	无详细论证

（资料来源：转引自刘磊：《"新课改"中教师压力研究》，《辽宁师范大学硕士论文》2004 年第 3 页。）

　　上述对压力进行阐释的所有理论模型，无一例外都有其优点，也存在不足。"适应综合征"是在大量验证的基础上提出的，具有很强的实证性，由于对有机体的生物性过于强调，而忽视了有机体的认知因素和社会因素对其的影响；"素质与压力互动模型"尽管强调了有机体的生理性因素与外界刺激之间的交互作用。但该理论模型不是在实证性的基础上完成的，没有得到验证；"心理动力学模型"虽然从不同的立场提出了一些独到的见解。但该理论模型的应用范围过于狭小，解释力度不够，也存在忽视有机体生理性因素和社会环境因素的影响作用，且该理论模型也没有得到验证，缺乏实证性；"学习理论"虽然有明确的操作定义，也从实证的角度进行了研究和分析，但却忽视了产生压力的生理状况、认知过程、社会环境这三个主要因素；"社会应激论"从社会的角度指出社会环境的改变对于个体压力的影响，但未将人的生理和心理因素考虑进去，而且不具备实操性；"控制论"涵盖了影响压力产生的各种因素，但明确的操作定义仍旧没有提供出来；"整体健康模型"只能算是一种假说，因为它虽然关注个体生理、心理和社会环境的交互作用，却没有进行实证性的研究和论证；"交互作用论"虽然有明确的核心概念，并因为没有指出压力程度与生理健康的关系而受到严厉的批评，但该理论毕竟将有机体的生理因素、认知过程和社会环境因素综合起来对有机体产生压力的原因进行分析和解释，且提供了大量的支持性的材料。因此，"交互作用论"正不断被越来越多研究者认可和看好。[①]

六、压力的预警信号

杰勒德·哈格里夫斯（Hargreaves，G.）在其《压力管理》一书中为我们提供了有关压力的一些早期预警信号线索，这能够提醒人们未雨绸缪，及早采取措施，找出和分析压力源，并试图将压力所带来的影响降低到最小的程度。（如表 4 所示）。

表 4　压力的早期预警信号

	1	2	3	4	5
生理信号	当你处于压力之下时，头疼的频率和程度在不断增加。	肌肉紧张，是一种早期预警信号。	对压力反应特别敏感的是皮肤，如果皮肤干燥并有斑点出现，以示压力征兆。	消化系统问题，将是你未能妥善处理压力相关问题的预警信号。	心悸和胸部疼痛也经常是与压力有关的。
情绪信号	容易烦躁或喜怒无常，通常表示你正处于压力之下。	消沉和经常性的忧愁是压力影响了你对生活的展望的结果。	丧失信心和自负自大是你感觉到对超过自己处理能力的要求不能保持控制的结果。	如果感到没有精力，对事物缺乏兴趣，以示可能要求过高。	疏远感是无力应付的结果。

---

① 傅维利、刘磊：《论教育改革中的教师压力》，《中国教育学刊》2004 年第 3 期。

（续表）

	1	2	3	4	5
精神信号	缺乏注意力经常是由于大脑中转来转去的事情太多所造成的。	优柔寡断，即使是对最无关紧要的事情也一样，这是压力的一种典型征兆。	压力对机体的记忆力有影响，在压力状态下个体会忘记曾经熟悉的事物，甚至好友的名字。	压力削弱判断力，导致错误地作出某些决定，并将造成某些过错。	持续性地对自己及周围环境持消极态度。
行为信号	压力影响机体的睡眠，睡眠时间和失眠时间都会增长，这是机体遭受压力的信号。	抽烟和饮酒比平时增多，这是试图寻找短期精神放松的表现。	性欲比平时减少，但烦恼和忧虑加重，导致机体从一种可以获得支持的关系中退出。	从朋友的、家庭的陪伴或同事的友谊中退出，这通常意味着你感觉到对这种关系无法应付。	如果机体长期处于紧张、烦躁不安状态，可能正处于压力之下。

（资料来源：转引自周隽：《上海市中学教师职业压力状况及影响因素研究》，《华东师范大学硕士学位论文》2003 年第 12 页。

　　表中的这些预警信号不一定会在某一时段完全同时发生。但当其中的任何一个或者某些预警信号持续不断的发生或者偶尔发生时，就应该引起我们的关注和采取相应的干预措施了。培养良好的压力意识就等于能够将这些压力影响降低了一半，也就是已成功地应对了一半压力。

第二节　关于教师压力研究

一、教师压力的界定

　　20 世纪 70 年代柯礼柯夫和苏利夫（C. Kyriacou & J. Sutcliffe）开始对教师压力进行研究，两位学者于 1977 年对英国综合中学教师的职业压力进行了问卷调查，统计发现英国综合中学教师感受"很大"职业压力的比率在 1/5 至 1/3 之间。并在《教育评论》杂志上发表了一篇关于教师职业压力的论文，在论文中对教师职业压力进行了界定，认为教师职业压力是由职业本身引起的一种不愉快、消极的情绪体验，比如教师个体经常感受到的紧张和焦虑状态，以及生气、沮丧或失落等不良体验。[①] 从这个定义可以看出教师职业压力是由教师个体的工作引起的，并通过教师个体对工作要求的认知来调节的。后来的研究对教师压力的内容进行了更进一步的丰富和扩大。达恩汉姆（Dunham）认为理解教学中压力的本质可以有以下三种模式，基于压力的"工程学"模式，对教师所受到的压力体验给予关注；基于压力的"生理学"模式，对教师作出应对压力的反应给予关注；基于压力的"认知交互作用"模式，对教师的压力体验、教师应对压力的反应以及教师应对压力所采用的资源给予关注。[②] 1982 年 Moracco 在其研究中对教师职业压力产生的原因进行分析，发现当教师的幸福和自尊受到威胁时，教师原有的心理平衡状态便被打破，使教师处于一种改变了的不平衡状态，于是引发了教师压力。Litt 和 Turk 在 1985 年关于教师压力的研究中提出，教师压力是当教师个体面临的情境威胁到其幸福时，且所面临的情境问题超过自身能力解决范围时，所引发的一种不愉快的情绪体验。[③] Kyriacou 在 1989 年的研究中认为教师压力是由教师职业本身所引发的一种消极情感状态。[④] 1995 年 Borg 和 Baglion 在其研究中表明，教师压力是教师个体对消极情绪的一种情感反应，这一反应随着教师职业潜在的病理性的生理、生化变化而发生相应的变化，并受到个体认知因素等应对机制的调节。[⑤] 台湾学者周立勋在

　　① Kyriacou, C. & Sutcliffe, J: (1978) Teacher stress: Prevalence, Sources, and Symptoms, British: Journal of Educational Psychology.

　　② See Borg, Mark G: Occupational Stree In British Educational Settings: A Review, Educational Psychology , 1990, VOL. 10, Issue2.

　　③ Litt, M. d. & Turk, D. C: (1985) Sources of stress and dissatisfaction in experienced high school teachers, Journal of Educational esearch.

　　④ Kyriacou, C: (1989) The nature and prevalence of teacher stress, Teaching and Stress (Milton Keynes, Open university Press).

　　⑤ Borg, M. G & Rinding, R. J: (1993) Teacher stress and cognitive style, British Journal of Educational sychology.

1987 年的研究中也提出，教师压力是教师个体把具体的教育教学情境中一些潜在的环境因素或要求看成为是威胁因素或有碍工作表现的刺激时所产生的一种不良情绪体验。同为台湾学者的吕秀华在 1998 对教师压力的研究中，把教师压力定义为教师个体因工作环境因素所产生的一种紧张状态，使教师体验到不愉快或负面情绪。① 大陆学者陈华的研究认为，教师压力是教师职业特征和教师个人特征共同作用，发生交互影响时产生的生理和心理的反应状态。由以上的对教师压力的种种定义可以看出，关于教师压力的研究主要包含以下两大方面：教师压力的情境和压力的反应。压力情境是指导致压力产生的某些外部客观环境以及生活事件，它可以是一种或几种刺激的相互叠加。而压力反应是指个体在应对这些外部的环境刺激时所产生的不适应感或者是紧张焦虑等不愉快感。②

对教师压力的研究目前主要涉及教师压力的普遍性研究。在这一研究方面，国内外曾有很多学者采用问卷调查辅以访谈等方法，就教师压力的表现形式和后果进行研究分析，并在一定程度上确定了教师压力普遍存在的客观事实。如 1976 年英国教育研究人员邓纳姆教授就教师压力问题进行问卷调查，结果表明，多数教师都感受着不同程度的压力体验。③ 剑桥大学基里亚克和萨克利菲教授经研究发现，20％的教师认为从事教师职业压力很大。④ 瑞士日内瓦大学哈伯曼（Huberman）教授的研究也发现，40％的教师经常感到疲惫不堪。⑤ 近年来，国内学者的几项研究也得出类似的结论。徐长江教授的研究发现，有 52.1％的教师面临较大或很大的压力。⑥ 徐富明、朱丛书教授等的

① Compas, B. E, Orosan, P. G & Grant, K. E：Adolescent stress and coping：implications for psychosomatic Research，1989. 33（1）.

② 庞旭民：《论教师心理健康问题的表现及成因》，《河西学院学报》2003 年第 2 期。

③ Kyriacou, C. & Sutcliffe, J："Teacher Stress：Prevalence, Sources and Symtoms"，British Journal of Educational Psychology，Vol. 48，1978.

④ Kyriacou, C. & Sutcliffe, J："Teacher Stress：Prevalence, Sources and Symtoms"，British Journal of Educational Psychology，Vol. 48，1978.

⑤ Michael Huberman："Burnout in Teaching Careers"，European Education，Vol. 25 No. 3，1993.

⑥ 徐长江：《中学教师职业紧张状况及其原因调查》，《浙江师范大学学报（社会科学版）》1998 年第 6 期。

研究结果则表明，有近七成的教师自认为有较大或很大的压力。[①]

综合上述研究我们可以发现，一些研究者把教师压力界定为：发生在实际的学校教育教学情境中的教师在这一过程中产生的一种消极体验；另一些研究者则把教师压力界定为：由教师职业的特殊性赋予的一种消极情绪，这种压力有时不仅仅只包含教师在教育教学情境中的状态，也涉及教师生活中的方方面面。因此，鉴于这样的理论，有些学者直接将教师的压力定义为教师在生活和工作中的一种较为消极的情绪情感反应；也有一些研究者把教师压力界定为教师的一种状态，如体力、情感和态度等；而其他一些研究者不仅呈现出教师压力的情境，也尝试着分析导致教师产生压力的机制和原因，并在此基础上，提出一些缓解压力的策略和方法。

二、教师职业压力的内涵

对职业压力（Occupational stress）进行系统深入研究是从 20 世纪初开始的，现已成为西方组织行为与人力资源管理领域中研究的重要课题，美国心理学家 Kyriacou 教授提出的交互理论是对职业压力研究影响最大理论之一，该理论强调了压力的构成要素，备受很多职业压力研究者的关注。利用这一理论可以将职业压力定义为：处于某种工作环境中的个体，当个体的目标长期性、持续性地受到威胁性的压力源等，受个性及其个人处理方式的影响，就会形成一系列生理、心理、行为反应的过程。[②] 对此，Beehr 和 Newman 在自己的研究中进一步完善了压力的定义，提出一个更为明确清晰的界定，认为职业压力是个体与工作中遇到的各种工作因素相互作用的结果，这一结果可以改变个体的生理和心理状态，是个体无奈被迫偏离正常机能的一种情形。对于如何看待职业压力这个定义，可以从三个角度来考虑，即个体本身特性（被认为是压力或不良健康产生的催化剂）、环境特征（是压力的产生源）、个体和环境之间的交互作用及其由这种交互作用产生

---

① 徐富明等：《教师职业压力与应对策略研究》，《中小学学校管理》2003 年第 2 期。

② 徐长江：《工作压力系统研究》，《浙江师大学报（社会科学版）》1999 年第 5 期。

的种种反应。[①]

国内外研究教师职业压力的学者多数把教师职业压力的界定如同对压力的界定一样，因不同的时空背景和不同研究主体而不尽相同。从国内外有关教师职业压力的研究结果来看，多数关注的是教师职业压力、工作压力形成的因素探讨，着眼于将教师压力放在一个学校教育、教学情境下来分析，很少涉及除这些教学情境之外的因素。（具体分析见表5）

表5 教师职业压力的内涵

年份	学者	主要观点
1982	Moracco	当教师个体的自尊和幸福受到挑战时，使其原有的心理平衡状态被打破。
1985	Litt & Turk	当教师个体的自尊和幸福受到挑战，且教师自身具备的能力不足以应对这一挑战时，教师个体产生的一种不良的情绪体验。
1989	Kyriaton	当教师遭遇不愉快的经历时所产生的消极情感体验。
1995	Brog & Baglion	教师个体对消极情绪的一种情感反应，这一反应随着教师职业潜在的病理性的生理、生化变化而发生相应的变化，并受到个体认知因素等应对机制的调节。
1987	周立勋（台湾）	教师个体把具体的教育教学情境中一些潜在的环境因素或要求看成为是威胁因素或有碍工作表现的刺激时所产生的一种不良情绪体验。
1997	程一民（台湾）	教师个体在学校教育过程中，与领导、同事以及教学事件互动中产生的一种不良情绪体验。
1998	吕秀华（台湾）	教师个体因工作环境因素所产生的一种紧张状态，使教师体验到不愉快或负性影响。
2005	吴宗达	教师在学校的工作环境中，在教学、行政、辅导工作及角色扮演等方面，个人内在知觉与外在环境失衡，造成心理、生理与认知上的压迫状态，并产生负面的情绪及行为反应。

（资料来源：转引自姚立新：《教师压力管理》，浙江大学出版社2005年版。）

---

① 刘荣：《教师职业压力与健康状况研究述评》，《心理学研究》2004年第4期。

从表格中关于教师职业压力研究的这些内涵来看：首先，教师职业压力被视为一个过程。是一个从个体受到某种外界产生的压力刺激的威胁，到个体感知到压力的存在，再到个体经过对压力的衡量之后产生的一系列身心及行为的变化。这种复杂的环环相扣的过程是受多种因素影响的。其次，有某种压力源的存在并不意味着会产生相应的行为反应。在此过程中，个体的个性、认知方式及应对方式充当了一个主要的中介因素。再次，职业压力的情绪和行为反应是多方面的，紧张只是职业压力反应中的一种表现形式，它指的是压力源威胁到个体目标实现时，个体因无力应对这种情形而产生的一系列身心和行为的消极情感体验。[①] 教师职业压力的研究来源于对工作压力的研究。是职业压力的相关研究在教学领域的延伸。因为教学工作本身就是一种压力情境，教师要面对的是个体差异越来越大的学生，复杂度越来越强的教学任务，家长的过度要求，社会的过高期望……久而久之，这些都会损耗教师的工作士气与热情，导致教师自身的压力。[②] 自 20 世纪中期以来，教育学和心理学研究领域开始关注教师压力，并着手进行研究。1980 年布恩教授在其研究中发现，20 世纪 60 年代，当教师被问到如果有机会让你重新选择职业，你还会选择教师职业吗？在被调查的教师中有 78％的教师回答愿意继续从事教师职业，而到了 20 世纪 80 年代，当再次问到这些教师同样的问题时，只有 46.4％的教师回答愿意继续从事教师职业，这个比例已经明显下降。从其研究中我们可以看到，多数教师不愿再选择这一职业，这在一定程度上说明教师对工作的不满意程度在加重，且多数教师承认压力是使其放弃教师职业的一个关键因素。

Caplan 和 Cobb 教授在其研究中也提出工作压力与工作的特征有关，工作压力是由工作环境对个人造成威胁的任何特性引起的，包括过分的工作要求或不充分供应。弗农依教授根据自己所作的研究也指出，工作压力是个体工作环境所能提供的各种需求和可以利用的资源

---

① 徐长江：《工作压力系统研究》，《浙江师大学报（社会科学版）》1999 年第 5 期。
② 刘晓明：《职业压力、教学效能感与中小学教师职业倦怠的关系》，《心理发展与教育》2004 年第 2 期。

与个体应对环境和处理资源等能力产生差距而出现的一种紧张状态。毕尔教授在综述了相关的文献之后，指出工作压力的出现是在个体与工作因素发生交互作用时，个体无法应对，从而改变其身心健康状态以致失去正常功能的结果。Copper 教授和马勒荷教授则认为工作压力代表了个体在环境作用下的不良反应。[1]

英国剑桥大学的 Kyriacou 和 Sutcliffe 很早就对职业压力问题给予了关注，他们认为教师压力产生的原因是当教师在外界环境中遇到自己不能处理的事情，达不到外界所赋予的要求时出现的一种反应。换言之，压力来源于教师对哪些超出自己能力的需要和期望的一种觉察。他们将教师的职业压力界定为，是由于工作难度较大或者工作环境不能满足个体需求时造成的一种令人不愉快的情绪体验，比如紧张、焦虑、失落、愤怒、压抑等。[2] 之后他们对职业压力下了一个更确切的定义，指出教师的职业压力不是教师工作的单一方面造成的，而是由其各个方面的作用而产生的如愤怒、沮丧等的消极反应，也常常伴随着潜在的、致病的生理和生化变化（如心跳加速、肾上腺激素释放进入血液等），并且这种压力受到教师自己能够察觉到的那些威胁性的外界刺激和自己为了回避这些不良的外界刺激而形成的相应的应对方式的调节和控制。[3] 吉里亚科和萨克里夫教授在其研究中提出，教师职业压力是教师个体对消极情绪体验的一种反应综合征，这一反应症状伴随个体潜在致病的生理变化而发生变化，且是由教师职业本身所引发的，可以通过教师的认知因素对其应对机制进行调节。[4] 我国学者王以仁、陈芳玲等将教师职业压力定义为：教师因职务上所赋予之要求、期许和职责所感受到的压力。[5] 孙慧根据其研究提出，教师职业压力是教师个体无法应对工作环境中的各种刺激，或工作环境不能满

① 宋利国：《西部初中教师职业压力探因》，《伊犁教育学院学报》2004 年第 9 期。

② Kyriacou, C. and Sutcliffe, J：A model of teacher stress, Educational Studies, (1978a).

③ Kyriacou, C. and Sutcliffe, J：Teacher Stress：prevalence, Sources and Symptoms. British Journal of Educational Psychology, 1978b.

④ Elaine Adams：Vocational teaching：A structural equation approach, The British Journal of Educational Psychology. 2001. 71 (2).

⑤ 王以仁、陈芳玲等：《教师心理卫生》，中国轻工业出版社 1999 年版。

足教师个体需求时所引发的一种生理反应和情绪变化。[①] 刘晓明在研究中也提出，教师职业压力是指教师个体在具体的教育教学情境中，面对威胁性或不良事件刺激时所产生的身心紧张状态。[②] 尽管不同学者从不同的角度对教师职业压力进行探讨，其对职业压力的表述也不尽相同，但是有一点是共同的，那就是多数学者是从人与环境交互作用的观点出发对教师职业压力展开研究的，并普遍认同职业压力一般是指在某种职业条件下，因为客观工作需要超出个体主观应对能力而出现的一系列生理变化和心理变化。同时随着社会的发展和剧烈变化，教师职业压力也成为一个动态概念。

综合国内外学者关于"压力"、"职业压力"含义的分析与界定，以及参考社会学领域有关压力研究的启示，本研究将"教师压力"界定为：教师在教育教学情境中，因其需要无法获得满足或教师个体所具备的资源无法应对外界刺激时产生的一种生理和心理的紧张状态。

三、教师压力模式

（1）Kyriacou 和 Sutcliffe 的教师压力模式

Kyriacou 和 Sutcliffe 根据 Lazarus 提出的压力研究模型，并与自己的研究实际进行结合，提出了教师压力的这一模式（见图3）。在其提出的教师压力模式中，引起教师压力的真正原因在于潜在的压力源，而非直接的压力源。同时两位学者还明确区分了物理压力源（如教师教育教学水平低下）和心理压力源（如不良的人际关系）。这些影响压力的因素是通过个体的应对机制来调节的，有效的应对有助于缓解压力，可以缓解有机体感知压力情境的程度。当然，如果个体选择的应对机制不恰当，个体便会遭遇不良的压力体验。在这个模式中，我们可以看出，教师压力主要是一种消极的情感体验，并且这种情感与不良的生理、心理和行为相关联。这些消极压力情感体验会直接导致个体身体和心理发生相应的变化，同时教师个体的人格特征对这个变化

---

① 孙慧：《转型期教师职业压力及其产生的心理机制》，《教育探索》2004年第12期。
② 刘晓明：《职业压力、教学效能感与中小学教师职业倦怠的关系》，《心理发展与教育》2004年第2期。

过程会产生一定的影响。在这个模式中还包括了一些其他变量，如评估或潜在的非职业压力源。

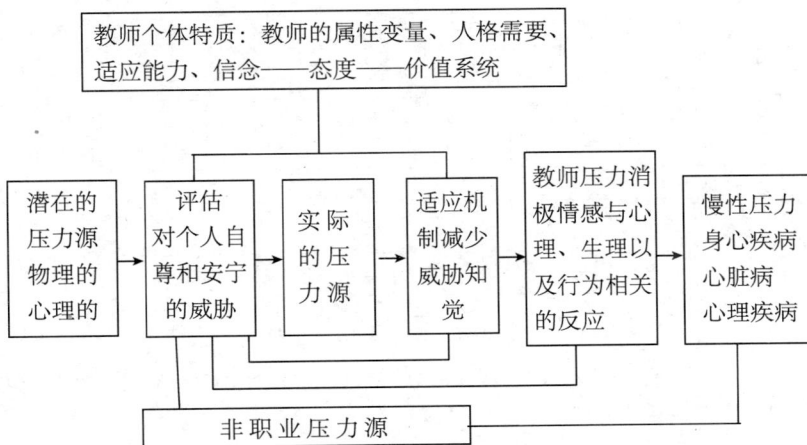

图 3　Kyriacou 和 Sutcliffe 的教师压力模式

（资料来源：转引自陈德云：《教师压力：来源分析与应对策略》，《华东师范大学硕士学位论文》2004 年第 7 页。）

（2）Tellenback 的教师压力模式

Tellenback 教授等在 1983 年对教师压力进行了深入的研究，并对 Kyriacou 和 Sutcliffe 教授的教师压力模式进行了修订（如图 4 所示）。该模式融合了新的元素，与 Kyriacou 和 Sutcliffe 教授的教师压力模式不同之处在于：Tellenback 教授认为压力源除了受教师个体的人格特征影响外，还受学校周边环境特征的影响。因为学校周边环境特质对学校组织氛围、学校领导的风格、学校人际关系等都会产生直接或间接的影响，并会成为教师的压力来源。两个模式的相同之处在于，应对机制同样可以调节对压力源的影响，有效的压力应对方式能够使个体不仅处理好压力环境中的各种不良刺激，而且能够减低个体对这些威胁性刺激的觉察。一旦应对方式不当，压力也会油然而生。从这个模式中可以看出，教师职业压力主要被看做是一种消极的情感体验，并且这种情感与不良的生理、心理和行为相关联。这些消极压力情感体验会直接导致个体身体和心理发生相应的变化，同时教师个体的人格特征和学校邻近地区特质对这个变化过程会产生一定的影响。在这个模式中也包括了评估或非职业压力源等一些其他变量。

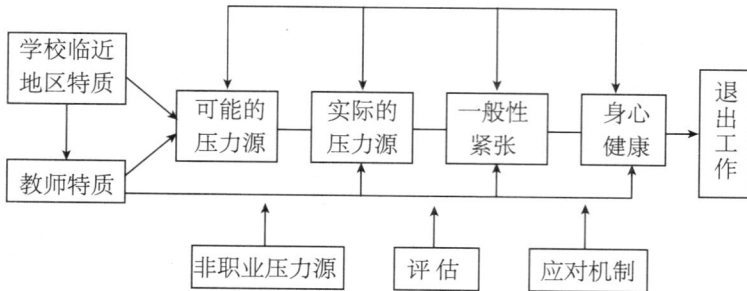

图 4　Tellenback 的教师压力模式

（资料来源：转引自陈德云：《教师压力：来源分析与应对策略》，《华东师范大学硕士学位论文》2004 年第 8 页。）

（3）Brenner 的教师压力模式

1983 年，Brenner 在 Kyriacou 和 Sutcliffe 提出的教师职业压力模式的基础上进行了进一步的研究和探讨，并对部分模式进行了更深层次的修补和完善（参考图 5）。与 Kyriacou 和 Sutcliffe 提出的教师压力模式相比，Brenner 在教师压力模式中加入了环境特征的因素，并认为压力源的出现频次受学校的社会背景的影响，而且具备不同人格特征的教师受到不同环境的学校所吸引。因此，人格特征不同的教师所感受到的工作压力是不同的。根据 Kyriacou 和 Sutcliffe 提出的教师压力模式，Brenner 还初步区分了潜在职业压力源和实际职业压力源，认为潜在职业压力源发展为实际压力源的前提条件是个体对施加于身上的需求持有何种评价，并且非职业压力源也可能产生压力。

Brenner 的模式与 Kyriacou 和 Sutcliffe 的教师压力模式的另一个区别之处在于，Brenner 在研究中提到了"一般紧张度"这一概念，他认为现实的压力源会让有机体处于某种紧张状态，产生紧张感，这里所使用的一般紧张度概念与超负荷量有一定的相似性，这种紧张感会对个体的身心健康状况产生影响，如教师的健康和安宁。所以，该模式中的健康与安宁与 Kyriacou 和 Sutcliffe 模式中的教师压力（消极情感）和慢性症状是相对应的。此外，该模式中还包括了个体的退缩因素，如个体的缺勤和心理上的退缩，这些都在一定程度上反应了教师对工作的不满意状态。同时，在该模式中，Brenner 教授把压力本身看成是一个概念，并阐释了压力从刺激到反应的整个过程，且在压力形成的过程中，即从刺激到反应的过程中，个体的各种应对机制、非职业压力源和评价会对职业压力的整个过程产生调节作用，自发的减轻压力的影响程度。

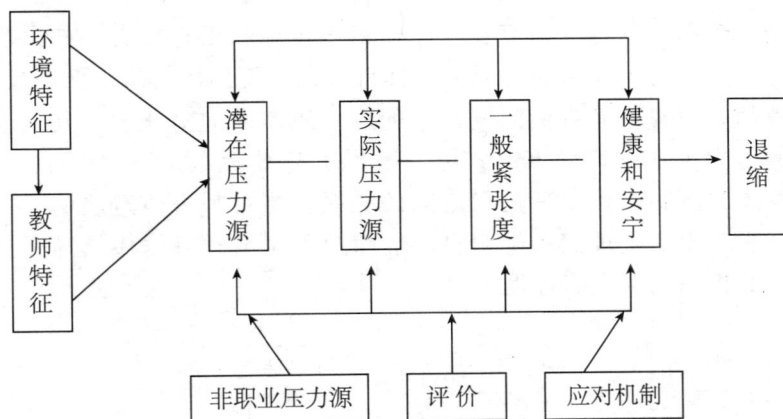

图 5 Brenner（1983）的教师压力模式

（资料来源：转引自刘荣：《中小学教师压力与健康及相关因素的研究》，《首都师范大学硕士学位论文》2004 年第 9 页。）

（4）Dick 和 Wagner 的教师压力模式

2001 年 Dick 和 Wagner 教授为了验证 Kyriacou 和 Sutcliffe 教授提出的教师压力模式，他们采用了几个具体变量并使用结构方程的方法对教师压力进行深入研究，并成功的测量了压力、紧张度以及一些调节变量之间的关系。在这个研究中，他们还对工作负担和他人非议排挤给教师带来的更多的身体症状进行了验证。认为在应对一般的压力情境上教师个体的人格特征和环境因素起到了一定的积极影响，在一定程度上个体的人格特征是有效的应对资源，同一年，Dick 和 Wagner 把影响教师压力的两个内在的资源细分为自我效能感和社会支持，指出社会支持中最关键的一个因素是领导的支持，这对减轻工作压力起到了至关重要的作用。在他们的研究中将社会支持视为一个中介控制变量，通过研究得出这样的结论，即社会支持感高的教师个体，其压力不大，不会处于高度紧张的状态。相反，社会支持较少的教师，压力大，常常处于高度紧张的状态，且压力和紧张度之间的关系更为密切。另外，Dick 和 Wagner 还将一些新的概念引入其研究中，并对 Kyriacou 和 Sutcliffe 提出的教师压力模式进行丰富和完善，提出了一个扩展模式（如图6）。他们借助于大量的研究，把个体的应对策略视为压力模式的重要变量来加以探讨，其研究结果表明个体的应对策略是一个调节变量，调节着个体的工作负担和工作压力，如果教师采用适应性应对策略来应对压力，其自身感受到的压力水平低。反之，如果教师采用忽略或避免问题情境的应对策略来应对压力，其自身感受到的压力水平则高。该模式中，压力本身被看做是一个调节变量，影响着压力源和个体生理症状之间的关系，当教师个体遭遇的压力越多，其表现出的生理症状越明显。继而遭受压力和身体症状导致更多的压力的出现，形成恶性循环。

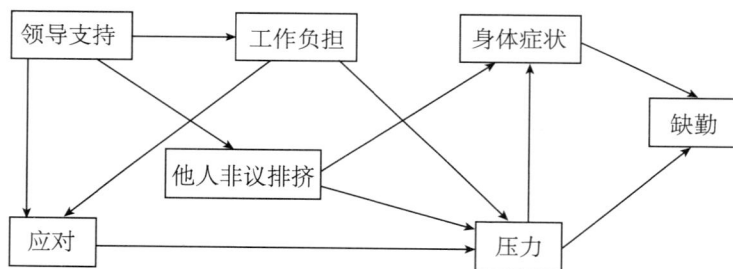

图 6　Dick 和 Wagner 的教师压力扩展模式
（资料来源：转引自刘荣：《中小学教师压力与健康及相关因素的研究》，《首都师范大学硕士学位论文》2004 年第 10 页。）

（5）Simpson，Mcfadden，Moracco 的教师压力模式

辛普森、麦克法登和莫雷克等教授在借鉴前人关于教师压力模式研究的基础上，结合自己研究的实际情境，提出了一个新的教师职业压力的模式。该模式认同前面学者提出的教师的个体特征在压力产生过程中起着重要的影响作用。从下面的图 7 可以看出，职业压力源、社会压力源和家庭压力源被看成是潜在压力源的重要组成要素，也是导致个体产生压力的三个主要来源。但是潜在的职业压力源不一定就

会直接导致个体产生压力体验，而是当潜在的职业压力源转化为现实的职业压力源时，才会导致个体产生压力体验，对个体产生直接的影响。然而潜在的职业压力源要变为现实的职业压力源取决于教师个体的评估机制。当教师个体认为潜在的职业压力源会对自己的健康或其他方面构成威胁时，这种压力源就会由潜在变成现实。而教师个体以往的人身经历、个体自身的人格特征和价值观、人生观、信念等很多因素会对教师的评估机制产生影响。如果教师个体觉得自己适应不了工作的需求，那么压力就会产生。教师个体的知觉在很大程度上影响着评估的过程。当潜在的压力源变为现实的压力源时，教师的应对机制就显得尤为重要，因为它决定教师自己能否缓解压力。压力的表现反映了教师个体所承受的压力水平，也和教师的人格特征有关系。同时，教师的应对机制和压力的表现反过来又会影响到教师对潜在压力源的评估。

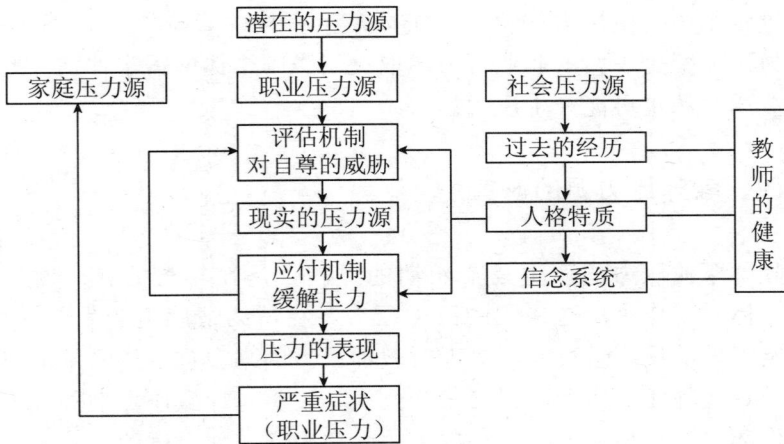

图 7 Sifllpson，MeFadden，Moraceo 的教师压力模式

（资料来源：转引自赵积琼：《新疆维汉初中教师职业压力探析》，《新疆师范大学硕士学位论文》2006 年第 4 页。

纵观上述学者提出的教师压力模式，我们可以发现，前一个教师压力模式是后一个教师压力模式的基础和借鉴，后一个教师压力模式是对前一个教师压力模式的进一步完善和补充，在上述所有的模式中存在很多共性之处，即教师压力产生的根源直接或者间接地受到教师的个性特征和人格魅力的影响。对物理压力源和心理压力源进行了明确的界定和区分。个体通过自身的应对机制来对压力进行调节，处理个体所面对的压力情境，同时减少个体对这些压力情境的敏感性和觉察程度，一旦个体采取了不恰当的应对机制，则可能产生一系列压力体验和行为反应。教师压力主要被看做是一种消极的情感体验，并且这种情感与不良的生理、心理和行为相关联。这些消极压力情感体验会直接导致个体身体和心理发生相应的变化。这些模式的主要区别之处在于，基于前一个模式基础，对后面模式进行了补充和完善，加入了一些新的特征要素，如环境特征因素和应对策略，并且认为压力源的出现频次受学校的社会环境背景的影响，具备不同人格特征的教师会被不同社会环境的学校所吸引，并对潜在的职业压力源和实际的职业压力源进行了区分，潜在的职业压力源不一定就会直接导致个体产生压力体验，而是当潜在的职业压力源转化为现实的职业压力源时，才会导致个体产生压力体验，对个体产生直接的影响。然而潜在的职业压力源要变为现实的职业压力源取决于教师个体的需求评估。此外，非职业压力源也可能产生压力。

四、教师压力源的研究

　　教师职业压力的产生是个长期的过程，是在较长的一个时段里，教师个体对工作中所遭遇到的巨大压力，在情绪情感上产生的一种具有一定强度的反应过程。有学者对教师压力的来源进行过系统的研究，并把导致教师职业压力的因素归为两类，一类是导致压力的外部因素，如工作环境等；另一类是导致压力的内部因素，如个体的人格特质等。外部因素是教师职业压力的主要影响因素，这种现象可以用应激的资源理论来进行解释，当外部因素对个体的要求超过个体的有效应对资源时，个体往往感受到职业压力的存在。这里所指的环境因素包括工作角色冲突与模糊、工作负荷、工作可控性、报酬、工作群体、社会支持系统、时间压力、组织公平、组织与管理变革以及需要持续、频繁、深入地与工作对象接触等。[1] 同时个体内部因素也会对职业压力的形成产生一定的影响，面对相似甚至相同的工作环境要求时，不同的个体表现出的职业压力感是不同的，具有一定的差异性。这里的内部因素包括人口学变量和人格特征两方面。人口学变量有年龄、性别、婚姻状况、教育程度等。人格特征因素有低自尊、外控型、神经质、A 型性格等。[2] 在此基础上，大量的学者对教师职业压力源进行研究，多数学者把压力源视为与教师职业有密切相关的并且会损害到教师的身心健康的因素。1987 年 Compas 根据自己的研究将压力源分为以下三类：（1）直接的压力源，是一种紧急而迅速的压力体验，主要包括生活中的一些重要事件、日常琐事以及突发事件与变迁。（2）间接压力源，是一种缓慢的压力体验，主要包括一些不良的环境因素和事件。（3）互动的压力源，是在个体与环境交互作用中产生的一种情绪体验，主要包括个体与父母、伴侣、同事间的人际关系紧张所导致的长期压力状态。[3] 在这之后，许多国内外的心理学研究者就压力的普遍性问题和产生压力的主要因素进行了全面深入的研究和探讨，这些研究和探讨的结果一致认为教师职业压力是一种普遍存在的现象，不同国家、地区、文化背景之下都存在。教师职业压力源是多维度的而非单维度。1987 年另两位学者 Payne，M. A. 和 Furnham，A. 根据自己对教师职业压力的研究，认为教师职业压力源可以归为以下八个维度：（1）时间分配；（2）学校运作模式；（3）学生管理；（4）职业性质；（5）教师的自我肯定、能力；（6）行政干预；（7）人际关系；（8）工作环境。教师普遍认为其压力的最大来源是对学生的指导和管理，其中位居榜首的是"学生学习态度不端正"。[4] 几乎同一年 Trendall 的研究也表明，教师在超负荷的工作环境中产生的压力远远大于教师由于角色冲突而形成的压力，对此，让接受调查的教师作了这样一项实验：从20 项压力中选出 3 项最明显的压力源，结果教学班级数量过大、教学

---

① 李靖：《枯竭研究进展》，《北京大学学报（自然科学版）》2003 年第 39 期。

② 王文增：《小学教师工作压力、职业倦怠的干预研究》，《心理论坛》2007 年第 2 期。

③ Compas，B. E：Teacher Stress prevalence Sources，1987.

④ Payne，M. A. & Furnham，A：Dimensions of occupational stress in west Indian secondary school teachers，British Journal of Educational Psychology，1987.

负荷量较大和学生不良行为较多并难以处理是其中最明显的三项压力源。[①] Dunham 的研究中列举出了以下 10 项重要的压力源：政府支持匮乏；长期处于变革状态；处理这些变革的信心不够；教师所受到的尊敬不够；国家课程改革；工作投入和产出不成比例；学生异化评价；学生的行为问题；时间精力有限；教学与晋职之间脱节。[②] Cooper 对教师压力源的研究比较有代表性，他的研究指出，教师的主要压力源有以下几点：教师遇到学习动机较低的学生；经常需要维持课堂或学校纪律；常感觉时间压力较大及工作任务繁重；应付变革较为困难；常常被他人评价；维持自尊和地位代价高；管理与组织困难大；角色冲突及角色模糊明显；工作环境艰苦。[③]

另外，对教师职业压力源进行大量、全面、深入探讨的还有很多学者，以下我们进一步罗列出一些有代表性的相关研究，见表 6：

表 6　教师压力源研究

年份	代表性学者	基本观点
1978	C. Kyriacou & J. Sutcliffe	①学生行为不良；②工作环境不理想；③时间有限；④不良的学校风气
1984	Moracco & Mcfadden	①行政支持不够；②教学工作繁重；③待遇不丰厚；④同事关系紧张；⑤工作量大
1985	Harris	①不能胜任专业要求；②与领导关系不好；③同事关系紧张；④工作负担过重；⑤班级人数较多
1985	蔡先口	①与领导关系不融洽；②学生学习积极性不高；③角色适应不良；④工作负担过重；⑤学生的不良行为多；⑥教师的专业发展受限

①　Cockburn，A. D：*Primary Teachers Knowledge and stress Relieving*．British Journal of Educational Psychology，1996．

②　Dunham，J：*Stress in Teaching*．London，Helm．1984．

③　Cooper，C. L：Occupational Sources of Stress：*a review of the literature relating to coronary heart disease and mental ill health*，Journal of Occupational Psychology，1976．

年份	代表性学者	基本观点
1987	Otto	①角色不适应；②冲突情境较多；③资源不足；④缺乏决定权力；⑤缺乏必要交流
1987	周立勋	①班级人数多；②学生行为不良；③缺乏行政支持；④工作负担过重；⑤无法胜任专业需求
1988	R，Manthei ＆ R. Solman	①学生不服从管理；②课程要求繁多；③职业认同感较低；④工作环境较差；⑤社会支持力度不够；⑥时间有限
1988	huang	①教学冲突；②校园文化环境不好；③学生懒惰；④家长不支持
1989	Defrank ＆ Stroup	①冲突不断；②待遇不好；③学生行为不良；④教师专业能力受限
1990	Borg	①无力改变环境；②对决定没有影响力；③无权实施职责；④努力受挫
1990	Cox	①培训和职业发展受限；②工作紧张；③工作环境恶劣；④学校组织氛围较差；⑤学校与社区分离
1990	Kyriacou	①专业发展受限；②校长和教师关系疏远；③班级教学缺少常规指导；④同事关系紧张；⑤工作负担过重。
1991	Bore ＆ Ring	①学生行为不良；②工作环境压抑；③同事关系紧张；④时间有限
1992	M. Brown ＆ S. Ralph	①体制结构不合理；②校纪班规缺乏；③过重的工作负荷；④资源不足；⑤学校管理不科学
1992	McCormick	处理学生的不良行为
1992	J. Dunham	①社会支持不足；②对经常性的变革缺乏信息；③教师社会地位低；④统一的国家课程；⑤待遇差；⑥学生不良评价；⑦学生行为问题多；⑧师生交流时间有限；⑨晋升受阻
1995	Salo	①学生问题；②工作内容；③社区；④学生家长；⑤个人因素

年份	代表性学者	基本观点
1995	J. Gregoy	①学生的不良行为；②时间及资源匮乏；③职业认同的需要；④工作负荷；⑤不良的人际关系
1995	Chaplain	①专业发展受限；②学生行为古怪；③工作任务偏重
1998	徐长江	①职业发展受限；②考试压力增大；③学生因素复杂；④工作内部环境不佳
2000	徐富明	①升学考试任务重；②工作负担强度大；③角色职责不清晰；④工作待遇低；⑤职业声望不高
2001	朱丛书	①考试压力大；②学生因素复杂；③自我发展受限；④家庭不和谐增加；⑤工作负担重；⑥职业声望不高
2001	姚立新	①工作量偏大；②升学压力大；③经济状况不良好；④领导评价不高；⑤职称评定难
2001	Jcobsson Pousette	①角色冲突不断；②没有决定权；③交流不畅
2002	M. Brown & S. Ralph	①师生关系不亲密；②同事关系紧张；③社区联系不紧密；④改革变化频繁；⑤学校管理不善；⑥时间有限；⑦学校环境不民主；⑧自我成就感低
2003	李军兰	①竞争激烈；②家长施压；③领导施压；④社会施压
2003	徐富明	①考试竞争；②工作繁重；③职业声望低；④聘任条件高；⑤家长学生施压；⑥角色职责不清；⑦人际关系敏感；⑧专业发展受限

（资料来源：转引自刘磊：《"新课改"中教师压力研究》，《辽宁师范大学硕士学位论文》2004年第5页。并在此基础上根据查阅的已有文献［见参考文献］整理归纳见上表。）

从国内外有关对教师职业压力源的研究可以看出：唯一的或者是最明显的压力源是不存在的，教师个体在工作中会产生许多压力，而这些压力的压力源不是单维度的，而是多维度的，而且这些压力源会随着时间、地点和环境的改变而产生相应的变化。但是也会出现一些压力源在不同的研究中重复出现的现象。这些多次出现的压力源大致分为以下几类：

社会性压力源——直接产生于社会，如社会价值观、社会期望、教育教学改革等因素。

人际间互动的压力源——主要产生于教师与他人之间的关系，如教师与领导之间的关系；教师与家长之间的关系；教师与学生之间的关系；教师与教师之间的关系；教师与家人之间的关系等。

日常工作压力源——主要产生于个体的工作环境如学校氛围、人际关系、学生的状况等。

学生行为压力源——主要来源于学生，如无纪律、不服从、行为不当、不良的动机等。

五、人口统计变量与教师压力的关系研究

本研究的人口统计变量主要集中于教师个人的基本信息，如教师的性别、民族、年龄、学历、教龄、职称、职位和所教科目类型等。Laughlin 教授依据人口统计学变量对教师压力进行分析，发现没有经验或经验不足的年轻教师、女性教师、承担低年级教学工作的教师和一些没有得到晋升的教师感觉到压力更大；1987 年 Payne 和 Furnham 教授的人口统计学变量分析与 Laughlin 教授的研究有重叠部分，其研究结论也表明女性教师、经验少的教师和资历浅的教师感受到压力更大；与其研究结论相反的是 1991 年 Borg 和 Riding 教授关于教师人口统计学变量的研究，其结论认为男性教师的压力比女性教师的压力更大。Phillip 教授在其对教师压力的研究中认为，如果把教师个体看成是一个动态的个体，且这个动态的个体是与其周围环境相互作用的，那么研究很容易发现在不同的职业阶段，教师个体的需求与职业都会或多或少的存在一些差异。在有关年龄与压力关系的人口统计学变量分析研究中，Boesen 教授等人的研究表明，教师个体随着年龄的增大，所承受的压力也越大；而 2002 年，陈华在其研究中呈现出年轻教师的职业压力水平明显高于年长教师的职业压力水平。Laughlin 于1984 年的研究指出，学生对教师的不服从是年轻教师和缺乏教学经验的教师产生压力的最直接原因，时间压力和资源缺乏在这两类教师中影响是最小的；而对自己职业认可的需求最为强烈的当属那些处于职

业中期的教师和那些后来才从事教育职业的年长教师。Brown 的研究认为随着教师教学年龄的增长，学校和家长对其的消极评价给教师个体带来的压力水平在逐渐呈下降趋势。[1]

在性别与压力关系的研究中，Brown 和我国徐长江教授认为不同性别教师在压力源上的反应没有显著性差异；Kmetz 的研究发现不同性别教师一致认为在来自学生的压力方面，那些具有挑战性的女生常常让教师感到压力巨大。而 2002 年邵光华和顾伶沅关于我国青年教师压力情况的研究表明：男教师对教师职业压力感和自我总体压力感的认知比女教师偏高，但两者在统计学上没有显著差异。[2] 1991 年 Faber、2001 年土治明等和 2002 年陈华的研究表明：男教师与女教师相比，更易受到压力的影响，压力反应水平明显高于女教师。对于这一现象的解释，法伯认为其主要原因在于与男性教师相比，女教师更具备良好的交往技能，更能有效的运用周围的支持系统。而 Truetteman 和 Punc 在 1992 年进行的压力研究中却得出了另外的结论，认为与男性教师相比，女教师更易受到压力和压力源的影响，但是通过给予专业的干预帮助后，女教师的心理压力感和不适应状态更易得到缓解和消除。从压力源来看，Borg 在 1991 年进行的研究中发现，与女性教师相比，男教师在职业认同方面面临的压力更大，但在时间资源的分配方面以及学生不良行为习惯处理方面面临的压力更小，这一现象可能与社会对成员的期望和评价有关。

在教龄、经验与压力关系的研究方面，Kyriacou 和 Sutcliffe 于1978 年对教师压力的研究中提出压力水平与教龄间无显著性差异。Borg 在 1989 的年研究中，以教学经验为尺度把教师分为经验最少教师和经验最丰富教师两组进行对比研究，研究结果表明，教学经验的多少与教师感受到的压力体验是存在一定相关性的，经验最少的教师职业压力水平明显低于经验丰富的教师职业压力水平。但是 Anderson 的研究与之相反，他认为经验较少的教师比经验多的教师更容易出现

---

① Laughlin：*A Teacher stress and burnout：an International Review*，Educational Researcher，1984.

② 邵光华、顾伶沅：《关于我国青年教师压力情况的初步研究》，《教育研究》2002 年第 9期。

情感衰竭现象，但个人在工作中的主观幸福感低于后者。（Boesen，1998）。[①] Anderson 教授在 1980 年研究中指出任教年限超过 25 年的教师压力水平较低，因为个体工作年限越长，工作人员对工作越熟悉和适应，所以会有较少的压力。近年来，一些国内学者也开始就教师压力在人口背景上的差异进行探讨，但由于被试取样的不同，所得到的结论并不完全一致。赵玉芳教授认为教龄在 6—10 年是中学教师压力状况最严重的阶段，学历对教师压力没有显著影响，职称是影响教师压力的重要因素。[②] 伍新春教授等的研究则显示，教龄在 11—20 年的中学教师最容易产生情绪衰竭，教师的学历越高，其情绪衰竭和去人性化越严重。[③] 另外，学校类型、地区、任教年级及是否是班主任可能也会影响着教师压力及其各个维度。而根据费斯勒的教师生涯循环论，当教师处于引导阶段与生涯挫折阶段时，较易导致压力。[④] 陈华在 2002 年对教师压力进行研究时表明，初中教师所承受的工作压力大于高中教师所承受的压力，具有专科毕业学历的教师所承受的工作压力大于具有本科毕业学历教师的压力。[⑤] 邵光华和顾伶沉教授在 2002年的研究中也发现人口统计变量与教师压力之间的关系，如学校的类型、地域位置等对教师压力的影响。1978 年 Kyriacou 和 Sutcliffe 教授在其研究中也表明，学生的不良行为让女性教师感到压力更大，而男性教师则认为学校管理和教学工作让他们感到压力更大；对于工作条件和学校文化特质，则是学历高的教师所受压力低于学历低的教师；相比于年长的教师、经验丰富的教师，年轻教师、经验少的教师在"处罚行为问题学生"、"对调皮班级进行管理"、"维持班级课堂教学秩序"、"发展提升的机会有限"、"缺乏参与决策的权利"以及"学校领

---

①　Borg，M. G：*Stress and Job Satisfaction among primary school teachers in Malta*，Educational，Review，1989（41）。

②　赵玉芳、毕重增：《中学教师职业倦怠状况及影响因素的研究》，《心理发展与教育》2003 年第 1 期。

③　伍新春、曾玲娟等：《中小学教师职业倦怠的现状及相关因素研究》，《心理与行为研究》2003 年第 4 期。

④　张艳芳：《关注教师的职业压力》，《班主任之友》2002 年第 12 期。

⑤　Payne，M. A. & Furnham，A：*Dimensions of occupational stress in west Indian secondary school teachers*，British Journal of Educational Psychology，1987（57）。

导的态度和行为"等方面所承受的压力水平要更高。然而 1987 年
Payne 和 Furnham 通过研究表明，女性教师在时间分配方面比男性教
师承受的压力大，女性教师在学生行为方面承受的压力高于男性教师；
具有专科学历的教师在职业特性上比其他教师特别是具有本科学历的
教师压力大些；而教学经验少的教师在教师信心、能力方面的压力要
高于经验丰富的教师，职业压力水平最高的当属没有学历的教师，压
力水平最低的是既有本科学历又受过职业培训的教师；相比于其他教
师，教龄在 6—10 年的教师在工作条件上的压力更大。[1]

六、教师压力影响的研究

（1）教师压力对教师自身的影响

"压力的感受正在打击着无数有爱心、有理想、乐于奉献的教师
们——教师们已在逐渐地放弃他们的专业工作。"[2] 前人的大量研究也表
明，过度的职业压力会让教师产生消极的情绪体验和心境，很大程度
上危害着无数教师的身心健康并对其专业的发展产生不良的影响，职
业压力不仅对教师个体产生影响，而且给家庭、社会、教育事业都带
来了消极影响。美国学者德沃肯（Dworkin 1987）教授曾慨叹："且不
论教师职业压力对教师个体及学校组织产生什么样的后果，这些教师
的学生才是最终的牺牲者。"也有一些学者的研究表明：承受职业压力
较高的教师与一般教师相比，其家庭冲突比较多。因此职业压力所产生
的后果可以归纳为以下几方面：对教师身心健康的影响、对教师工作态
度的影响、对教师人际关系的影响以及对教师工作绩效的影响等方面。
教师个体因不能有效缓解或消除职业所导致的压力体验，已在一定程度
上影响了教师的身心健康。[3]

以往相关的研究结果也表明，教师压力会对教师的身体、心理和
行为三个主要方面产生重要的影响，压力会直接或间接导致教师个体

---

[1]　Payne, M. A. & Furnham, A: *Dimensions of occupational stress in west Indian secondary school teachers*, British Journal of Educational Psychology, 1987.

[2]　苏素美：《美国教师的"职业倦怠"之探讨》，《教育资料文摘》1995 年第 3 期。

[3]　王文增：《小学教师工作压力、职业倦怠的干预研究》，《心理论坛》2007 年第 2 期。

出现很多不良的适应和疾病症状，严重地损害了教师的身心健康。教师压力所带来的教师生理的一些病变，不仅导致教师出现生理症状，如容易感觉疲劳和一些消化道等肠胃疾病，更为甚者会导致一些慢性病症状，如冠心病、糖尿病等病症。压力还会直接或间接地导致教师个体出现不安、烦躁、焦虑、紧张、抑郁、疲惫、郁闷、无助等不愉快的情绪体验，进而导致教师个体缺乏自信、自我效能感降低，对工作不满意等现象。Kyriacou 和 Sutcliffe 教授在其对压力进行研究时指出，精疲力竭和受挫感是教师最普遍的感受。Spooner 于 1984 年对296 名小学教师进行调查的结果显示，当教师处于某种压力状态时，可能产生各种症状，疲惫、紧张、挫折感和焦虑是得分最高的四种症状。[①] Landsman 有关压力对教师健康影响的研究也表明，教师群体中有 84％的教师认为教师职业本身对其身心健康存在负面影响，后续的相关研究也在一定程度上验证了这一结论，很多教师有过曾因为疲劳或紧张过度而引起疾病并请假的经历。Camp 以美国内布拉斯加州的221 位教师为被试，对他们做了有关压力水平及对健康影响的研究，结果显示，教师的压力水平越高，教师的健康问题就日渐严重。[②] 在岗教师中有很大一部分出现身体状况不佳情况，调查表明有高达27.6％的教师患病，知识分子（其中不乏各级各类学校教师）英年早逝是压力所导致的问题中最为突出也最让人痛心的。[③] 2000 年我国中小学心理健康教育课题组对辽宁省 168 所城乡中小学教师压力状况进行了调查，结果显示约 50％的教师存在一定程度的心理问题，对这个结果进行分析时发现，出现心理问题原因很大程度上与教师工作压力过大有直接关联。2001 年杭州市教育研究所对杭州市九所中小学教师心理问题进行研究，调查结果也表明，教师群体中常常出现的抑郁、焦虑、产生自卑感等情绪是与教师工作负荷量较大、学生难以教育、报酬低、升学压力大等因素有关，调查显示，教师群体中有占 13％的

---

① 邵光华：《国外教师压力研究综述》，《比较教育研究》2002 年第 11 期。

② 程俊玲、石林等：《中小学教师工作压力状况及相关因素调查研究》，《教育理论与实践》2004 年第 24 期。

③ 姚立新：《中小学教师心理压力过大——浙江杭州市中小学教师心理健康状况调查的分析》，《教师发展与管理》2002 年第 11 期。

教师存在各种心理健康问题。Saville 教授的研究也指出，约 60％的教师报告因为自己的职业压力较大而考虑过换岗或者辞职（Kopans，2001）。美国城市生活保险公司于 1992 年对美国教师所做的一项城市生活调查显示，有占 19％的教师有过在刚工作的头五年里离开教师这个职业的想法，有相关统计数据也显示，大约 50％的教师在工作的头五年里出现流失情况（Kopans，2001）。一些经验很丰富的教师宁愿放弃再多工作五年或十年可以为自己增加一笔极为可观的收入的利益，也申请提前退休。[①] 由此可见，压力引发教师个体出现各种身心不适症状和情绪问题已是一个不争的事实，严重影响到了教师的心理健康。

（2）教师压力对学生的影响

学生是教师在教育教学情境中直接面对的对象，当教师个体面临很大的压力，自身都难以承载时，对直接的教育教学对象也会变得缺乏责任心、耐心和同情心，更不要奢望教师会用宽容去包容学生，会热情的与学生交流、对话。随着教师个体压力的增加，处于压力困扰下的教师会对学生产生诸多不良的影响，如教师个体的紧张、焦虑、压抑、不满等不愉快的情绪体验会在无形之中感染学生，让学生在一般的教育教学情境中产生一些消极的情绪体验；有些教师会将自己不良的情绪发泄到学生身上，随意打骂、训斥、嘲讽、讥笑学生，这些行为都会对学生的身心健康产生影响；还有些教师会将自己所承受的压力转嫁给学生，特别是在现行的教育体制下，整个教育教学的评价指标没有发生根本性的变化，社会、学校、家庭对教师的评价依然是学生的考试成绩和升学率，面对这样的压力，教师为了不被比下去，只有不辞辛劳，加班加点的给学生补课，尽可能把学生的时间都用满用足，甚至有些教师利用节假日免费给学生补课，这些方式使得学生学业负担增加；另外，还有一些教师因教育教学经验不足，不能很好地处理师生关系，导致师生关系不和、破裂，学生对教师产生厌恶、反抗、抵触、报复情绪，甚至扩大到产生对学校教育的消极态度。学生在对教师有看法的前提下，拿自己对学习的反感向老师提出挑战，导致学习成绩直线下降，并出现种种不良行为事故，这些不断成为教

---

① 邵光华：《国外教师压力研究综述》，《比较教育研究》2002 年第 11 期。

师的新压力源，增强教师的压力感，产生更多的对教师的不利影响。①

大量相关研究显示，教师压力的消极影响已经导致教师出现情绪不稳定和心理不健康等症状，临床表现为失眠、抑郁、焦虑、恐惧、失落、无助，同时还伴随有受挫感、无助感、缺乏安全感、丧失自信心，缺乏工作成就感等，这些消极的情绪体验正影响着教师的身心健康，对教师的专业发展具有较大的破坏作用。压力诱发了教师产生种种不良行为，出现冲动、情绪失控、易怒、情感反常、食欲下降、抽烟喝酒等不良行为。这些消极行为不仅损害了教师的身体健康，降低了教师的生活质量，而且还会导致教师在工作方面出现类似于旷教、改行、提前退休等现象。此外，压力还使教师患上很多生理疾病，因为持续的压力会对人体的循环系统、消化系统、肺、肌肉或关节等器官造成损伤，加速个体的衰老过程。同时压力还会引发教师个体身体、心理、情感和行为的变化，这些变化常常会对教师的身体造成伤害，引发教师的身体疾病，如心脏病、冠心病、糖尿病等病症。压力的产生不仅会影响到教师个人，而且也必然会对社会、学校、家庭和学生形成某种程度的消极作用。因为它们之间不是独立存在的而是相互联系、相互影响的，这无形中会形成一种恶性循环，导致教师心理危机加剧。

（3）教师压力对教学的影响

心理学的相关研究表明，个体如果心理健康，其在对环境进行评价时就能做到客观、公正，并能自如的应对，个体的心理、行为就能与社会现实协调共生。个体与环境之间的这种积极关系，能使个体在智力、情感、动机、意志、行为等方面的机能得到正常发挥，个体在处理矛盾问题时也能以正确的态度和方法来对待，以平和的心态对待生活中的挫折。如果教师个体面临超负荷的压力困扰，其又怎能以和蔼、友善的心态对待学生？怎能以主动、积极的态度对待教育教学工作？因为长期的、大量而繁重的工作任务导致的压力不仅仅会影响到教师个人生理和心理的正常健康发展，且在某种程度上对教师的专业发展起到一定的阻碍作用，进而对教师正常工作能力的发展产生一定

---

① 高金锋：《试论教师压力的负面影响及解决策略》，《沈阳教育学院学报》2008 年第 2 期。

的消极影响，使教师难以有效履行教育教学职责，长此以往，教师的教学质量将难以保证。有学者研究表明，压力与工作绩效之间存在一定的关系。压力不仅影响个体的心理和行为反应，而且还会影响个体的工作动机和积极性等，进而影响个体的工作成效。当个体承受的压力达到某个程度时，唤醒水平会提高，工作效率也随之提高，个体的唤醒水平处于最佳值时，其工作效率最高。反之，当个体承受的压力超过某个度时，个体会超过最佳唤醒水平，个体的工作效率随之下降。持续或过度的职业压力还会对教师个体的认知能力和情绪状态产生影响，使教师的心理能量穷于应付各种压力，而无力去深入教学，去了解学生。在这样的恶性循环中，教师个体容易产生工作挫折感和失落感，而自我效能感、工作满意感都可能会下降，工作压力现象就会随之增多，工作成效自然难以保证。此外，教师职业压力过度将会对教育教学工作产生直接或间接的影响，还会对教师创造性和积极性的发挥产生影响，导致教学效果和效率的低下。此外，压力还将对教师群体的凝聚力产生影响，因为教师职业具有个体性和群体性相结合的特点，教师的教育教学工作通常是在团结协作中开展的，试想一个压力重重、行为怪异的个体会给团体带来何等的紧张氛围，继而间接地把压力传给别人，导致工作关系紧张，甚至产生冲突，最终会对群体的凝聚力产生影响。因此，针对教师自身发展和提高工作效率的意义来看，研究他们承受的压力及压力源问题也是十分必要的。

七、教师对压力的反应研究

教师在压力情境中会产生行为的、情绪的、心理的和生理的四个方面的反应，并且随着压力的逐渐增强，教师会体会到四个不同的变化阶段。在压力产生的第一阶段教师会采取具体行动的应对策略，如果这时使用的行为应对策略无法缓解压力，教师则会产生心理上的一系列挫折、焦虑、愤怒、恐惧、精神不济、记忆减退等不良反应。如果在这一阶段压力还是无法减轻，教师所承受的压力则会继续下去，甚至导致更加严重的生理变化，会出现一些生理疾患，教师处在这样的压力情境中，如果没有很好地应对策略会造成疲倦、耗竭和倦怠。

　　有学者认为教师在工作情境中的反应可以用阶段论、表现——要求论和阈限论来加以解释，阶段论将教师在工作情境中的压力反应分为三个时期，即警觉期、抗拒期和衰竭期。警觉期是个体意识到了压力的存在，在这个时期个体主要是通过生理的机能来应对压力情境的，如果这时压力没有减轻，则个体会出现紧张等一些生理反应，这种躯体的紧张和能量的消耗可能会导致个体体重的减轻，在这一阶段如果还是无法消除压力，则个体的躯体还将继续消耗资源以应对压力，个体则会遭遇到耗竭期，严重者会导致个体死亡。

　　表现——要求论主要是关注教师个体在工作情境中的表现和工作要求之间的关系，教师在工作中如果对其提出的要求过少，则教师会感觉到无聊，随着要求的逐步递增，教师会受到一定的激励，更积极的进行工作。但是如果工作情境中的要求超出了教师个体能应对的水平，教师个体因无法应对而产生高度焦虑、失落感、注意力不集中、工作成就感降低、疲倦、耗竭和倦怠等症状。这种理论表明适度的压力可以激发教师个体的工作表现。但是过度与不足的压力则会对教师个体的工作表现产生不良的负面影响。

　　阈限论集中讨论的是教师个体所承受的压力到底有多大会导致教师经历到压力的体验，个体在压力初期会通过行为的改变来应对压力，如果这个时期采取的行为应对策略无法减轻压力，则教师个体会产生挫折感，这种情境如果继续恶化，教师个体则开始对自身的能力产生怀疑，继而产生焦虑感，严重的甚至导致心因性症状的出现，当个体不再有资源可以应对压力时，个体就经历到了耗竭阈限。

　　从前面论述的三种理论可以看出当教师个体在面对工作压力时，会出现一系列身心反应，这些反应随着压力的增强而不断变化，继而出现了挫折，这是压力反应的初期，个体在这个时期会出现烦躁不安、易怒、攻击等情绪反应。如果这时压力继续增加，教师个体将遭遇焦虑期，如果教师个体遭遇的是轻微的焦虑则可以激励个体。但是如果教师个体遭遇的是重度的焦虑，则会引起教师个体高度的焦虑感，使教师的判断力受到影响，无法集中注意力，甚至会出现心跳加快、呼吸急促和出手汗等生理症状，教师很有可能失去工作信心。在这种情境下，如果压力持续增加，教师会进入到耗竭期，这时教师个体因使用自身资源应对压力，会出现心理疲劳感，继而产生枯竭。这时教师个体遭遇到倦怠期，在此情况下教师在情绪感知和行为方式上达到完全的枯竭。

第三节　教师压力应对研究

一、压力应对的内涵

由"Cope"的动词形式演化而来的应对（coping）一词，原意是个体有能力或成功对付外界环境的一种认知模式和处理方式。在前期研究阶段，应对被看做是一种适应过程；到了应对研究的中期阶段，应对被视为一种行为；而到了目前研究阶段，应对则被看做是个体的认知活动和行为的综合体，甚至有学者直接把应对视为一种认知活动和行为方式，即个体首先对压力源的意义进行一定的评价，衡量自己是否有能力控制和改变压力环境，对引起的情绪变化进行缓解的过程。换句话说，应对被视为是个体的一种自我防御机制，是个体努力的想要减轻或解除压力源对自身造成负面影响的结果。由此可见，应对可以在一定程度上使个体避免压力带来的消极影响，是个体避免伤害的手段之一，有利于保持个体的心理平衡，维护个体良好的身心健康。近年来，有关应对的相关研究迅猛发展，但是至今没有给应对一个清晰的界定，在查阅以往研究者有关应对研究时，多数研究者把应对看做是个体对压力情境进行知觉时出现的个体环境交互的一个动态的过程结构。Lazarus 教授也曾对应对进行过研究，并给应对进行了界定，其观点基本等同于上述学者关于应对的描述，在 1984 年的研究中，Lazarus 和 Folkman 教授给应对下过明确的界定，即把应对界定为"在评价为受压力或超过个人资源时，用来管理特定的外部和/或内部的要求的不断变化的认知和行为的努力。"

由此，在对国内外有关教师压力应对研究的综述中可以看出，多数研究者把焦点集中在教师职业压力或工作压力应对的研究上，而且这方面的研究并不是很多。特别是关于教师职业以外的其他方面的压力应对研究就很少被关注。以往研究基本遵循了一般压力应对研究的模式。列举如表7：

表 7　应对的内涵

年份	学者	观点
1962	Murphy	如果个体采取的某一心理活动是个体的一种适应过程，那么这一心理活动可以看做是个体的一种应对行为。
1977	Haan	应对是个体努力寻找对现实采取保护的措施手段。
1980	Lazarus & Folkman	应对是个体在认知和行为上对要求的掌握、减少和容忍的努力程度。
1980	Miller & Ursin	应对是个体在面对危险性刺激时所作出的逃避危险的行为反应。
1982	Lindop & Gibson	应对是个体努力的试图消除或解决威胁性刺激的行为反应。
1983	Billings	应对是个体对压力源意义进行评价的一种认知活动，以及个体对有效控制或改变压力刺激情境所引发的不良情绪体验的行为反应。
1984	Lazarus & Folkman	应对是个体对超出自己能力要求范围内的各种刺激作出评价和处理应对过程的一种不断变化的认知活动和行为反应。
1984	Stone & Neale	应对是个体有意识的对付压力要求的一种反应过程。
1985	Monet & Lazarus	应对是个体有意识地利用所有资源去把握新情况或解决威胁性情境的一种反应过程。
1986	Weiten	应对是个体努力去排除不良情境的困扰，尽可能较少环境对个体施予的要求水平。
1986	Matheny etal	应对是个体能去预防、缓解或消除压力源的影响作用，且将这一影响作用降低到最小水平。
1988	Dean	应对是个体面对压力情境时的一种认知活动和行为反应。
1988	Baran	应对是个体在问题情境中所反映出的整体人格，目的在于减少由挫折所带来的压力体验。

（续表）

年份	学者	观点
1997	程一民（台湾）	应对是个体所面对的情境超过自身所拥有资源进行处理的范围时，为了缓解或消除由压力带来的紧张、焦虑、威胁等不良情绪体验，个体积极主动去应对情境刺激和问题的过程。
1998	陈盛伏、陈演红	应对是个体对刺激情境或由刺激情境导致的身心不平衡状态所采取的一种认知活动和行为反应。
2001	曾吉雄（台湾）	应对是个体与刺激情境产生冲突时，个体为了缓解或消除威胁性刺激所采取的一种解决方法的行为反应。

（资料来源：转引自申艳娥：《中小学教师压力应对特点及其相关因素研究》，《福建师范大学硕士学位论文》2003 年第 7－8 页。）

表 8　教师压力应对方式

年份	学者	主要观点
1980	Kyriacou	①对直接的压力采取回避态度；②身心放松
1986	Freeman	①正确认知事物；②有效控制情绪；③采取有效行动
1993	Gaziel	①勇敢接纳压力并积极行动；②正确认知压力；③否认压力试图逃避；④错误认知压力
1993	王玲	①积极认知；②认真思考
1995	Dewe	①有效控制情境；②理智行动；③对教学采取保守方法；④争取同事的支持；⑤正确的认知
1999	刘维良	①回避压力；②正视压力
2000	徐富明	①积极面对压力；②退缩回避压力；③有效控制压力
2000	Admiraal & Korthagen	①积极应对；②消极应对
2003	郑有珠	①客观评价；②理智分析；③有效控制；④合理接受；⑤消极回避；⑥寻求支援
2003	申艳娥	①主动认识；②有效克制；③寻求社会支持；④采取行动；⑤摆脱困境；⑥消极抵制；⑦心情释放；⑧精神寄托；⑨寻求情感支持

（资料来源：转引自申艳娥：《中小学教师压力应对特点及其相关因素研究》，《福建师范大学硕士学位论文》2003 年第 15 页。并在此基础上根据查阅的已有文献［见参考文献］整理归纳见上表。）

从上述一系列的研究可以看出，教师应对压力的方式有其共性，即主要采取积极、主动行动和认知，但也存在一些差异性。Kelly. G. A 教授曾说过，系统的建构方式不同，其使用的范围和关注的点也会不一样，在其使用的范围内，就能最大限度地发挥出该系统的建构方式的解释力度。同时，也有一些学者对教师职业压力应对方式的影响因素进行了系统研究，其研究焦点主要关注教师职业压力应对的方式，应对策略和教师个体的自我效能感、自我成就感、社会支持系统、人格特征等的关系。而多数研究者在对教师个体的职业压力应对方式进行探讨时，采用的研究方法主要是自陈量表测定法，这种方法也是研究一般应对方式所使用的。目前，学术界研究或争论的焦点已经不再是教师职业压力应对概念本身的界定问题，多数研究者更多的是把应对看做是一个动态、变化的过程，随着现实生活和实际的教育教学情境的改变，应对也将发生相应的变化。因此，研究应着重于应对过程的研究。

二、压力应对的分类

Belince 和 Laurice 两位教授是最早对应对模式进行系统研究的学者，在其研究中将应对模式分为两种简单的形式，即积极应对与逃避应对。在两位学者研究的基础上，Lazarus 教授于 1984 年对应对策略进行了深入的研究和分析，并把应对模式分为问题应对和情绪应对。随后研究者 Lizabeth·Mirahan 教授受其影响，根据其研究将应对模式又区分为应对来源、应对努力和策略以及应对风格（Phillipl. Rice 著，石林、古丽娜、梁竹苑、王谦译，2000）。在对前人的研究进行借鉴和参考的基础上，许多学者都开始关注并对压力应对模式进行研究，归纳起来大致认为压力应对可以分为主动认知、主动行为和回避型应对三种模式。主动认知应对模式主要提倡在看待压力问题上，要从积极的维度入手，要善于总结经验和教训，避免发生同样的错误，并能根据环境的变化采用变通性的方法应对等。主动行为应对模式主要提倡个体不能被动的等待，要主动采取行动，并要具备预测和控制事态发展的能力等。回避型应对模式主要表现为个体不能积极主动的表现，而是被动的等待，不愿与他人分享和商讨等。同时也有一些学者把应对分为情绪定向应对和问题定向应对两种模式。情绪定向应对模式的特征就是以个体的情绪体验和情绪表现为主，并与个体的自我防御机制有直接关系。而问题定向应对模式直接关注的是引起压力的事件本身，并以此为依据对问题进行分析和思考，最终目的是妥善解决问题。心理学相关研究表明，主动认知和主动行为应对模式能对压力造成的不良影响起到一定的缓解作用。回避型应对模式则会使压力事件对个体的消极影响加重。问题定向应对模式与情绪定向应对模式相比则能在一定程度上减轻个体的身心疾病或症状。随后 latack 教授又从另一个角度对压力应对模式进行了研究，并将其分为直接行动策略模式，情境的认知评价模式和压力症状管理模式三类。美国心理学家 Matheny 教授被认为是对应对策略进行分类最全面的专家，其在研究中将应对模式划分为预防应对模式和斗争应对模式两类（张积家、陈栩茜、陈俊，2003）。

近期压力应对模式的相关研究表明，尽管许多学者从不同的维度对压力应对模式进行了深入细致的研究和分析，在其研究中也提出了相应的类型模式。但是有关压力的应对模式基本源于 Lazarus 教授提出的类型，多数学者的研究在很大程度上只是在应对策略类型的外延方面作了进一步的扩展。因此，无论是哪种压力应对模式，均可归结为问题应对模式或情绪应对模式。

三、压力应对理论模型

吉里亚科和萨克里夫教授于 1978 年提出的教师职业压力模式，作为压力应对的理论基础，曾被许多学者关注和推崇，在研究中，他们将压力视为是教师个体对其自身状态是否受到威胁的一种评价，即教师个体对自身状态是否受到威胁的评价是压力体验的主要调节机制。根据这种理论，要缓解教师个体的压力体验就应激活个体的应对机制。

因此，个体产生压力感的关键在于个体对事件和环境的认知评价方式及应对能力，一旦压力事件和外界环境带来的不利之处超过个体的应对能力极限，个体的压力体验也就产生了。在这样的情境下，个体只有根据自身的实际情况选择相应的应对措施才能有效缓解压力和减少压力给个体带来的不良情绪情感反应。1974 年 Benson 教授在其研究中提出，每个个体都有缓解压力的自然的和内在的防御机制。教师有以下两种处理压力的策略，直接行动方法与缓和（治标）方法。直接行动方法指的是教师个体通过做一些直接的、实际的工作来减轻或消除压力的方法；缓和（治标）方法就是通过间接的方法处理压力来源问题，以防治压力感的产生为目的。[①] 也有部分学者从教师职业压力方面着手对教师压力的应对策略进行研究，国外的有些研究证实了这样一种现象，即内心反省、认知重组、移情式关注以及减压技巧在缓解教师压力方面都有积极的作用；国内的研究也认为，掌握一定的压力管理策略对于增强教师对压力的认识，找到缓解教师压力的策略，增加教师与教师的交流和互动，改善教师的身心健康状况起到一定的积极作用。[②] 随后的有关研究中产生了大量的压力应对模式。多数研究者根据 Susan 和 Lazarus 教授提出的应对行为模型，对压力进行深入的研究和探讨，并对该模型进行验证。该模型认为，一旦激活了个体的情绪，个体的一系列应对行为将随着发生，这些应对行为分为以问题为中心的应对和以情绪为中心的应对。以问题为中心的应对其目的是解决个体因压力导致的负性情绪问题。以情绪为中心的应对其目的是在不改变外部环境的情况下，尽可能减少由压力带来的负面情绪。（李晓明、付小兰、2004）。

四、影响压力应对的因素研究

在有关压力应对的影响因素研究中，个体的、社会的或物质的资源被认为是应对的基本要素。在个体资源中最核心的要素是个体的自尊、自我成就感、自我控制感和自我效能感。社会的或物质的资源中

---

①　邵光华：《国外教师压力研究》，《比较教育研究》2002 年第 11 期。
②　王文增：《小学教师工作压力、职业倦怠的干预研究》，《心理论坛》2007 年第 2 期。

最重要的要素是各种关系。Matheny 教授在其研究中也提出社会资源是最重要的压力应对策略之一。(Phillip L. Rice 著，石林、古丽娜、梁竹苑、王谦译，2000)。随后许多学者从不同的角度对压力应对进行了阐述，研究重点为压力应对资源、压力应对策略和压力应对风格等。有部分学者还探讨了社会资源对压力应对的影响作用，得出了一些相互矛盾的结论，其中有代表的是 David E. Abbey 和 James P. Esposito 教授于 2001 年在其研究中提出的社会资源是教师压力的缓解因素。与之相反的是 Tellenback 教授于 1983 年提出的社会资源是教师的压力源之一。还有学者关注社会资源与个体的自我效能感对压力应对的影响作用，指出社会资源和个体的自我效能感是压力应对的主要影响因素，要提高压力应对的效果应该从社会资源和个体自我效能感的提升着手。(申艳娥、叶一舵，2004)。部分学者还就教师职业压力与应对方式关系进行了研究，其研究结果表明，教师对职业压力的知觉受其应对方式的影响，[1] 但此方面实证研究不多。马煊等的研究发现：压力感受水平与压力应对方式之间呈现显著相关，就其影响作用看，个体应对压力的方式如果是消极的，则对压力感受水平有较大影响。[2] 其他一些关于压力研究的领域也证实，个体压力感受水平与个体的应对压力方式之间存在相关性。王淑敏在对人际压力研究时发现，压力感受水平不同的个体，其采用的压力应对策略也不相同，压力感受水平与压力应对策略二者之间存在显著性差异。[3] 陈旭在对中学生的学业压力进行研究时也证实：个体压力感受水平、对压力的评价等因素可在一定程度上预测个体所采取的应对策略，且这些因素相互作用可以对压力应对策略产生直接的影响效应，个体所采用的应对策略不同就会产生不同的压力感受体验。[4] 孙远在研究重大社会生活事件后的

---

[1]　McCormick, J: Occupational stress of teachers: Biographical differences in a large school system. Journal of Educational Administration. 1997, 35 (1).

[2]　马煊、陈龙等:《应对方式、人格特征与应激水平的关系》，《中国临床心理学杂志》2004 年第 1 期。

[3]　王淑敏:《中学生人际压力及其应对策略特点的研究》，《西南师范大学硕士学位论文》2004 年。

[4]　陈旭:《中学生学业压力、应对策略及应对的心理机制研究》，《西南师范大学博士学位论文》2004 年。

应激障碍与应对策略关系时表明，个体对刺激所作出的应对策略对应激障碍存在直接影响和间接影响两种效应，且二者之间存在显著相关。[1] 张碧月的研究也发现，个体对刺激采取的应对行为造成了个体压力体验，而不是个体有了压力感受，才采取不好的应对行为。[2]

第四节　本研究的理论基础

一、临床实践学理论

费登伯格教授是临床实践学理论的代表人物，他在其研究中提出，在从事助人的行业中，个体很多时间不能确立自己的需要，长期处于紧张的工作状态，这就导致个体产生压力，这时的压力指的是一种耗竭与疲劳状态，费登伯格教授把这种情境归纳为个体在决定一件事情后，因为需要个体同时完成的工作太多，需要个体投入很多的时间和精力，导致个体长期处于紧张的工作状态。这时个体产生的压力主要来自于个体本身和他者两个方面。随后费登伯格教授根据其深入的研究，在其著作中指出，压力是由于个体对于生活的理想与方式过分执著，对预期的美好愿望无法达到或获得时所产生的疲乏或挫折的状态。由此可见费登伯格教授对压力的理解是建立在临床的方法基础上的，他更关注导致压力的病因、症状、临床过程及治疗建议的描述，同时他还在社会情境中广泛实践自己在研究中提出的压力理论。

二、心理动力学理论

该理论认为，个体进行职业选择是为了满足个体所具有的"需求"，个体既是一个需要主体，同时又是一个利益主体，这两者构成了

---

①　孙远：《创伤后应激障碍的研究进展及其争议》，《中外健康文摘》2008 年第 6 期。

②　张碧月：《澳门初中生之压力来源、因应行为与身心健康之关系研究》，《华南师范大学硕士学位论文》2002 年。

人的重要的内在因素，人作为现实中的个体，都有各自不同的需要，教师个体作为社会群体中的一员，也不例外，在现实生活中和实际的教育教学情境中，教师个体有自我发展的需要，有归宿和尊重的需要，有社会、家庭支持和理解的需要，有教学效能的需要，有自我实现的需要等等。马克思曾说："在任何情况下，个人总是'从自己出发的'。"①这实际上就是从个体自己的需要出发。教师都有作为"人"的需要、理想和价值观。也就是说，教师具有"作为一个人的教师"和"作为一个教师的人"的双重需要。教师首先是"人"，其次才是"教师"。需要是个体与环境之间失衡状态的一种表现形式，是"个体为了弥补生活中的某种不足而力求获得补偿的一种心理状态"。②著名的美国心理学家马斯洛曾对人的需要进行分析，提出人的"需要层次理论"，把人的需要从低级到高级分为生理需要、安全需要、归属需要、尊重需要、自我实现需要五个层次。教师个体作为一个普通人，其需要也符合马斯洛教授提出"需要层次理论"，并且教师个体的需要是随着社会的发展和进步不断的变化，是一个动态的过程，其需要不断从低层次扩展到高层次，目前多数教师已基本实现了前面三个基本的需要，尊重与自我实现的需要已是教师个体追求的核心要素。个体发展的内在动因和根本动力在于其需要和动机，当个体的基本需要得到满足后，随之将产生新的需要和动力，这种新的动机成为教师发展的巨大力量，使个体进入新一轮需要追求的循环状态。但是，若个体长期处于需求得不到满足的状态时，个体的需要——动机循环链便会处于断开状态，使个体产生某些消极的情绪情感反应，如压抑、挫折、焦虑等。这种压力现象可以用精神分析家费登伯格教授提出的个体心理学的理论来解释。费登伯格教授认为职业压力是一种由于个体处于高强度的工作环境，并且不顾自己的需求和身心健康状况而产生的使自己极度紧张、疲劳的感受，是"现实的期望达不到自己的内心需要"的一种反应。个体长期处于高度紧张的不良情绪状态时，压力便接踵而来。于是可以看出，教师在自身需求无法得到合理满足并会持续一段时间时，教师便会产生某种或更多混杂的不良情绪体验，最终导致

---

① 《马克思恩格斯全集》（第 3 卷），人民出版社 1988 年版。
② 林振海、陈传锋：《心理学》，广东高等教育出版社 1997 年版。

教师产生职业压力，从而影响到教师的身心健康发展状态和教学工作的顺利有效开展。

三、社会历史学理论

该理论的代表人物是耶鲁大学萨若森教授，其在二战后社会迅速发展的历史时期对职业压力进行研究，提出职业压力不仅仅包括个体的某些个性特征，也是外界社会在人的心理层面上的一种体现。另外他指出，当社会状况不能提供给个体一个恰当的相对应的社会情境时，要保持高质量的工作投入或有效的教学效率是有一定难度的。随后很多学者在此基础上对职业压力展开研究，并要求通过政府的行政权力来增加对职业的援助，试图通过服务来缓解当时的一些社会性问题，在这种情境下职业压力就凸显了出来，社会开始对服务工作者提出了很高的期望，但服务工作者的自主性并没有真正发挥出来，反而使其工作失去个性化。因此，期望通过服务来缓解社会问题的目标不太可能。因为经济条件是压力产生的重要的影响因素之一，社会条件要提供各种可能以促进助人职业的发展。[1] 此外美国学者 Farber 从社会的角度来诠释"压力"现象。他指出"压力"现象与马克思所研究的工业化生产中人的异化现象非常相似。在马克思的理论中，"压力"现象的产生是因为劳动者对资本主义制度的不满所导致的。资本家处于剥削阶级，而劳动人民处于被剥削阶级，在这种不平等的劳动制度中，劳动者必然会越来越厌恶他们的工作，这是在残酷的社会现实、阶级与阶级的相互对立和斗争以及缺乏劳动者自主权与能动性的制度之下产生的必然现象。[2] 由此可见社会历史观理论为研究教师职业压力提供了依据。

---

① 刘维良：《教师心理卫生》，知识产权出版社 1999 年版。

② 贾素萍：《职业院校教师职业倦怠与心理健康问题的实证研究》，《教育理论与实践》2006 年第 4 期。

四、管理组织学理论

该理论的代表人物是组织学家奎内思教授，其在研究中提出，很多人对工作的期望是不现实的，因此容易产生幻想破灭的压力，奎内思教授主要是从工作环境方面着手研究压力，并主要集中在"公共服务行业"方面进行研究，因为这些为别人提供服务的行业有较高的技能要求，同时这些服务行业具有很强的挑战性，如需要有一技之长；充满热情和活力的工作；兴趣不断变化；灵活而自主；有被赞赏的感觉等。这些情形对一部分人是适合的。但是在现实的社会情境中，对很多人来说情况并非如此。同时奎内思教授根据自身的研究还提出，导致个体产生压力的主要原因在于个体的付出与所得不匹配，这种不一致有两种情形，一种是个体所处环境刺激过多；另一种是个体无法对刺激情境作出应对。他认为压力开始于"个体在应激与紧张时，不能通过积极的问题解决来化解痛苦"。同时，他总结出压力者症状的三个模式：他们对来访者失去热情与耐心，往往把自己的问题归咎于客观条件或责怪他人；对待变化，缺乏理想追求和乐观主义激情；他们总是关注自己工作以外的事以充实自己的生活。[①] 因此，个体工作的热情、活力和责任心的充分调动，以及人力资源的开发和利用就成为了一个重要的核心要素。同时要达到或实现以上要求，就应该创造一种新的管理机制，把个体的智慧和才能充分调动出来，并且还应构建一种新的组织氛围，这种组织环境是宽松舒适、富有激励、充满挑战的，在这样的组织环境和氛围中个体才能充分发挥自己的聪明才智、挖掘出自身的价值和独创性，并且使组织发挥出强大的凝聚力和生机。学校中的组织也不例外，当组织中更多强调竞争导致组织气氛较为紧张激烈时，教师会自感压力较大，从而打击教师的自觉性和工作积极性，一方面降低教育教学工作的质量和效率，另一方面不利于整个教育事业的正常有序的开展。[②]

---

① 杨伍铨：《管理哲学新论》，北京大学出版社 2003 年版。
② 罗凯梅：《珠三角地区职业中学教师的职业压力问题研究》，《华南师范大学硕士学位论文》2005 年。

五、认知评估系统理论

该理论的代表人物是认知科学的先驱奥瑞克奈瑟教授，他认为：知觉是最基础的认知行为，是对由感觉提供给大脑的信息的解释和组织，是对信息赋予意义并对其作出价值判断。[1] 认知是指一个人对某事或者某对象的知觉和认识，包括个体自己对自己的认识、对他人的评价、对环境的觉察和对事物的看法等等。[2] 认知评估系统是个体处理加工信息的一种方式。压力被视为个体的一种主观感受，是个体在判断和评估外在刺激时引发的，从压力的形成机制来看，认知评估系统对压力的产生过程起着关键性的作用。同样的刺激对于此个体会产生一定的行为反应，但对于另外的个体则不是那样敏感。因为只有当某一刺激源进入个体的思维，并被个体所感知，个体调动自己的认知评估系统对其进行一番评价、判断后，这种刺激源才有可能成为实际意义上的压力源，从而引起个体作出适应性的反应变化，从而产生相应的压力，一旦长期受到此种压力的影响便会成为慢性压力症状，产生心理疾病。教师职业压力的产生是工作外环境与教师个体内在的认识和评价方式相互影响的结果。因此，虽工作环境较为相同，但由于每个人的个性特征、处理问题的方式不同，使得教师主观感受到的职业压力是不一样的。另外，在个性特征和处理方式基本相同的情况下，工作外环境的刺激强度过大，则个体主观感受到的职业压力也就越大[3]。

由此看来，压力是个体对事件主观感受后的心理体验。这些压力刺激源经过个体的认知评估，一旦被确定下来，个体就会对其产生反应，进而引发压力，对个体的身心健康产生影响。由此可见，如果从认知角度理解压力产生的过程可以简要概括为：环境刺激（可能的压力源）→个体认知评估（实际的压力源）→压力反应（症状）。其中导

---

① Phillip，L．Rice 著：《压力与健康》，石林译，中国轻工业出版社 2000 年版。
② 林振海、陈传锋：《心理学》，广东高等教育出版社 1997 年版。
③ 罗凯梅：《珠三角地区职业中学教师的职业压力问题研究》，《华南师范大学硕士学位论文》2005 年。

致个体产生压力最关键的因素在于个体对事件的解释。总之，在对教师职业压力的形成机制和缓解对策进行研究时，认知评估系统理论在一定程度上为其提供了理论依据。

第五节　当前教师压力研究的缺憾

虽然对于教师压力的问题已备受国内外很多学者的关注。但是，对教师压力的研究还较为薄弱，已有的研究也存在一些不足，需要加以改进，具体表现如下：

一、研究角度的偏狭

目前教师压力从综合因素研究的成果少，而多数是从单一的因素进行考察，研究角度多为从教师职业压力的现状入手，或者从调查的角度对教师职业压力的普遍程度进行了解；或者从生物学、医学、卫生学等角度探讨教师职业压力的影响因素；或者从心理学的角度探讨影响教师职业压力的心理因素；或者从社会学的角度研究产生教师职业压力的相关影响机制；或从职业适应角度探讨和分析教师职业压力缓解策略。综合分析以上研究，可以看出多数研究除探讨教师道德、义务、资格、责任等方面之外，对其他因素研究的情况较少。这些研究主要的着眼点是教师要怎样从心理学角度减轻和缓解压力，而改善自己的身心保健状况，一味从教师自身方面入手，对其进行自我心理调试，很少考虑到教师自身方面的其他外界因素，比如社会文化氛围、社会道德规范、社会教育教学模式、学校管理、领导方式、师生及师师关系等。更未从这些外界因素来探讨教师压力产生的原因以及相应的应对方式。

二、研究内容的局限

目前已有的研究主要集中在对教师职业压力现状的调查和压力源

的探讨上，缺乏对教师职业压力产生的生理、心理机制、影响因素等的深层分析，更缺乏对教师职业压力干预策略的深入探讨。尽管对教师职业压力进行研究，对教师压力普遍性和影响因素的探究也是非常重要的。但是对于影响教师职业压力的其他方面的探讨也是一个新的探索领域，如教师职业压力的干预措施和正确处理职业压力在教师发展中的作用，国外已有学者开始着手这方面的研究，但国内目前并未多见。而教师职业压力心理机制的研究，可以更好地了解影响教师职业压力的内、外在因素，更清晰的呈现教师职业压力产生的过程。

三、研究方法的单一

目前关于教师职业压力的研究多数从相对静止或固定的状态出发进行探讨，而不是从动态的、变化的角度进行研究，探讨不同时空背景下，教师职业压力的变化过程。而教师职业压力的研究方法也主要采用问卷调查表的形式展开，或者是设计一些被选条目，让被试教师个体根据条目估计自己所感受到的压力程度；或者采用压力事件检验表的形式进行。但在反应指标选择上，不同的研究者采用的指标是不同的，有些研究者是把压力的行为反应作为指标的，也有选用压力生理变化为指标的，还有的研究者采用一些其他指标，如身心健康状况等。而在研究方法的选取上，随着教师职业压力研究的深入，研究者除了主要采用问卷调查法之外，也有部分研究者采用访谈法、情境观察法、案例分析法等方法展开研究。但是这些研究方法在研究中多数是单一使用的，很少出现交叉现象。所以这种运用简单、不全面的问卷、测量等调查方式，缺乏客观真实的人物感受和体验，这样的研究一方面较为主观，缺乏科学性。另一方面可以用来解释研究成果的东西较为单一和空泛，无法确切地处理教师遇到的不良问题情境。并且社会的发展变化也会使得教师的压力随着时代的更迭而出现相应的变化。时代的变迁会导致教师的压力发生哪些变化，这种变化趋势怎样，这些都需要一定统计资料的分析和探讨做基础。

四、研究对象的松散

大多数研究多集中在对城市、发达地区中小学教师的研究上，而缺乏对农村、欠发达地区中小学教师的职业压力研究。更缺乏将压力和应对方式进行结合的综合性研究，以及对教师职业压力的干预策略的系统研究，因为目前国内外关于教师职业压力和应对、干预策略研究是分离进行的，很少研究将教师职业压力程度与相应的干预策略结合起来进行探讨，这就在一定程度上消解了对教师职业压力研究的针对性和实践的指导意义。

五、理论研究的薄弱

对现有的教师压力的研究进行分析可以看出，从理论上对教师压力进行深入探讨的还比较有限。有的只是对某一理论进行单方面的论证；有的重视实证性的研究而忽视了对理论的分析和考察；有的对理论未进行基本的分析和考察，甚至在对理论不太掌握、熟悉的背景下进行研究和调查；有的只看重理论的一个方面而忽视了其他方面，导致主次不分。针对这些研究的不足，本研究在对已有的理论进行梳理的基础上，展开教师压力的研究。使得本研究具备一定的理论基础。从而丰富教师压力研究在理论、概念上的不成熟。

第三章　研究思路

> 一滴水可以反射出一个大海，
> 一粒沙子可以映照出整个世界。
> ——威廉·布莱克

学校教育作为社会的重要组成部分，在社会转型时期也正在经历着前所未有的变革，特别是新一轮基础教育改革推行以来，学校里的教师普遍产生了较大的工作压力和职业危机感，而且这种压力和危机感不断被强化和加重，导致一部分教师职业道德缺失、心态失衡、教育观念陈旧、知识结构跟不上时代要求等问题，面对压力大、冲突多、责任重、任务多、要求高的复杂情境，相当多的中小学教师出现离职改行另谋他职的行为。这不利于教师队伍的稳定，不利于学生身心的健康发展，对教师的身心健康和基础教育的发展也造成一定的负面影响，教师职业压力的影响，已逐渐受到社会大众的关注，对教师工作压力情形的研究，已成为社会的一个重要课题。因此有必要对中小学教师压力的状况进行系统的研究。

第一节　问题的提出

人既有自然属性，又有社会属性，是生物性、心理性和社会性相结合的完整的统一体。人是不断地从低级到高级发展变化的个体，前苏联心理学家洛莫夫教授曾说："无论是对人类起源的发展问题进行研究，还是对人类个体发展的问题进行研究，都可以分为三个主要层次：生物层次、心理层次和社会层次。"① 心理层次是基于生物层次，伴随个体社会层次的内化而形成和发展起来的一种内在、稳定的心理品质，具有生物性、社会性、发展性和整体性等特点。一般而言，个体的心理品质按照一定的层次和结构组织，就形成了心理素质。个体的心理素质可以在一定程度上反映出他/她的精神面貌。个体一旦形成了稳定的心理素质，就会在一定的情境状况下，反复出现其固有的一些特征，并以一定的行为方式在个体的活动中体现出来，从而使个体形成了区别于其他个体的独特特征。心理素质在一定程度上反映着个体的精神面貌，与个体的生活环境有直接的联系，并影响个体的生活、学习和工作，还会影响个体的身心健康。

教师也是集自然性、社会性，即生物性、心理性和社会性相结合的完整的统一体。教师素质的相关研究也表明，教师的素质会直接影响到其教育教学的效果。在具体的教育教学活动中可以体现出教师的素质，同时教师的素质也会对实际的教育教学效果产生影响，继而直接而明显的影响到学生身心发展。我国著名的心理学家林崇德先生指出：教师的素质至少包括教师的职业理想、知识水平、教育观念、教学监控能力，以及教师的教学行为与策略等成分。② 教师素质的外在表现是通过教师个体的教学行为体现的。因此，要提高教师素质，就有必要优化教师的教学行为，而要对教师个体的教育教学行为进行优化，教师首先应该具备明确的教育教学目标，掌握丰富的教育教学内容，做好完成教育教学任务的充分准备，调动学生积极参与到教育教学活动中来的能力，以及能够很好地对教育教学活动进行监控，并取得良好的教育教学效果等。总之，健康的心理水平能体现出教师的高素质。教师素质的欠缺会引起相应的心理紧张，进而会影响教师的心

---

① 　关文信：《当代教育新视野》，吉林大学出版社 2000 年版。

② 　关文信：《当代教育新视野》，吉林大学出版社 2000 年版。

理健康状况。[1]

随着社会的转型和不断发展，现代教育理念不断更新，学校心理健康教育得到了高度的重视，并得到了蓬勃开展，心理健康已成为现代教师必备的职业品质，在当今以人为本的社会，教师的心理健康越发重要。前人有关教师心理健康的研究显示：我国中小学教师存在着较为严重的心理健康问题。如：1999 年的一项中小学心理健康教育课题调查结果显示出有 51.23％的教师存在心理健康问题，其中有 32.18％的教师存在"轻度心理障碍"；16.56％的教师属于"中度心理障碍"；24.9％的教师已经构成心理疾病。[2] 从这些统计数据来看，我国中小学教师的心理健康状况不容乐观。因此，关注教师心理健康的研究迫在眉睫。

压力是引发个体产生心理健康问题的一个不可缺少的诱因，教师高压力、多应激的职业特点更易增加他们的心理健康问题。因此，教师心理健康研究的一个重要方面应该是如何积极有效地应对压力。中小学教师在当前的社会转型中面临更多的压力，而边疆民族农村贫困地区的教师压力更甚一筹。限于主客观条件，本研究无法对全国范围内的中小学教师在社会转型期的压力状况进行调查，而仅以云南省民族农村贫困地区的典型缩影——六哨乡为个案，全面、深刻地探讨特殊地区教师群体在社会转型期的压力状况，分析引起当地教师产生压力的各种因素，并以教师的压力及压力的应对方式为研究的突破口，深刻理解教师职业，并探索云南省民族农村贫困地区教师心理压力的适应机制，积极构建压力应对的模式，以便对这些地区教师的心理健康辅导工作进行有效指导，帮助教师个体的成长和发展，以及对教师的专业化提供一定借鉴和参考，帮助这些教师对自身有更清晰的了解，提升他们的生命质量，最终促进民族农村贫困地方义务教育均衡发展，提高这些地区的教育质量，实现教育跨越式发展。

---

[1]　王龙：《张掖地区农村初中教师心理健康状况的调查分析》，《河西学院学报》2004 年第 3 期。

[2]　王加锦：《辽宁中小学教师心理健康状况的检测报告》，《辽宁教育》2000 年第 9 期。

第二节　研究的目的和意义

一、研究目的

诸多的现实表明，当今的中小学教师，特别是民族农村贫困地区教师正经受着较以往更严重的压力，从而产生了职业压力、心理不良适应等现象。鉴于对以上研究背景与文献的梳理，本研究将以民族农村贫困地区教师职业压力研究为突破口，探讨中小学教师的职业压力及相关问题。目的在于：

借鉴国内外对教师职业压力及其成因、特点、对策等的研究成果，重点结合民族农村贫困地区教育的特点、教育发展现状、教师角色及工作性质、学生特点，分析这些地区教师职业压力现状、成因，探讨缓解教师职业压力的策略。具体如下：

（1）了解教育改革背景下云南民族农村贫困地区六哨乡教师压力状况。

（2）探讨教育改革背景下云南民族农村贫困地区六哨乡教师压力的主要来源。

（3）探讨教师性别、教龄、学历、教学科目、学校类型等因素对六哨乡教师在教育改革中产生压力的影响。

（4）提出缓解教育改革背景下云南民族农村贫困地区教师压力的对策与建议。

（5）为教育改革背景下教师压力研究提供相关理论支持和实践依据。

二、研究意义

在当今社会转型时期，社会结构在发生改变，人们的意识形态、价值观念、生活方式也在不断更新，各种新事物不断涌现。随着社会环境的急剧变革，生活节奏的日益加快，人们的传统观念和生活方式受到强烈的冲击，这在一定程度上给个体的生活和工作带来前所未有的压力，个体继而出现了各种适应性障碍，一些焦虑紧张的情绪日益明显。教师这个职业当然也不会例外，教师所从事的工作是具有高度奉献精神的行业，并且，教师的心理健康直接影响到学生的身心健康，并影响到整个教育事业的成败。教师从教时的身心状态是教师素质在日常教学中的显现，也是教师顺利完成教学工作的载体。在特定的职业压力情境下，教师职业压力无疑是关乎教师职业发展的重要问题，同时又是教师职业发展中客观存在的现实问题。尤其近年来，随着教育改革力度的加大，对教师提出了高要求、新规范，而各种压力源及压力的可承受度都在发生着新变化。我国中小学教师普遍存在职业压力问题已被许多研究证明。因此，中小学教师职业压力现状的研究意义是重大的。本研究主要关注教育改革中教师的压力，具有现实的理论价值和实践意义。理论价值表现为：研究着眼于教育改革，以别样的视角来探索教师的专业发展和教育改革的关系，同时也在一定意义上充实了我国社会转型时期边疆民族贫困地区教师压力的研究；本研究的实践意义主要表现在：把社会转型期云南民族农村贫困地区教师在教育改革中的压力状况给教育改革者进行呈现，以便教育改革者能够清晰地了解到一线教师的真实状况，适当调整改革的步伐，给予这些地区的教师群体更多的关注和支持，确保这些教师身心健康并积极主动的参与到教育改革中来，从而对教育改革的顺利推行起到促进作用；就对教师个体本身的意义而言：教师个体对自身的压力状况有了更清晰的了解，在此基础上，积极寻求缓解压力的策略和途径，同时从自身的教育教学理念、教学方法、方式或手段上进行完善，重新认知、建构和生成自己的教育教学实践。其研究意义具体从以下几个方面得以体现。

1. 本研究可以促进农村义务教育的发展

由于民族农村贫困地区生态环境恶劣，经济发展水平低，财政收入相对少，造成了地方财政难以满足当地教育发展的需求，很多教师不愿到这些地区从教，从而导致教育教学质量偏低，基础教育发展较为缓慢。这些地区的教育较为封闭，不能与社区建立紧密的联系，没有充分体现出教育在促进社区文化建设方面的价值，这种情形一方面导致当地人才匮乏、劳动者素质普遍不高、知识创新能力差，教育资源得不到合理利用等问题。另一方面又易使社会、家庭给学校和教师施加高压力。应试教育观念在这些地区根深蒂固，社会和家庭把学生的考试成绩或升学率作为判断一所学校的好坏、一个教师的优劣，地方教育成功与否的唯一标准，如果学校不能让学生通过升学来脱离农村，学校就不是好学校，校长和教师就会为此受到指责。同时，这些地区家长的家庭教育意识较差，一般情况下把孩子送到学校，就认为孩子成绩的好坏是学校和教师的责任，不能意识到孩子的发展是学校、社会以及家庭共同作用的产物。所以，农村教师的职业压力在内外因的共同作用下与日俱增，由压力引起的负面情绪和不良行为又会导致教学质量下降，那么教育的整体素质难以提升，我国农村的义务教育质量就难以保证。本研究从民族农村贫困教师的职业压力入手，找出教师职业的压力源，提出应对压力的对策，从而提高农村教师的素质，促进我国农村中小学教育的良性发展，以及促进民族自治地方农村义务教育的均衡发展，以便提高民族人口的文化素养和公民素质，缩小民族自治地方农村教育与其他地方教育之间的差距，实现教育公平和社会公正。

2. 具有现实深刻的社会政治意义

处于社会转型期的信息时代，科学技术突飞猛进，国力竞争日趋激烈，各国都意识到当代的竞争其实是人才的竞争。于是纷纷把教育看做是提高综合国力的标志，教育的地位和作用日益凸显。我国也不例外，提出了"百年大计，教育为本，教育大计，教师为本"，"振兴民族的希望在于教育，振兴教育的希望在于教师"等口号，希望通过教育培养出大批高素质的人才，以加强我国在国际间的竞争力。因为我们意识到国家间经济的竞争靠人才的竞争，而人才要靠教师培养，教师的使命就是为国家和社会培育新一代的接班人和建设者。但是在社会快速转型的当代，社会往往忽略了教师其实也同样是一个普通人群，在社会的转型发展中也会表现出各种的不适应症，也会出现大量的负面情绪，也会体验到巨大的工作压力，如果教师承受的压力得不到很好地缓解，也会对教师的身心健康产生直接或间接的消极影响，尤其是对那些适应能力稍差，心理素质调节慢的教师影响更大，而这种负面的影响可能是长远的，这些都在一定程度上影响到教育事业的发展。所以教师的压力问题应该引起全社会和教师自身的高度关注，以便让教师群体以积极健康的心态参与到教育教学工作中，通过教师的不断努力来推动民族地区农村社会的发展，促进区域之间、城乡之间的均衡发展，最终促进民族团结，为全面建设和谐云南、小康云南、平安云南和实现云南跨越式战略目标奠定坚实的基础。

3. 对经济发展的作用意义

关注民族农村贫困地区教师压力问题，以教师压力的缓解为突破口进行深入的分析和探索，最终指导教师以更健康的身心投入工作，以主人翁的身份参与到教育改革中，主动积极的适应教育改革和社会转型，在一定程度上可以促进云南民族自治县农村义务教育均衡发展，促进云南人力资源的开发，加快云南经济发展。让占很大比例农村人口的云南民族自治县，逐渐缩小丰富的农村人口资源与低水平的人力资源质量之间形成的强烈反差，加快民族自治地方农村教育发展速度和提高义务教育质量，将该地区巨大的人口负担转化为丰富的人力资源，把潜在的人力资源转化为现实的人力资源。同时通过教育活动增加劳动者的知识和技能，从而提高劳动效率和收入，让更多的劳动者更快捷地学会生活、学会工作、学会发展，能够为当地经济发展提供人才保障。

4. 进一步丰富教师发展理论的研究

分析目前已查阅到的国内外相关研究文献，可以发现教师压力源集中体现在学校的组织氛围、教师的教学方式等方面，而这些因素与教师个体的发展或提升是密切相连的。因此，只有缓解或消除这些压力源，才能帮助教师获得积极的发展。[1] 尽管职业压力引发了一些问题，也引起了学者的广泛关注和探讨，成为研究的一个热点问题，学者也试图从不同的角度和层面对其进行研究。但相对其他领域而言，对职业压力问题的研究还有待加强。[2] 而目前我国学者对教师职业压力的研究主要是从心理健康的角度展开，很少考虑教师职业压力与教

---

[1]　陈华：《中学教师的生活事件及工作压力调查》，《中国心理卫生杂志》2002 年第 8 期。

[2]　Krohe Jr, James：*Workplace Stress*. Across the Board. 1999，(36).

师工作行为方式之间的关系，同时缺乏对教师职业压力应对机制的研究。本研究将民族农村贫困地区教师职业压力与压力干预策略结合进行考察，并对影响教师职业压力的因素进行了分析，在一定程度上为教师职业压力的研究提供理论依据，有利于教师素质的提高和专业水平的发展。

5. 有利于培养合格的学生

以往的相关研究表明，教师的心理健康水平会对学生心理健康的水平产生直接影响，两者是正相关关系，且其相关水平程度较高。[①]由此可见，心理健康的教师有利于学生良好人格的形成。相反，心理不健康的教师，不仅对学生心理的健康发展造成严重的损害，还将影响到整个教育环境的良性运转，继而对实际的教育教学效果产生影响。另外，在一项关于有效教师特征的研究中，提出了"背景—过程—结果"模式，在该模式中把教师的心理状况作为背景变量进行研究，认为教师的心理特征将会通过教师的一系列行为尤其是课堂行为表现出来，这样不仅会对师生关系产生影响，同时还将对教育教学的效果产生影响。[②]因此，要对教师的心理健康进行维护，让教师个体处于良好的身心状态，就有必要对教师压力和压力应对机制进行探讨，分析其对教师个体的影响以及对课堂教学互动行为产生的影响，这些不仅有利于改善教师个体的心理健康状况，也有利于提升和改善实际的教育教学质量和水平，在传授学生知识的同时，也间接地维护和提高学生的心理素质。

6. 具有实践指导意义

任何一项研究的终极目标都应对实践具有一定的指导意义，而不应该只停留在对其理论的思考上，本研究也不例外。本研究的实践价值体现在，通过描述民族农村贫困地区中小学教师压力的现状，探索影响这些特殊地区中小学教师发展的因素，以期找到有效缓解教师压力的对策，以促进基础教育有序发展，稳定师资队伍，提高教育教学质量。进而引起社会对教师压力的重视，促进中小学教师心理健康水平的提高，以便这些教师以更主动、积极的心态和行动参与到教育改

---

① 贾晓波：《心理健康教育与教师心理素质》，中国和平出版社 2000 年版。

② 贾晓波：《心理健康教育与教师心理素质》，中国和平出版社 2000 年版。

革中，最终提高民族农村贫困地区教育教学质量，促进这些地区教育的均衡发展，逐步实现教育的公平。

总之，本研究着眼于教育改革，以别样的视角来研究教育改革中的教师压力问题，在一定程度上充实了我国关于教育改革中教师压力相关问题研究的不足。另外，本研究将云南省民族农村贫困地区教师在教育改革中的压力状况给教育改革者进行了呈现，以便改革者更进一步了解边疆民族贫困地区教师群体的状况，以便改革者能根据实际的情境，适当地调整改革的内容和步伐，给予特殊地区教师群体更多地关注和支持，确保这些地区教师群体积极主动地参与到改革中来，并身心健康的进行教育教学活动，以保证教育改革的顺利推进。此外，教师个体也可以更清晰地了解自身的压力状况，并在此基础上积极的寻求缓解压力的策略和途径。同时，在调整中不断完善自己的教育教学理念，改进教学的方式或手段，重新认知、建构和生成自己的教育教学实践活动。

第三节　研究的价值取向

一、研究取向

当前有关教师压力的研究存在诸多不足。鉴于此，本研究在参考和借鉴前人研究的基础上，尝试把教育社会学、教育人类学、教育心理学、教学哲学等学科交叉起来，从多个层面出发，结合量化与质化的方法对云南民族农村贫困地区中小学教师的压力现状进行扫描，对其产生压力的原因进行探讨，在分析教师压力源形成的基础上，进一步探究压力的缓解策略和干预路径，以便这些特殊地区的教师群体能够以健康的状态，积极主动地参与到教育教学改革中来。

本研究主要采用的是量化分析与叙事的研究方法。首先，数理统计分析方法（量化分析方法）的运用可以在一定程度上增强研究本身的客观性和科学性。本研究依据"目的性抽样"的原则，抽取了能够为研究问题提供最多、最真实信息的当事人教师个体作为被试。以"强度抽样"作为具体的研究策略，把信息强度和密度都较高的教师个体作为研究对象，其研究目的是最大可能在客观、真实的情境中发现教师的生存状态，并发现在这种情境中呈现出所要研究问题的真实状况。其次，叙事研究方法是让被访谈的教师通过自述来讲自己的教育故事，表达其心声。这样的方式可以让教师感到他们既是故事中的人物，也是叙事者，我们可以通过故事的详细情节及故事当中所表现出来的思想感情理解教师内心的真实想法。可见，叙事法就是通过叙事体裁的"殊相感应力"，让人对故事中的人（角色）、叙事者（讲故事的人）以及自己（读者）增进理解，在理解当中得以心力并养。① 在某种意义上，要对个体进行描述和解释，最直接的方法就是尊重个体的本真存在方式，使个体本质的呈现和所要表露的言语行为是通过自身的方式而非外界的方式来表达。

尽管数理统计分析方法（量化分析方法）的运用可以增加本研究的科学性和解释力度。但此方法本身也存在一定的局限性，因为实际的教育教学情境包含着复杂的人脉关系，在一定程度上与本研究所期待揭露的"真相"之间可能会存在一定的差距。考虑到这个弊端，为了确保本研究顺利的开展，在采用量化分析方法的基础上，同时采用了叙事的研究方法。我们觉得叙事更具有价值，因为被访谈教师所描述的事实反映出许多类似的中小学教师的同样境遇，那么他们可以相互借鉴，采取相应的应对压力的对策，这种相关性比普遍性可能更重要。② 限于时间和精力，本研究没有对压力的成因进行全面分析，没有探索城市教师与农村教师的压力表现有何不同，也没有针对不同阶段、不同层次的教师提出压力的干预策略。本研究只是把关注点聚焦于云南省民族农村贫困地区六哨乡教师的压力现状的扫描，对造成教师群体压力的原因进行分析，并在此基础上提出针对性较强的压力缓解策略和干预路径，以使这些特殊地区教师群体能够从容应对压力，身心健康的参与到教育改革。

----

① 郑汉文：《教师素质的哲学思考：鲁洁教授访谈师道到叙事法之用于师范教育》，《基础教育与师范教育国际会议嘉宾文集》，2000 年 10 月 25—28 日。

② 陈华：《中小学教师压力与教师发展》，《南京师范大学硕士学位论文》2004 年。

在具体研究过程中，我们主要采用了叙事的方法，在日常的学校情境中，以参与式观察者的身份介入，对教师个体的日常生活和工作进行详细的描述和记录，形成现场文本，而后对这些文本进行梳理和分析，尝试把现场文本有效地转换为研究文本，给读者以呈现。同时注重从微观的层面对六哨乡的教师个案做细致和动态的观察，对他们叙述的事实进行记录和分析，以有别于以往研究的视角来对教师的职业压力进行探讨，从第三者的角度透视教师的内心感受，将更真实的教育教学情境展现给读者，让每一个读者都可以在此基础上，根据这些教育教学情境进行意义的建构。本研究的具体操作主要有以下几个阶段：

第一阶段：进入研究现场，收集资料。2004 年 5 月，我们进入六哨乡的学校，与当地教师一起生活和工作，作为一名参与式观察者对当地教师进行观察。我们在这种自然情境下，根据研究需要对教师的日常生活和工作仔细观察并详细记录，"从扎根在人类日常生活的有关实事中发掘实践性真理和理论性真理"。[①] 同时，我们选择在恰当的时机对教师个体进行了开放式和半结构式的访谈，并在学校领导和教师同意的前提下，收集有关的实物资料，如学校发展的有关文件资料，各种学校的规章制度、管理规定、会议记录、工作总结以及学校创办的内部交流刊物等。

第二阶段：梳理和分析所收集到的资料。在观察、记录的同时对所收集到的资料进行整理分析，以便更好地进行下一步研究，也免去资料堆积多了不知如何着手进行研究的烦恼。同时，试图通过对原始资料的梳理和分析来寻找情境中的意义。然后结合情景分析和推导式分析的方法，将所收集到的原始资料又放在教师本身所处的实际的教育教学情境中，对教师及其面临的压力进行再现式分析，通过这样的验证之后，再把所收集到的资料连接成一个完整、连贯的叙事结构。

第三阶段：撰写研究文本，得出结论。本研究在很大程度上依据叙事研究的方式进行探究。但由于叙事研究本身具有的局限性，在一定程度上限制了本研究对普适性"大理论"的建构，而叙事研究方法

---

① 陈向明：《质的研究方法与社会科学研究》，教育科学出版社 2000 年版。

的倡导者普遍认为人类现存的经验基本上也是故事经验，抓住人类经验的故事性特征是研究人的最佳方式。写得好的故事既接近经验也接近理论，它们既表述了事实经验，又对故事的参与者和读者起到教育作用。存在主义理论建构者认为，研究的目的是寻找人类生存的实用性知识，而非抽象的理论。研究对象日常生活中的一些常识也可以在某种意义上帮助研究者完善和改进自己的研究思路、方法、步骤和策略，研究者不必拘泥于那些形式化的、绝对的理论，自己的观察和体验总结出来的知识就可以解释社会现象。[①]

二、研究效度

关于叙事研究的效度，不同学者持有不同的观点。一些学者主张用"真实性"、"可靠性"和"一致性"等词语来代替"效度"，他们认为叙事研究中"效度"的定义和检测没有量化研究那么清楚和确定。然而，叙事研究的侧重点不是量化研究所谓的"客观现实"本身，它真正感兴趣的是被试眼中的"真实"现象，被试看待"真实"现象的角度和方式，以及研究关系在理解"真实"现象时的作用。"效度"在叙事研究中更多指的是研究报告与实际研究的相符程度，而不像量化研究那样"效度"就是用来评估研究方法本身的。本研究主要采取以下措施来保证叙事研究的"效度"：第一，详细说明整个研究过程，还有分析与整理资料的过程；第二，研究者在研究的过程中，始终注重与被试建立良好、融洽的关系，与被试共同交流研究的整理稿，尽可能达成观点一致。整个研究过程依赖于实证证据和课题组其他参与教师的支持以确保准确性。所有的叙述部分最后经过了合作者的认可和细节修改。然而，解释永远不会结束，文本并没有稳定不变的意义，即使一个最具说服力的解释，在后来的某一时刻未必如此。

三、伦理道德

叙事研究认为人是有意识的研究对象，研究者选择研究的内容和

---

①   陈向明：《质的研究方法与社会科学研究》，教育科学出版社 2000 年版。

研究结果是事实，强调研究者要通过与研究对象的真诚互动来增进对研究对象的理解。可见，研究者的主体意识直接影响到研究的设计、实施过程和结果。因此，叙事研究十分注重研究者的个人素质，因为研究者本身就是"研究工具"，"研究工具"的灵敏度、精确度和严谨度对研究的质量至关重要。作为一个人性化了的"研究工具"，研究者要把个人的"经验性知识"和"科学知识"结合运用。研究者形成的对问题看法的角度与其个人的生活经历和思想观念是分不开的。鉴于此，在研究实施时，我们与被访谈教师共定访谈时间，以便不妨碍他们的正常工作，访谈地点是在不影响其他教师工作的地方。我们与被访谈教师也建立起了一种轻松、互相信任的关系。在询问他们是否同意参加本研究时，我们就本研究的目的和价值跟他们进行了交流。随着研究的进展，关系的建立也日益成熟，有时我们也会与他们分享自己的成长体验，希望他们也能从此研究过程中有所收益。我们还把整理好的初稿与他们分享、交流，使语言描述与他们的看法一致。为了尊重和保护好各位教师，我们把最后定稿前的所有的稿子给他们阅读，经由他们同意。如果双方观点有出入，我们会采纳教师的观点，确保不在任何方面对他们不利。同时，在行文中对教师都使用了笼统的称呼，这也表明了我们只做纯学术的探讨，而不涉及其他个人隐私。

第四节 研究方法

一、研究点概括

六哨乡位于云南省寻甸县的中西部，是一个典型的高寒、贫困少数民族聚集的山区乡地，是全省 506 个扶贫攻坚乡之一。全乡总面积 264 平方公里，平均海拔 2659 米，乡镇府所在地板桥距县城 60 公里，距昆明市 126 公里。全乡由 11 个村委会、97 个自然村组成，在这里生活着汉族、彝族、苗族和回族等多种民族。2001 年年末，全乡总人口 17757 人，其中少数民族 6657 人，占总人口的 37.5%。乡境内山高坡陡、植被稀疏、土壤贫瘠、自然环境恶劣，生存条件较差。六哨乡目前只有一条县级公路穿越乡境，而且由于修建的级别低、维护差，整条公路路况较差。虽然在 2000 年全乡 11 个村委会已经基本实现了村村通公路，但还有很大部分道路是越野车才能到达的毛路。此外，还有少数村子现在还不能通车。在经济方面，2004 年六哨乡全乡经济总收入 1998 万元，仅占寻甸县当年经济收入的 1.6%，人均纯收入只有 732 元，不及寻甸县人均水平的一半，乡财政收入 17.5 万元，财政支出 290.7 万元，严重入不敷出。经济影响教育，全乡的人均受教育年限仅为 4.6 年。六哨乡为云南农村山区少数民族贫困地区的一个典型缩影。

图 1　研究区域位置图

从六哨乡学校发展的实际情况，教育发展与六哨乡社会经济发展的关系，以及各民族群众对教育的需求看，六哨乡教育的发展还相当滞后，还存在着很多的问题。主要表现在以下几个方面：

（一）办学效益低下

以小学为例，六哨乡在校小学生 1784 人，却分散在 30 所学校（校点）的 89 个教学班中，平均每校学生仅 59.47 个学生，平均每个教学班仅 20.04 个学生。专任教师 133 人，生师比为 13.4∶1。即使不考虑每所学校必须给予的最低软硬件投入，校点分散带来的办学效益低下也是显而易见的。这也是多年来困扰云南省政府、省教育主管部门的症结之一：为什么云南连年对基础教育予以较高的投入，却并没有带来学校办学条件的根本改善和教育教学水平的明显提高。撤销校点、合并学校是一个最直接、最有效的办法。事实上，云南省教育厅近年来已经下决心撤并了一些学校和校点。然而，撤并校点是一把双刃剑，它在提高办学效益的同时，也意味着有更多的孩子每天必须走更多的山路，更多的孩子将失去上学的机会。六哨乡的情况正是如此，在我们开展项目活动的发嘎自然村，就因为撤销了原来设在村里的校点，村里四年级以下的小学生每天都得往返十多公里，翻越崎岖陡峭的山路到龙泉村完小上学。一到雨季来临，或是冬季刮风下雪，有许多孩子就只能长时间待在家里。

（二）教育经费投入不足

目前乡政府背负的最大财政负担是在"普及六年制义务教育"、"普及九年制义务教育"期间欠下的大笔债务。1996 年，为了与全县同步实现"普六"，乡党委政府和乡教管会竭尽所能，多方筹措资金，改善办学条件，对全乡各学校的校舍进行了不同的修缮、扩建和重建，使六哨乡顺利通过"普六"验收，但欠下 39.8 万元的债务。1997 年，为进一步巩固"普六"成果，为"普九"奠定基础，搬迁重建初级中学和乡中心完小，又欠下 91.7 万元债务。2000 年乡政府再次筹措资金，对中学进行了扩建和新建，使之基本达到了"普九"硬件建设的标准，顺利通过了"两基"验收，但再次欠下 151.26 万元债务。迄今为止，本金加利息（每年二十余万元）乡政府已经欠基建老板垫支款三百多万元。对于六哨乡这样一个每年的财政收入仅在 30 万元左右的贫困乡来说，这无疑是一笔巨额的、无法偿还的沉重负担。如果这一问题得不到妥善解决，不仅将成为一届届乡政府的巨大包袱，也将影响到对乡教育的继续投入，影响到老百姓对教育的信任，产生恶性循环。

（三）学校办学条件差

办学条件差是制约六哨乡学校教育发展的重要原因之一，全乡学校建筑面积 15714 平方米，其中砖混结构 9686 平方米，砖木结构 4312 平方米，土木结构 1083 平方米，危房面积 1298 平方米。除了乡中学和中心完小等少数几个学校的校舍较新、较好，大多数村完小和校点的校舍多年失修，已经十分陈旧。因此，每年还有相当数量的校舍会转化为危房。在包括乡中学和乡中心完小在内的 12 所学校（不含校点）中，只有 3 所学校有围墙和大门，这对学校的管理和开展教学活动等带来诸多不便。2002 年年底统计，全乡尚缺教室 33 间，缺课桌椅 307 套，为了维持基本的教学，许多学校不得不租借村或农民的房子，不得不让三个孩子共用一套桌椅，或是用木板、石块塔建临时课桌椅。由于四年级以上孩子要到村、乡一级完小学习，因此住校的小学生较多，目前有 452 名学生住校，但学生的住宿、生活条件都令人担忧。以我们调研的五星小学为例，住校学生 81 人，只有男生宿舍 1 间，女生宿舍 2 间。一间窄小、简陋的宿舍要住近 30 个学生，不得不让 5 个十多岁的孩子挤在一张高低床上（下床睡 3 个孩子，上床睡 2 个孩子）。

（四）教师整体素质偏低

教师教育观念陈旧，教学方法落后，教师队伍不稳定。如上所述，六哨乡经济发展滞后、乡级财政脆弱，对教育的投入低，只能依靠县级财政转移支付款来勉强维持日常工作的正常运行。而且在微薄的教育投入中，绝大部分又用于支付"人头费"——教师的工资。且不说改造学校危房、更新教学设备、改善办学条件、为教师提供再培训的机会等任务所需的经费难以得到落实，就是按国家、省市的标准保证有最低限度数量的教师，以完成教学工作的要求也难以达到。据 2002 年六哨乡教办的统计，在六哨乡全乡 176 名专任教师中，就有代课教师 65 名，约占全乡教师比例的 37％。全乡中小学教师学历达标率仅为 77.01％，其中中学为 85.3％，小学为 73.76％。以乡初级中学为例，学校目前共有 34 名教师（含 7 名代课教师），但真正师范院校毕业的合格教师只有 12 人，另有 12 人是通过函授取得合格学历的，有

5 人是非师范院校的毕业生，此外，5 人学历在中师及其以下。学校教师不仅学历结构不尽合理，而且结构也不合理。在 12 名师范院校毕业的教师中，语文专业 5 人，数学专业 4 人，地理专业 1 人，历史专业 1 人，教育管理 1 人。尽管近年来学校多方努力，但至今为止还没有一套学科配套的教师队伍。小学教师队伍的状况同样令人担忧，目前全乡有小学专任教师 142 人，其中公办教师 77 名，但真正师范学校毕业的只有 33 人，占 42.9%，其他的都是通过读民代班、中函、老民办教师转正出身的。在全乡 65 名代课教师中，有 26 名是初中以下学历的不合格教师，占 40%。[①]

由于六哨乡地处高寒、离城较远、交通与通信等基础设施很不完善，教师队伍的教育观念较为落后，相对外部已经如火如荼开展起来的基础教育、教学改革等，六哨乡的教师们了解的并不多，其反映也不敏锐，适应、更新有用思想观念和方法的速度也较慢。例如：教师们已经习惯了学校教育只为升学服务，以考试为中心的办学模式和教学思想，习惯了按照教学大纲，按照上级的要求完成教学任务的思维模式和教学模式，忽视或漠视当地农村社会经济发展对教育的需要，忽视至少有 80% 以上的学生注定要回到村寨参与农牧业生产劳动，这一客观的现实。以教师如此的思想状况，我们又怎能期望当前的贫困农村基础教育会出现本质性的变革与发展？[②]

二、研究工具

本研究采用自编的"民族农村贫困教师压力调查问卷"，对云南民族贫困地区寻甸县六哨乡 30 所乡镇初中、乡镇完小、村完小、村小和一师一校教学点教师进行测试。问卷的编制分为以下两个阶段：问卷维度的理论建构和问卷条目的编制。

（一）问卷维度的初步构建

---

① 六哨乡教育管理委员会："关于请求解决我乡教师严重缺编问题的报告"，2002 年 12 月。

② 王凌、罗黎辉等：《以教育促进社会经济发展和民族文化传承：来自寻甸回族、彝族自治县六哨乡的研究报告》，《中国教育：研究与评论》2004 年第 5 期。

通过查阅国内外大量相关文献，了解教师压力的内涵及其产生机制、压力来源、压力影响、压力应对等内容，以供编制教师压力问卷时借鉴和参考。并采用开放式问卷，让云南省民族农村贫困地区寻甸县六哨乡 30 所乡初中、乡完小、村完小、村小和一师一校教学点教师写出他们在教育改革中体验到的压力表现和压力的主要来源。共收回有效问卷 120 份，回收率为 66％。在问卷调查之后，分别与各学校的教师进行了分组集体座谈和个别访谈（访谈提纲见附录一）。笔者依据国外相关研究成果，参照和引介辽宁师范大学刘磊硕士论文"基础教育课程改革中教师体验调查问卷"的编制方法，通过理论推导，结合开放式问卷和访谈资料，初步将教育改革中教师的压力源概括为以下七个方面：

第一，教师的生态环境，本研究更偏向于民族农村贫困地区教师所处的自然地理环境。这些地区往往是交通闭塞，信息不畅以及教学点较为分散的高寒山区或半山区，很多教师就生活在这样封闭而艰辛的环境中。

第二，教育改革对教师的要求，指在教育改革实施过程中，对教师的表现提出的标准和期望，具体体现在教师的思想必须彻底地从应试教育转变为素质教育；教师要以学生为中心，成为学生学习的促进者；教师要研究和开发新的教育教学教材和课程；教师要以开放态度加强与其他教师、学生及其家长的合作交流；教师还得积极探究和实践新的评价理论体系。

第三，教师应对教育改革的能力，是指教师在观念上认同教育改革，在行动中达到教育改革的水平和要求。具体体现在教师能更新和提高自己的专业知识和技能；能有效设计和组织教学方法和教学内容；能激发并维持学习者的学习动机和学习投入，能有效应付教学中的突发事件等。

第四，教育改革的支持环境，主要包括学校、家庭、社会三方面对教师的支持所构成的社会关系网络。在全社会大兴尊师重教之风的背景下，努力完善教师社会支持系统成为众望所归；要大力完善教育相关法律法规，为教师合法权益提供制度支持；切实提高教师待遇，为教师工作生活提供物质支持；积极优化尊师重教的舆论环境，为教师坚守职业道德提供精神支持；积极解决家庭环境方面的消极因素，为教师教书育人提供亲情支持。相关部门要为教师执行教育改革提供各种资源。

第五，教师在教育改革中的顾虑，指教师对教育改革不确定性的担心，害怕改革威胁到自身的利益，给自身带来损失。教师在教育改革中的顾虑具体体现在教师个体在群体其他成员面前担心别人会对自己有不好的看法和评价；害怕别人瞧不起自己、不尊重自己；而在工作或活动中不重用自己，在心理上不喜欢自己。因而教师在其他人面前总是把自己好的一面如能干、善良、品德优良呈现出来，而把不被别人欣赏、赞同、喜欢的一面隐藏起来，以博得群体其他成员的认同。

第六，教育改革中教师自身的情感体验，指教师特有而又高度发展的一种心理体验。可以转化为教师对真理、对价值、对理想的追求和创造。具体体现在教师的幸福感体验；教师感受工作对于自身是否具有意义和价值；教师的自我认知、自我体验和自我监控；教师的情绪是否稳定；教师本身能否感受到自己的体验等。

第七，教育改革中教师的自我效能感，指教师个体对自己在特定情境中是否有能力去完成某个行为的期望，它包括结果预期和效能预期两部分。所谓结果预期是指教师个体对自己某种行为可能导致什么样的结果的推测，而效能预期则指教师个体对自己实施某行为的能力的主观判断。具体体现在教师对教育改革的积极认识与直接行动；教师对行为的选择、努力及坚持程度；教师情绪的激起与成就表现等方面。

（二）问卷的编制

收集大量与中小学教师压力相关的各种事件或情境，并在此基础上进行分析和归类，合并性质相同的事件，保留出现频率高和代表重要压力源的事件，最后依据上述七个维度，初步编制出"民族农村贫困教师压力调查问卷"，共有 62 个项目。笔者邀请了从事教师教育工作的教授 5 人，博士、硕士研究生 10 人，对每个项目的可读性和适宜性进行统一评议，删除了语义不清或表达重复的 11 个项目，并根据提出的建议修改了一些项目，最后形成七个维度、51 个项目的"民族农村贫困教师压力调查问卷"。问卷由被试的个人基本信息和正式项目两部分构成，第一部分主要是为了获得被试的性别、民族、教龄、职称、职务、学历等人口学特征。第二部分主要列出了教师在教育改革中可能会遇到的压力源，让被试自评这些压力源给自己带来的压力程度大小。在压力源的 51 个项目中，教师生态环境维度包含 8 个项目；教育改革对教师客观要求维度有 6 个项目；教师个体应对教育改革能力维度有 6 个项目；教育改革支持环境有 6 个项目；教师在教育改革中的顾虑维度有 10 个项目；教师自身情感体验维度有 7 个项目；教师在教育改革中自我效能感的有 8 个项目。问卷采用五级计分，从极易诱发压力的选项依次排列，记为"5 分"、"4 分"、"3 分"、"2 分"、"1 分"，得分愈高表示该项目愈易诱发教师压力。

三、研究步骤

第一步，深入实地，了解情况。通过广泛深入地对云南省民族农村贫困地区六哨乡大多数中小学教师进行接触和访谈，初步了解到该地区教师压力的大致状况。

第二步，发放问卷，实施问卷调查。由研究者本人担任主试，运用"民族农村贫困教师压力调查问卷"的统一指导语，对六哨乡 30 所乡初中、乡完小、村完小、村小和一师一校教学点教师共 170 人（全乡共有教师 197 人）进行了集体施测，当场收回问卷。共发放问卷 170 份，回收 170 份，排除不合格问卷 29 份，实际获得有效问卷 141 份，回收率为 83%。样本的人口学特征见表 1。

表 1　样本人口统计学特征分布情况

样本的统计特征		人数	百分数	累计百分数
性别	男	123	87.2	87.2
	女	18	12.8	100.0
民族	汉	35	24.8	24.8
	彝	106	75.2	100.0

（续表）

样本的统计特征		人数	百分数	累计百分数
教龄	1—5 年	19	13.5	13.5
	6—15 年	62	44.0	57.4
	16—25 年	55	39.0	96.5
	26—35 年	5	3.5	100.0
学历	初中	2	1.4	1.4
	高中	9	6.4	7.8
	中师	49	34.8	42.6
	专科	56	39.7	82.3
	本科	25	17.7	100.0
职称	小学二级	10	7.1	7.1
	小学一级	28	19.9	27.0
	小学高级	52	36.9	63.8
	中学二级	40	28.4	92.2
	中学一级	11	7.8	100.0
所教科目	主科	114	80.9	80.9
	副科	20	14.2	95.0
	艺术科	7	5.0	100.0
学校类型	乡镇中学	49	34.8	34.8
	乡镇完小	26	18.4	53.2
	村完小	41	29.1	82.3
	村小	21	14.9	97.2
	一师一校校点	4	2.8	100.0
任职	校长	5	3.5	3.5
	教导主任等中层领导	16	11.3	14.9
	班主任	95	67.4	82.3
	科任教师	24	17.0	99.3
	其他	1	0.7	100.0

第三步，对调查结果进行统计分析。问卷采用五分制计算，对教师总体压力程度以及不同背景因素教师的压力程度及其差异进行统计计算和差异性检验，并对结果进行分析。

第四步，对教师压力现状进行分析讨论。根据统计结果，对云南省民族农村贫困地区六哨乡教师压力现状进行分析，分析教师的总体压力程度、压力影响、主要压力来源，并对不同性别、民族、年龄、教龄、职称、职务、学校类型、所教科目等压力差异特点进行分析。

第五步，提出缓解教师压力的对策与建议。

四、统计手段

对收集来的问卷进行整理，采用 SPSS11.5 for windows 软件包对数据进行统计分析。

第五节　本研究的创新之处

一、研究主题上的创新

从已查阅到的相关文献资料来看，目前有关教育改革背景下教师压力的专门研究还为数不多。本研究把关注点聚焦于教育改革背景下的教师压力，一方面从新的切入点来完善教师职业压力研究；另一方面可以为教育改革者提供一些有价值的信息，为缓解中小学教师的职业压力、推进教育改革顺利开展提供一些参考策略。从这一层面来看，本研究具有一定新意。

二、研究方法上的创新

国内外关于教师职业压力的研究大多数采用发放问卷、收集数据、再统计数据的量化方法来展开研究，而本研究使用了量化和质化相结合的研究方法。本研究以量化研究的方法探索了教育改革中云南民族农村贫困地区教师职业压力的归因及压力源，所选择的样本具有较强的代表性，研究结论是在量化研究基础上得出的，具有一定的科学性、客观性和普遍性。考虑到单一的数理统计分析方法（量化研究方法）不能全面生动地解释实际的教育改革背景中教师压力的形成机制和变化趋势。所以在量化方法的基础上结合了质化方法，质化研究方法的优点是可以真实地体现出云南民族农村贫困地区中小学教师的亲身经验，这些叙事经验具有一定的代表性和即时性。我们在教师的叙事中融合了自己的观点，增强了研究文本的感染力和充实性，既传达了被试的真实经验，又能形成与读者的直接对话。

三、研究对象上的创新

国内外虽然有对教师职业压力的研究，但大多数集中在非农村学校，而针对农村教师压力研究的却很少，我国教育弱势恰恰在民族农村贫困地区，所以本研究是根据我国具体教育国情和教育的实际情况提出的。因此，本研究立足于对当前教育改革背景下的民族农村贫困地区教师这一特殊群体进行研究，突出了贫困农村、少数民族这一特色，研究对象的选择在国内外同一领域研究中显示出了一定的创新性。

第四章 民族农村地区教师压力的现状及影响因素

如果一个人选择一个时代来降生的话，那么他一定选择一个变革的时代。在这个时代里，所有的人的经历都浸透着恐惧和希望。新时代丰富的可能性岂不就补偿了过去时代的已逝的历史荣耀？这个时代像一切时代一样，是一个非常好的时代，只要我们知道怎样对待它。

——爱默生［美国］

目前我国正经历着一场深层的社会变革，社会结构转型和体制转轨二者并行推进，新一轮基础教育改革如火如荼，推动和承担教育改革重任的一线教师，对基础教育改革的成败起着至关重要的作用，教师在面临改革契机的同时也要经历前所未有的挑战和变化。社会的变革、科技的进步、观念的更新，都对教师提出了相应的要求，教师为了应对教育改革，必须从观念到行为方式都要进行重大的调整。而教师在调整和适应的过程中，必将引发诸多的心理负担和不良反应。

第一节 正式问卷的统计分析

一、问卷的因素结构

(一)分析变量的相关矩阵

运用变量的相关矩阵统计方法检验 51 个项目是否适合做因素分析,选用巴特利特(Bartlett)球型检验和 KMO(Kaiser-Meyer-Olkin)度量判定适合度。统计学家 Kaiser 认为 KMO 取值大于.60,因素分析的结果就能解释变量之间的关系,统计结果显示 KMO 值为.672,所以适合做因素分析。Bartlett 球型检验得出的相伴概率为.000,小于.05的显著性水平,表明变量的相关系数矩阵差异非常显著,也说明适宜做因素分析。因此,可以对数据进行因素分析。

(二)因子提取

采用主成分分析方法提取主要因子,51 个项目的主成分分析的初始统计量见表(1)。表中包含了每个因子的初始统计量,由于全部因子包含的数量与项目数量都是 51 个,模型就解释每个变量的全部方差,而不需要特殊因素,所以公共因子所占的变量的共同度都为 1。表中显示出特征值大于 1 的因子共有 17 个,共解释了总变异的68.553%。因素分析的"最简结构"原则认为理想的因子结构应该以最少的公共因子,对总变异量作最大的解释,因而提取的因子愈少愈好,这一统计过程会把因子化繁为简。主成分的特征值的"碎石图"显示了最少数量的代表因子,51 个项目的主成分散点图见图(1)。

表 1　因素分析的初始统计量

项目	共同度	因素	特征值	贡献率	累计贡献率
T1	1.000	1	8.778	17.212	17.212
T2	1.000	2	3.076	6.031	23.243
T3	1.000	3	2.418	4.740	27.983

（续表）

项目	共同度	因素	特征值	贡献率	累计贡献率
T4	1.000	4	2.187	4.288	32.271
T5	1.000	5	1.926	3.776	36.048
T6	1.000	6	1.801	3.531	39.579
T7	1.000	7	1.742	3.416	42.995
T8	1.000	8	1.688	3.310	46.305
T9	1.000	9	1.562	3.064	49.368
T10	1.000	10	1.464	2.871	52.239
T11	1.000	11	1.383	2.711	54.951
T12	1.000	12	1.343	2.634	57.585
T13	1.000	13	1.179	2.313	59.897
T14	1.000	14	1.129	2.214	62.111
T15	1.000	15	1.112	2.180	64.291
T16	1.000	16	1.093	2.143	66.435
T17	1.000	17	1.081	2.119	68.553
T18	1.000	18	.929	1.822	70.375
T19	1.000	19	.911	1.786	72.161
T20	1.000	20	.898	1.760	73.921
T21	1.000	21	.835	1.637	75.558
T22	1.000	22	.811	1.590	77.148
T23	1.000	23	.766	1.503	78.650
T24	1.000	24	.749	1.469	80.120
T25	1.000	25	.731	1.433	81.552
T26	1.000	26	.663	1.301	82.853
T27	1.000	27	.644	1.263	84.117
T28	1.000	28	.601	1.178	85.295

（续表）

项目	共同度	因素	特征值	贡献率	累计贡献率
T29	1.000	29	.563	1.104	86.399
T30	1.000	30	.554	1.087	87.486
T31	1.000	31	.540	1.058	88.544
T32	1.000	32	.510	1.000	89.544
T33	1.000	33	.480	.942	90.485
T34	1.000	34	.428	.838	91.324
T35	1.000	35	.418	.820	92.144
T36	1.000	36	.408	.801	92.945
T37	1.000	37	.388	.760	93.705
T38	1.000	38	.359	.704	94.409
T39	1.000	39	.343	.673	95.083
T40	1.000	40	.311	.610	95.692
T41	1.000	41	.295	.579	96.271
T42	1.000	42	.265	.519	96.790
T43	1.000	43	.236	.462	97.253
T44	1.000	44	.232	.455	97.708
T45	1.000	45	.224	.439	98.146
T46	1.000	46	.211	.414	98.560
T47	1.000	47	.199	.391	98.951
T48	1.000	48	.169	.331	99.282
T49	1.000	49	.136	.267	99.548
T50	1.000	50	.132	.259	99.807
T51	1.000	51	.098	.193	100.00

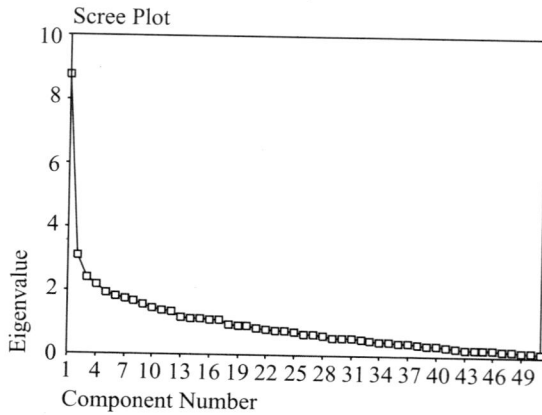

图 1　主要成分分析特征值图

　　从图中可以看出，散点图曲线在第 7 个因素之后开始趋于平缓。因此，可以尝试提取 7 个因素，表（2）是 7 个因素的最终统计量。

表 2　因素分析的最终统计量

项目	共同度	因素	特征值	贡献率	累计贡献率
T1	.398	1	8.778	17.212	17.212
T2	.380	2	3.076	6.031	23.243
T3	.475	3	2.418	4.740	27.983
T4	.532	4	2.187	4.288	32.271
T5	.361	5	1.926	3.776	36.048
T6	.494	6	1.801	3.531	39.579
T7	.420	7	1.742	3.416	42.995
T8	.455				
T9	.598				
T10	.454				
T11	.501				
T12	.518				
T13	.222				
T14	.558				

（续表）

项目	共同度	因素	特征值	贡献率	累计贡献率
T15	.547				
T16	.477				
T17	.359				
T18	.517				
T19	.584				
T20	.227				
T21	.297				
T22	.339				
T23	.451				
T24	.347				
T25	.458				
T26	.401				
T27	.532				
T28	.501				
T29	.440				
T30	.494				
T31	.445				
T32	.361				
T33	.300				
T34	.306				
T35	.538				
T36	.145				
T37	.198				
T38	.426				
T39	.501				
T40	.375				
T41	.454				
T42	.535				

（续表）

项目	共同度	因素	特征值	贡献率	累计贡献率
T43	.414				
T44	.486				
T45	.422				
T46	.380				
T47	.490				
T48	.295				
T49	.584				
T50	.459				
T51	.477				

如上表所示，提取出的 7 个因素的特征值分别为 8.778、3.076、2.418、2.187、1.926、1.801、1.742；7 个因素的解释量分别为 17.212%、 6.031%、 4.740%、 4.288%、 3.776%、 3.531%、3.416%，总解释量为 42.995%。51 个题项的共同度在 .352—.627 之间，表明 51 个项目的信息在 7 个因素模型中都得到了一定的体现。

（三）因素旋转

正交旋转得到因素载荷矩阵的结果显示，第 4、17、33、34、36、37 题在各个因素上的载荷量都很小，应将其删除。其他项目与这 7 个因素中的某一因素都有较高的相关，应该保留。删除第 4、17、33、34、36、37 题后，7 个因素包含的 45 个项目的具体内容见表（3、4、5、6、7、8、9）。

表 3　因素 1 "教师的生态环境" 的题目及载荷量

题号	题目内容	载荷量
1	您所在学校的条件	.396
8	您对工作的满意程度	.422
15	您对工作条件的满意程度	.574
22	您目前的处境与您的要求相距	.412

（续表）

题号	题目内容	载荷量
29	您上课是否使用普通话授课	.384
43	您对当前信息技术的了解程度	.357
47	您一天的工作是如何安排的	.378

表 4　因素 2 "教育改革对教师提出的要求" 的题目及载荷量

题号	题目内容	载荷量
2	您的工作量与以前相比是	.399
9	您对当前教育改革提出的要求	.563
16	您认为上级主管部门和学校在教育改革中提出的要求	.397
23	学生家长在教育改革中提出的要求	.358
30	您花费在应付各上级主管部门的检查、评估上的时间	.441

表 5　因素 3 "教师应对教育改革的能力" 的题目及载荷量

题号	题目内容	载荷量
3	您在参与教育改革的过程中是否得到促进和提高	.566
10	您是否适应教育改革提出理念和要求	.488
24	您对教育改革中提倡的新方法的使用	.485
31	您对教育改革中提倡的新理念的把握程度	.496
38	参与教育改革的过程中您是否明确自己该做些什么	.436

表 6　因素 4 "教育改革的支持环境" 的题目及载荷量

题号	题目内容	载荷量
11	您认为教育改革对您的束缚程度	.507
18	相关部门为当地教师提供的教学资源与以前相比	.466
25	当地学生家长对您的理解和支持程度与以前相比	.499
32	您对新教材的把握程度	.543
39	学校对您工作量的评估与以前相比	.489

表7   因素5 "教师在教育改革中的顾虑"的题目及载荷量

题号	题目内容	载荷量
5	您与同事的关系与以前相比	.427
12	您与领导的关系与以前相比	.428
51	现行的升学考试制度与教育改革的目标相比	.459
26	您对现行的教师培训持有的态度是	.454
40	教育改革提出的新理念与农村学生的实际需求	.428
44	您对学生的升学情况持有的态度	.355
48	您对末位淘汰制的认同程度	.412
50	随着教育改革的实施,您对失去现有工作岗位的担心程度	.453
19	您对在贫困农村从事教学工作而找不到对象的担心程度	.456

表8   因素6教育改革中 "教师自身情感体验"的题目及载荷量

题号	题目内容	载荷量
6	在日常教学中您是否感到焦虑	.459
13	早上起床后您的精神状况	.352
20	您的情绪状况与以前相比	.386
27	您在教学中是否感到紧张和压抑	.436
41	您的茫然感与以前相比	.491
45	您的孤独无助感与以前相比	.510

表9   因素7教师在教育改革中的 "自我效能感"的题目及载荷量

题号	题目内容	载荷量
7	您是否有信心培养农村学生的良好行为	.473
14	您认为教育改革所提倡的素质教育的可行性	.469
21	教育改革所提倡的教学方法在实际教学中使用的可能性	.487
28	您的学生自主学习的能力	.390
35	您每天花在学生身上的时间	.627
42	您认为您的才能在教育改革中得以发挥的程度	.479
46	您的业务能力受到同事和领导的尊重与重视程度	.456
49	如果有机会让您重新选择职业,您依然选择教师职业的可能性	.526

二、问卷的项目分析

对正式问卷的 45 个项目逐一进行项目分析。用每个项目的得分与问卷总分的相关系数作为该项目的区分度。结果显示：各项目得分与问卷总分的相关系数（鉴别指数）均在 .30 以上，且在 .01 水平上达到非常显著状态，说明问卷所有项目的区分度都比较高。

三、问卷的信度检验

本研究使用了奇一偶分半信度的方法来估计信度，结果显示问卷的各个维度及总分都达到了统计学意义上的显著水平，见表（10）。

表 10　问卷的信度检验

	因素一	因素二	因素三	因素四	因素五	因素六	因素七	总问卷
奇偶分半信度	.391＊＊	.432＊＊	.503＊＊	.450＊＊	.398＊＊	.613＊＊	.421＊＊	.768＊＊

＊＊p<.05

四、问卷的效度检验

（一）内容效度检验

心理测量理论提出问卷各项目的总分与各分测验得分的相关系数可以作为内容效度的衡量指标，表（11）列出了各分测验之间的得分、各分测验得分与问卷总分的相关系数矩阵。结果表明本问卷具有较好的内容效度。

表 11　分测验之间及其与问卷总分之间的相关系数矩阵

	因素一	因素二	因素三	因素四	因素五	因素六	因素七
因素二	.440＊＊						
因素三	.473＊＊	.469＊＊					

（续表）

	因素一	因素二	因素三	因素四	因素五	因素六	因素七
因素四	.582＊＊	.623＊＊	.613＊＊				
因素五	.605＊＊	.503＊＊	.576＊＊	.629＊＊			
因素六	.605＊＊	.501＊＊	.504＊＊	.511＊＊	.634＊＊		
因素七	.585＊＊	.513＊＊	.509＊＊	.596＊＊	.719＊＊	.618＊＊	
总问卷	.773＊＊	.666＊＊	.714＊＊	.794＊＊	.855＊＊	.748＊＊	.822＊＊

＊＊$p < .05$

（二）结构效度检验

编制问卷之初，我们构想教育改革中云南民族农村贫困地区六哨乡教师有 7 个方面的压力源：教师生态环境、教育改革对教师提出的客观要求、教师个体应对教育改革的能力、教育改革的支持环境、教师在教育改革中的顾虑、教师自身情感体验及教师在教育改革中的自我效能感。经过结构效度检验，得出了理论构想的 7 个方面的压力源与因素分析提取出的 7 个因素的对应关系，见表（12）。

表 12　问卷的结构效度检验

因素	题号
教师生态环境	1、8、15、22、29、43、47
教育改革对教师提出的客观要求	2、9、16、23、30
教师个体应对教育改革的能力	3、10、24、31、38
教育改革的支持环境	11、18、25、32、39
教师在教育改革中的顾虑	5、12、51、26、40、44、48、50、19
教师自身情感体验	6、13、20、27、41、45
教师在教育改革中的自我效能感	7、14、21、28、35、42、46、49

五、问卷的适用性

本研究所采用的问卷是在对参与教育改革的一线教师直接进行开放式调查、集体座谈和个别访谈的基础上制定完善的，问卷比较客观、真实。本问卷采用了分半信度和内部一致性信度的方法来估计信度，结果得出问卷总分和各分测验的相关系数都达到了．01 的显著水平，这说明该问卷的信度较好。

本研究借鉴了以往研究者对教师压力研究所采取的内容效度和结构效度检验方法。本问卷的内容效度主要是以各分量表与问卷总分的相关系数作为指标，通过相关检验，该问卷的各项内容效度较高。而该问卷的结构效度主要是以因素提取的 7 个因素与理论构想的 7 个维度所有题目的拟合度来检验，通过检验结果表明因素提取的 7 个因素与理论构想的 7 个维度的拟合度较高，说明本问卷的结构效度较好。[①]

经过专家咨询和统计检验，我们发现该问卷存在以下不足：（1）由于本研究的研究范围很小，研究对象数量有限。因此没有对研究对象进行预测，也没有进行重测。也就导致了该研究缺乏重测信度方面的指标；（2）被试取样采取目的性抽样的原则，仅选取了云南省民族农村贫困地区一个乡的教师作为研究对象，所以该研究无法获取普遍的常模资料；（3）研究的抽样仅在同一个地区，无法对农村与城市、农村与农村的教师压力状况进行横向对比。

六、民族农村地区教师压力状况分析

表 13　教育改革中教师压力状况频次分布

压力状况	压力很大	压力较大	一些压力	压力较小	没有压力
百分比（％）	9.8	52.7	32.3	4	1

---

① 刘磊：《"新课改"中教师压力研究》，《辽宁师范大学硕士学位论文》2004 年。

从上表（13）可以看出，在教育改革中，云南民族贫困地区六哨乡教师普遍面临着较强的压力体验。

第二节　民族农村地区教师压力的影响因素分析

一、性别因素对教师压力的影响

表 14　性别因素的独立样本 T 检验

性别	人数	平均值	标准差	t	p
男	123	118.7154	14.28660	−.951	.746
女	18	122.1667	15.06945		

经过独立样本 T 检验，男、女得分不存在显著差异（见表 14）。因此，教育改革中性别因素对云南民族农村贫困地区六哨乡教师的压力没有显著影响。

二、民族因素对教师压力的影响

表 15　民族因素的独立样本 T 检验

民族	人数	平均值	标准差	t	p
汉	35	121.4857	15.39933	1.106	.760
彝	106	118.3868	14.01806		

经过独立样本 T 检验，汉族与彝族得分不存在显著差异（见表15）。因此，教育改革中民族因素对云南民族农村贫困地区六哨乡教师的压力没有显著影响。

三、教龄因素对教师压力的影响

表 16　教龄因素的多重比较分析

	1—5 年	6—15 年	16—25 年
6—15 年	2.120＊＊＊		
16—25 年	2.533＊＊＊	.257	
26—35 年	1.520	2.297	1.783

＊＊＊p＜.01

对不同教龄进行多重比较分析发现，教龄为 1—5 年的教师压力平均分（M＝128.5263）显著高于教龄为 6—15 年的平均分（M＝118.4677）；教龄为 1—5 年的教师压力平均分（M＝128.5263）显著高于教龄为 16—25 年的平均分（M＝117.8545）。其他类型的教龄之间不存在显著差异。

四、学历因素对教师压力的影响

表 17　不同学历水平的方差分析

学历	人数	平均值	标准差	F	P
初中	2	102.5000	.70711	3.070	0.019
高中	9	109.4444	8.20230		
中师	49	119.1020	13.44626		
专科	56	118.5714	14.56004		
本科	25	119.1560	15.37585		

经方差分析，不同学历水平之间的得分存在显著差异，具体情况见表（17）。

五、职称因素对教师压力的影响

表 18　不同职称的方差分析

职称	人数	平均值	标准差	F	P
小学二级	10	125.8000	20.18140	4.0774	.065
小学一级	28	123.8929	15.62841		
小学高级	52	119.5000	13.10067		
中学二级	40	115.9000	12.89564		
中学一级	11	111.2727	11.25247		

经方差分析，不同职称之间的得分不存在显著差异，具体情况见表（18）。

六、教学科目因素对教师压力的影响

表 19　不同教学科目的多重比较分析

	主科	副科
副科	−5.422	
艺术科	−3.546	−.235

对不同教学科目进行多重比较分析，发现主科教师（M＝115.9035）与副科教师（M＝132.5500）之间没有差异（p＞.01）；主科教师与艺术科教师（M＝133.8571）之间不存在显著差异（p＞.01），具体情况见表（19）。

七、学校类型因素对教师压力的影响

表 20 不同学校类型的多重比较分析

	乡镇初中	乡镇完小	村完小	村小
乡镇完小	2.961＊＊			
村完小	2.813＊＊	1.628＊＊		
村小	2.622＊＊	1.249＊＊	.084	
一师一校校点	2.890＊＊	2.428＊＊	.932	1.201

＊＊p＜.05

对不同学校类型进行多重比较分析，发现乡镇初中教师（M＝114.6531）与乡镇完小教师（M＝118.4231）之间有显著差异（p＜.05）；乡镇初中教师与村完小教师（M＝123.3902）之间存在显著差异；乡镇初中教师与村小教师（M＝123.0476）之间存在差异；乡镇初中教师与一师一校校点教师（M＝115.2500）之间存在差异；乡镇完小教师与村完小教师、与村小教师以及与一师一校校点教师之间也存在差异；其他类型学校教师之间不存在差异。具体情况见表（20）。

八、职务因素对教师压力的影响

表 21 不同职务的多重比较分析

	校长	教导主任等中层领导	班主任
教导主任等中层领导	.565		
班主任	.173	－.544	
科任教师	－1.838	－3.614	－4.682＊＊

＊＊p＜.05

对不同职务进行多重比较分析，发现班主任教师（M＝116.7684）

与科任教师（M＝131.5833）之间存在显著差异（p＜.05）；校长（M＝117.8000）与教导主任等中层领导（M＝114.8750）之间不存在显著差异；校长与班主任教师之间不存在显著差异；校长与科任教师之间也不存在显著差异，其他类型的职务之间也不存在显著差异。

第三节　民族农村地区教师压力的因素探讨

本研究主要从人口统计学特征的层面，探讨了性别、民族、教龄、学历、职称、所教科目、学校类型和职务等八个变量因素对于教育改革背景下六哨乡教师压力产生的影响。统计结果表明：性别、民族、所教科目、职称四个因素对于教育改革背景下六哨乡教师压力没有产生显著影响。而教龄、学历、职务和学校类型这四个因素对于教育改革背景下六哨乡教师压力产生了显著影响。

一、教龄因素

本研究教龄阶段的划分借鉴了台湾学者蔡培村（1993）等人提出的教师生涯发展的周期理论，即主张以教师的教龄作为教师生涯发展阶段划分的指标。蔡培村把教师生涯发展周期划分为四个时期："适应探索期"（1—5年），"成长期"（6—15年），"成熟期"（16—25年），"转折衰退期"（26—35年）。[1]

研究结果显示，教师压力在"适应探索期"与"成长期"之间存在显著差异，且"适应探索期"压力远远低于"成长期"；教师压力在"适应探索期"与"成熟期"之间也存在显著差异，且依然是前者低于后者。其他教龄阶段的教师压力均不存在显著差异。结合访谈内容，我们认为，导致处于"适应探索期"教师压力偏低的原因可能有以下几方面，首先处于这个时期的教师多数是刚刚加入教师行业的年轻老师，其中有很大一部分教师更是实现了自己的教师梦，对这个行业充

---

[1]　申艳娥：《中小学教师应对方式相关因素研究》，《心理科学》2004年第6期。

满了好奇感、新鲜感和满足感，充满热情地开始规划自己的班级和学生，并开始践行自己的教育教学方案，这种积极的情绪体验及时转移和弱化了他们在教育教学情境中的压力。[①]　其次，处于"适应探索期"的这部分教师，在实施和推进教育改革的过程中，他们还未从师范院校毕业，依然在学校进行学习，在校期间的各种有关教育改革的报告、讲座或阅读材料等宣传活动让他们对此有了一定了解。因此，"有备而来"的他们更易适应教育改革带来的压力。另外，教育改革要求教师在许多方面作出调整，而很多老教师已经习惯了原有的工作教学模式，尤其处于"成长期"（6—15 年）教师刚好形成了自己的教学模式和风格，正寻求稳定。但是教育改革的要求像晴天霹雳打破了他们工作稳定的需求，于是压力凸显。相反，年轻教师尚未形成自己特有的教学模式和风格，所以面临调整和改变的压力较小。[②]　再者，我国基础教育的发展增强了对教师的素质要求，老教师原有的"八股"式教学已被时代淘汰，为了与时俱进，他们要不断学习，不断地进行知识"充电"，高强度的"充电"增加了他们的职业压力。加之，这个时段的教师多数是所在学校的教学骨干或学科带头人，正处于事业的黄金时期，他们自己也希望在工作中有所作为。因此，会付出更多的时间和精力在工作上，还要抽出一定的时间去参加继续教育和学历提升。除了学校工作外，处于这个年龄段的教师正是成家的时候，其家庭的负担是最重的时候，这就往往使得这些教师在时间和精力的分配以及经济条件方面经常处于紧张状态，压力感也会随之增加。这个教龄阶段的老师在身心上都没有年轻教师精力旺盛，而学校却是以学生的成绩作为教师的评估标准，他们不得不花费更多的精力和时间来应付考评，从而导致这些教师的职业压力倍增。

　　学者休伯曼的相关研究也表明，在 7—25 年的教龄阶段上，教师的发展表现出差异：一部分教师善于挑战新事物，满怀激情渴望改革；而另一部分教师表现得不自信和自我怀疑，他们排斥新改革，对长年累月如一日的教学工作感到无比单调和乏味，职业生涯因此出现了

---

①　叶澜：《教师角色与教师发展新探》，教育科学出版社 2001 年版。

②　刘磊：《关于"新课改"中教师压力的调查研究》，《教育实验研究》2004 年第 3 期。

"危机"。[1] 本研究的结果在一定程度上验证了休伯曼的说法。一个教龄在 10 年以上的教师的自述:[2]

> 我在教学过程中很少体验到愉快，很多时候没有办法，这是本职工作，不得不去完成，特别是现在，感觉自己越来越不会教书，很害怕去学校，更害怕走进课堂。城市中心主义价值取向的教育与农村实际相离甚远，几乎是脱节的，我在教学过程中找不到两者融合点，矛盾也很突出，很多新的理念和方法在农村很难一下子就实施起来，需要有个过程，特别是现在的教育改革强调给学生更多的关注，把学生放在教学的核心位置，但对教师存在的问题很少考虑。"没有学不好的学生，只有不会教的老师"等口号的提出，更让我们无所适从，教师在穿着新鞋走老路的模式下，越来越找不到成就感，且多了些自卑感和失落感，以及时常感受到压力的存在。

二、职务因素

在教育改革中，班主任老师与科任教师之间的压力存在显著差异，统计结果表明：班主任老师的压力显著高于科任教师。结合访谈内容，我们认为，导致这一结果的原因与班主任老师的工作性质有着密切的关系。班主任老师的职责主要是按照社会和学校的要求和班级的教育目标，对班集体的各项工作进行管理，班主任是一个班级的领头人，是一个班集体的核心力量，学生能否健康成长，教学质量是否稳步提高，学生素质是否全面提高，都与班主任的工作密不可分。班主任工作的内容包括学生思想品德教育、文化学习指导、集体意识和行为规范教育、身心健康教育、学生行为规范检查等多方面工作。除此外，班主任还要密切注意班级每一位学生的学习、思想、心理状况和在校

---

[1] 杨寿堪：《冲突与选择——现代哲学转向问题研究》，北京师范大学出版社 1996 年版。

[2] 正文部分出现的楷体字体（如某某教师的自述或叙述）均属于讲述材料。

安全工作，对学生进行个别教育，培养班干部，与任课教师、家长联系，再加上写各种评语、鉴定、成绩汇总等细微烦琐而又费时的工作，班主任的责任和负担可想而知。如此繁重琐碎的工作，使得班主任的压力感加强也就不足为怪了。同时班主任需要了解和落实贯彻好教育方针，必须对整个班集体进行组织管理，除外还应该引导学生身心健康发展，促进其全面发展；班主任还得沟通和协调好学校、家庭和社会三方面的教育力量。[①] 这说明班主任较其他科任老师扮演着更多、更复杂的角色，担负的责任可想而知。

在教育改革中，班主任必须以新理念和新标准把自己进行武装，不断调整、转换和完善自身担当的各种角色。班主任还得充当教育改革的宣传者，以各种途径博得社会、家长对教育改革的理解和支持。其次，增加班主任老师工作压力的另一个方式表现在一些学校规定的恶性的竞争式评价制度。我们在调查中发现，目前项目点六哨乡有近70％的学校在对教师的教育教学效果进行评价时采用竞争的方式，多数学校主要依据教育教学效果评价的好坏来选拔班主任老师，学校采用的这种竞争方式很可能会使班主任老师遭遇巨大的压力。此外，在与班主任老师的深入访谈中，我们了解到其工作的不易，一方面要进行日常的教学与管理工作；[②] 另一方面还必须应对上级主管部门做出的各种规定。体验着多重角色身份带来的冲突感和矛盾感，承担着过重的工作负荷，这在一定程度势必引发压力体验。一个班主任老师的自述如下：

> 目前压力最大的一个问题，也是令班主任最头痛的问题就是学生的流失现象。国家实施"普九"以来，上级教育行政部门要求学校"控辍保学"，不让学生出现失学状况。但是这个问题在我们学校还没有得到很好地解决，每个学期都会有学生辍学，造成这一情形的一个主要原因还在于我们特殊的地理环境，我们这些地方主要是高寒山区，环境恶劣，交通不便利，学生上学都是靠走山路，而且现在校点合并集中

---

① 高谦民、黄正平：《小学班主任》，南京师范大学出版社1999年版。
② 刘磊：《关于"新课改"中教师压力的调查研究》，《教育实验研究》2004年第3期。

办学后，学生往返的距离加大了很多，特别是遇到恶劣天气时，如雨季下大雨时，或冬季下雪时，学生根本没有办法到校学习，本来这些学生应该住校就读的，但这里的经济条件太差，很多家庭都处于贫困状态，很难承受一些费用，于是学生因上学太远，或者因特殊天气状况上学危险等原因辍学。加之这些地区的学生即使上学，能够考上大学，摆脱贫困状态的人寥寥无几，大多数学生最多读到初中就回家继续种田了。所以学生辍学现象突出，我自己带的班级，开学时班上一共有40来个学生，一学期结束后，到第二学期开学就只有30来个，学校为了执行"控辍保学"政策，把任务都安排给班主任去完成，而平时要正常进行教学活动，只能利用周末去找学生，于是一到周末自己又得到村子做家长和学生的思想工作，希望学生返校上课，学生所在村子往往离学校很远，村子与村子之间又较分散，每个周末最多能到二三个村子，并且这些学生还未必都能返回学校，当上面要进行检查时，我们几乎都把正常的教育教学工作搁下，到村子里找学生去了，有时候花费了大量的时间和精力但效果并不理想，我有时觉得当老师真悲哀，很少体会到成就感。

三、学历因素

尽管学历代表的是个体过去的学习经历。但是，通常情况下，人们认为学历与知识水平之间存在着密切的关系，社会普遍认为学历其实就是个体知识水平的一种标志，学历的高低象征着个体知识水平的高低，教师职业也不例外，教师的学历越高，社会对其的认可度就会相应增加，教师在家长和学生心目中的地位也相应提高，也更容易得到其认可。

我们的调查统计结果也表明，在教育改革过程中，项目点六哨乡不同学历水平教师之间感受到的压力是存在显著差异的，即高学历水平的教师与低学历水平教师之间的压力存在显著差异，且高学历水平教师的压力明显低于低学历水平教师的压力。在深入访谈和研究分析的基础上，我们认为造成这种差异的原因可能与农村恶劣的生存状况有关，农村的工作生活环境差是不言而喻的，在如此困难的条件下工作生活，各种负担都会加重，一些年轻教师根本不愿意到这样艰苦的环境中去任教，每年师范院校的大中专毕业生无法按需分配到位，多数刚刚毕业的师范院校学生更愿意留在大城市，即使留在大城市的工作并不理想，他们也不愿去贫困农村工作。有部分毕业生即使去了，也不会安心地工作生活，大部分年轻教师只是把其作为一个跳板，在寻找或等待着流向环境更好学校的机会。这在一定程度上造成贫困农村地区中小学没有新鲜血液的补充，教师年龄普遍偏大，老化现象明显，老师的学历普遍偏低，没有达到国家对教师相应级别的学历要求。在这个群体中很大一部分教师还没有接受过全日制本科教育，其学历多数是中等师范或专科学院毕业文凭，仅有一小部分受过专门教育训练，多数教师的教学工作是凭借自己日积月累的经验来进行的，在这些教师中绝大多数意识观念陈旧，教学方法落后，知识结构老化，知识面狭窄。他们对教育改革中提出的新理念、新要求显得力不从心，没有办法来执行教育改革提出的相关要求。这种现象在民族农村贫困地区尤为突出，这些地区的教师学历水平明显偏低，有的教师甚至没有接受过正规的师范教育，他们对教育改革提出的一系列有关教育理念、教育内容和方法的更新、更高的要求更加无从下手，多数教师颇感压力巨大。在这些民族农村贫困地区，尽管有一部分教师可能通过教学相长学到了稍高一点的知识，也有一部分教师为了提升学历参加高等院校组织的进修班、夜大班等，但整体文化素质仍然不高。因为大多数教师只是为了获得一纸"空文凭"而参加学历教育，比如：中师函授实行集体报名，开卷考试，结果人人都能过，个个都拿证。目前80％以上的民族农村贫困地区教师选择通过这样的方式来提高自己的学历层次，特别是近年来，上级主管部门对中小学教师又提出了高一级的学历要求，这种学历提升的现象就更加明显了，其导致的结果是貌似教师学历都达到了国家规定的要求水平，但实际的教育教学水平却没有变化。一个学历为中专水平的教师的自述：

　　我最近经常在思考一个问题，为什么现在的孩子与我们那个年代的孩子相比，这么难教，老师教起来会觉得这么吃力，压力会这么大，特别是新课改实施后，上级相关部门对教师又提出了很多的要求，在应付新课改的要求时常常感觉力不从心，无法完成自己的教学工作。我想一个重要的原因在于自己的学历不高，只是中专毕业生，缺乏系统的教育教学理念，知识面也相对狭窄，有些知识，特别是一些新的知识，学生通过网络已经了解到了，但是自己还未听说过，所以和学生交流起来不是那么的畅通，尤其是那些经常上网的学生有时会对教师不屑一顾，这时教师是很难过的。

四、学校类型因素

　　调查统计结果表明，在教育改革中，民族贫困乡镇初中、完小的教师与其他学校（包括村完小、村小、一师一校校点）教师在压力方面存在显著差异，主要表现在乡镇初中和完小教师所体验到的压力明显强于其他学校教师的压力体验，而乡镇初中教师的压力体验也高于乡镇小学教师的压力体验。结合深入访谈和分析，我们认为导致这一结果的原因可能是教师对教育改革的初级评估所造成的，教师对压力源不同的评估态度会带来不同的压力体验。应激认知交互作用理论把压力看成是个体对外界刺激作出主观性评估后对其产生的一种身心紧张状态，且把个体对压力源的主观评估分为初级评估、次级评估和再评估三个阶段。初级评估是个体对压力影响自身的意义的第一阶段的主观评价，主要是通过个体所能得到的利益的多少来衡量压力的大小，当个体认为自身的利益与所遭遇的事件没有关系时，个体就不会产生任何压力感。相反，当个体认为自己所遭遇的事件可能威胁到自身利益或可能给自身利益造成损失时，个体便随之对事件压力源进行次级评估。次级评估是个体采用所有的方式和资源来应对压力，当个体所拥有的资源无法有效地应对压力时，个体会出现情绪低落、精神紧张等一系列生理症状。[①] 再评估是在前面两级评估的反馈基础上，是对评估的评估，个体既可以改变已经形成的评估结论，也可以重新认识压力源。在这三阶段的评估体系中，初级评估是基础性或标志性的，因为它直接影响和决定了次级评估和再评估，当个体认为自身的利益与外界刺激没有关系时，压力评估到此结束，个体也不会产生任何压力感。相反，当个体认为自身利益受到外界刺激的影响时，或自身利益受到外界刺激的威胁时，个体会对外界刺激进行下一阶段的评估，最终可能引起个体的压力体验。个体对外界刺激作出的初级评估很大程度上会受到群体对其关注度的影响，当外界刺激引起群体的普遍关注时，个体很有可能将外界刺激评估为与自己有关，而当群体普遍忽视外界刺激时，个体很可能将外界刺激评估为与自己没有关系。[②]

在调查研究中我们发现，在一些教师压力体验小的学校，如村完小、村小、一师一校校点，教师的教育教学工作没有受到当前教育改革的影响，不是说当地学校不按国家规定，进行教育改革，他们也响应国家号召，只是当地教师对改革提出的理念和方法根本不理解，多数教师甚至还游离在改革之外，更无法践行改革提出的具体要求，教师的关注点依然集中在学生的成绩和安全等问题上，对目前推行的教育改革的关注程度很低，这在很大程度上会导致教师在对教育改革的初级评估中，认为教育改革与自己没有关系，这样教师个体便不会产生很大压力体验。相比之下，在一些教师压力体验大的学校，如乡镇初中和乡完小，因乡镇学校位于乡政府所在地，交通相对便利，信息渠道也相对便捷一些，加之乡镇学校是该乡的各种教育政策执行和推广的主要基地，其执行和推行的广度和深度要比该乡的其他学校好，因为上级教育行政部门对学校和教师的一个重要评估指标也包括教师在教育改革中的表现情况。在这样的情形下，如果学校和教师在教育改革中没有呈现出任何进步和成效，那自然会威胁到学校和教师的地位与声誉。因此，在全乡起龙头作用的乡镇学校，其教师在对教育改革进行初级评估时，会认为教育改革与自己有很大的关系，并在此基础上对教育改革进行次级评估和再评估，其压力体验也会更强烈。此

---

① 王真东、刘方：《推进新课改需要关注的几个问题》，《中国教育学刊》2004 年第 1 期。
② 刘磊：《关于"新课改"中教师压力的调查研究》，《教育实验研究》2004 年第 3 期。

外，随着教育改革的不断推进，要求教师由传统的教育教学模式向新理念下的模式转变。而整个教育教学的评价机制还没有从根本上改变，其评价的主要内容还是学生的各种成绩或分数，学校和教师都普遍面临着学生的升学压力。

近年来，一方面是国家推行的教育改革活动轰轰烈烈，另一方面学校迫于社会和家庭的压力，不断制定一些奖惩办法来确保学校的升学率，这无形中就增强了教师的矛盾感，加之社会的期望值越来越高，学生的个体差异越来越明显，也加大了教师的心理负担，以至于多数教师苦不堪言。长此以往，必将降低教师的工作激情，耗尽教师的工作热情和士气，引发教师的压力体验。这也在一定程度上解释了为什么乡级学校的教师压力体验要比其他村级学校教师的压力体验大，因为乡镇教师面临的挑战更大、更强，他们唯有不断提高自身的各种能力方能应对这些挑战，才能成为该乡教育改革实施和推行的领头羊或典范。除此外，还要关注学生的学习成绩，想方设法提高学生的考试成绩。教师在这种矛盾的状态下，势必会影响到其对教育改革作出的初级评估，很容易把自身的不良情绪体验归结于教育改革，认为是教育改革引发了压力体验。一个乡镇学校教师的自白：

> 我所在的学校位于乡政府所在地，被定为该乡的示范学校，上面要求学生的成绩必须排在该乡同类学校的前三名，必须在全乡起"龙头"作用。但实际的情况是，学生每年的流动性都非常大，成绩好点的学生都往更好地学校流去了，成绩差一点的学生没有办法到好的学校去，只能留下来，这就造成班上基本没有什么拔尖的学生。加之农村学校各种教育设备、条件都很差，因此学生的整体成绩都不理想。同时学生的流失导致学校学生的巩固率低，而现在上级行政部门又在搞控辍保学，在对教师的考核中加上了这一条，即用学生毕业时的总分除以学生进校时的人数来给教师打分，进行考评，以此方式来卡学生的巩固率，如果教师这项得分低，当年的考核就不及格，就说明教师水平不高。并且国家实施"普九"之后，小学毕业升学不再进行选拔考试，只需进行一

般水平测试就可以全部升入初中，这在一定程度上也造成了学生整体素质不高，基础弱，教师即使再努力也很难提升学生的整体成绩，现在都不知道该如何当老师，如何教学了？除此外，还存在一个来自学生家庭的问题，这些地方的家长很多都是文盲，意识不到学生的成长与家庭有着密切的关系，很多家长认为孩子的成长是教师的事情，跟自己没有多少关系，对学生在学校的一切事情都不管不问，把孩子送到学校就是学校的事，就是老师的事，甚至认为孩子的好坏只与学校和老师有关，与自己无关，孩子成绩好说明老师有本事，孩子成绩差，说明老师无能。甚至有些家长连孩子毕业了都没到过学校一次，根本不知道孩子的老师姓啥名谁，对于孩子在学校的一些具体事情也不关心，我教书到现在几乎没有看见过有家长主动到学校了解孩子的学习情况，也没见过主动与教师联系和交流的，许多家长抱有教育是学校的事情，是老师的事情这样的心态，对于学校和老师的工作也不给予理解和支持，只希望孩子在学校混到年龄稍大点的时候回家帮忙干农活或者去大城市打工。面对现实情境，教师往往处于尴尬的境地，不知如何是好？一方面要通过提高考试成绩保住"龙头"地位；另一方面又得不到应有的支持。这不是教师在推卸责任，而是一个应该引起关注的问题。

第四节　结　论

1. 统计结果表明，在教育改革中，云南民族农村贫困地区六哨乡教师普遍面临着较强烈的压力体验。

2. 因素分析结果显示，云南民族农村贫困地区六哨乡教师在教育改革中的压力源主要体现在以下几个方面：教师的生态环境、教育改革对教师的要求、教师应对教育改革的能力、教育改革的支持环境、教师在教育改革中的顾虑、教育改革中教师自身的情感体验及教师在教育改革中的自我效能感。

3. 性别、民族、职称与教学科目四个因素对于六哨乡教师在教育改革中的压力没有显著影响。

4. 处在"适应探索期"（1—5 年教龄）阶段的教师与处在"成长期"（6—15 年教龄）阶段的教师及与处在"成熟期"（16—25 年教龄）阶段的教师在教育改革中的压力有显著差异，且前者低于后两者。

5. 在教育改革中，六哨乡教师群体中不同学历水平教师间的压力存在显著差异，即高学历水平教师与低学历水平教师之间的压力有显著差异，低学历水平教师的压力明显高于高学历水平教师的压力。

6. 在教育改革中，六哨乡不同学校类型教师间的压力存在差异，乡镇学校教师的压力显著高于村级学校教师的压力；乡镇初中教师的压力显著高于乡镇完小教师的压力。

7. 在教育改革中，六哨乡教师群体中班主任教师与科任教师间的压力存在显著差异，班主任教师的压力显著高于科任教师的压力。

第五章　民族农村地区教师压力的原因分析

"做工苦，难道不做工就不苦了吗？
……我想天下第一等苦人便是厌恶
自己本业的人。这件事分明不能不做，
却满肚子里不愿意做。不愿意做逃得了吗？
到底不做，结果还是皱着眉头，哭丧着脸去做。"

——梁启超

　　从目前查阅到的有关教师压力研究的文献看，国内外学者大致把教师压力产生的原因归因于社会、学校和个体三个层次因素，认为导致教师产生职业压力的因素主要来自社会、学校、教师自身三个方面。社会层面因素主要包括社会变革、教师从社会所获得的相应报酬、教师的社会地位、社会对教师的看法和要求、教育变革等；学校层面因素主要包括学校中的各种人际关系、学校的管理制度、教师在学校中的地位、教师教学评价制度、所教学生的学习生活情况等；教师本身层面因素包括教师权威、教师承担的角色、教师的工作量以及教师教学的模式与风格等。本研究对教师压力形成原因的分析也是从这三方面着手进行阐述的。

第一节　从社会层面分析教师压力产生的根源

> 社会是上层阶级能够借以提高自身责任
> 并达到更高地位的基础和脚手架。
>
> ——尼采

一、生态环境与边缘的教师

云南省民族贫困地区自然条件一般都较为恶劣，村落较为分散、教学点也很分散，加上交通不便，无形中给教师的教学活动带来了很大的挑战。在大部分村落中，高山、流水、峡谷等把村寨分为几个狭小封闭的地点，彼此交流较为吃力，如说话要很大声才能保证对方听得到；走路要走半天才能到达对面村寨。由于这些地方较为偏僻落后，受传统文化的影响较为浓厚，生活方式比较原始，生产力水平较低，加上恶劣的地理条件和偏僻的地理位置，交通运输不便，商品流通不畅，知识交流欠缺，使当地的人民形成消费观念淡薄，文化素质不高的状况，再加上很难摆脱传统文化和落后生产力的束缚，使得个体自由发展的机会较少，贫困日积月累。贫困产生的消极影响一方面阻碍了人们受教育的基本需求，在缺少教育的情况下，人们仍然进行着落后的生产方式。另一方面，落后的生产方式反过来又会继续阻碍人们教育质量的提升，其相互影响，形成恶性循环。于是使得这里的人们对教育重视程度不高，不积极配合学校、教师的教育教学工作。多数情况下，学生家长不会主动与教师联系，通过与学校和教师的沟通来了解自己孩子在学校里的表现，了解孩子在校的学习和生活情况，有些家长甚至不知道孩子的班主任老师是谁，把学生的学习全压在学校教师的身上。这种状况就在一定程度上导致教师必将面临这样两种艰巨的挑战：一是外部恶劣的各种环境。民族贫困地区属于教育教学中的一个弱势群体，自然条件恶劣，社会发展滞后，教育经费投入不多，使得教师在教学中有一定的挑战性和难度；二是这些学校所服务的对象属于社会的弱势群体。由此教师就必然面临客观条件和现实、未来发展的挑战性。这就要求教师要以一种全新的认识和教学观念，以一种求真务实、与时俱进的精神来寻找一条适合民族贫困地区教师发展的新方法和新路子。[①] 但是这些教师被客观条件和自身发展水平的能力所限制，无法在短期内依靠各自的力量应对各种挑战，这就导致这些地区的教师普遍感受到巨大的压力。一位教师这样叙述道：

> 由于民族农村贫困地区地处高寒地带，离城较远，交通与通信等基础设施很不完善，教师队伍的教育观念较为落后，外部已经如火如荼开展起来的基础教育、教学改革，这些地区的教师们了解并不多，反应也不敏锐，适应、更新有用思想观念和方法的速度也较慢。例如：教师们已经习惯了学校教育只为升学服务，以考试为中心的办学模式和教学思想，习惯了按照教学大纲，按照上级的要求完成教学任务的思维模式和教学模式，忽视或漠视当地农村社会经济发展对教育的需要，忽视至少有80％以上的学生注定要回到村寨参与农牧业生产劳动这一客观的现实。多数教师，特别是年龄偏大一点教师的教学还是按照原来方式进行。

地理位置的相对不利，在一定程度上限制了民族农村贫困地区教师与外界进行沟通和联系的机会，加之受过去固定化教学理念的束缚，很多教师会形成原有的思维定式，不愿尝试新鲜事物，表现为发展思维较为狭隘。很看重目前的短期利益，加之民族农村贫困地区教师所掌握的知识在广度和深度上的有限性，多数教师仅限于对自己所教学科较为熟悉。在走访村小和一师一校校点时，我们发现：相当一部分教师生活非常朴素，同时也很单调，一天除了备课、上课、批改作业外，多余时间就看看电视以及与村民聊聊天，与外界几乎没有什么联系，外出学习和进修的机会也很少。恶劣的生态环境和闭塞的信息导致教师获得帮助和支持的途径受限，在面临一系列问题时也不能很好

---

① 王凌、罗黎辉等：《以教育促进社会经济发展和民族文化传承：来自寻甸回族、彝族自治县六哨乡的研究报告》，《中国教育：研究与评论》2004 年第 5 期。

地获得外界的支持，特别明显的表现是在面对教育教学工作情境中的各种困境时，缺乏一些心理健康的知识、技能，在面对较大的压力时不知道如何进行应对，尤其在社会支持系统不完善以及当地家庭对学校教育与教师工作的不支持状态，教师以个体的力量来承担需要合力才能完成的工作时，容易使教师产生各种心理问题。一个教师的叙述：

> 由于这些高寒山区经济条件还很差，有些村子连电视等基本的设施都还未得到普及，家长没有多少经济条件满足学生读书的需求，学生的课外书籍几乎没有，也没有养成很好地学习习惯，学生知识面非常狭窄，信息量较小，对外面的社会了解较少。加之农村学校学生内向的很多，不喜欢与人交流、合作，所以新课程提倡的合作学习方法，根本用不上。尽管多数教师也意识到学生的成长和发展与家长的关系密切相关。但是学校和家庭几乎没有形成完善的合作机制。很多家长把学生送到学校，会对教师说，如果孩子不好好学习，老师只管打，家长把孩子的教育完全交给了老师，而多数教师对学生进行教育时，即使学生不听话，也不敢真正去打学生，有时候说教也不起任何作用，教师就表现出力不从心。调研中我们还发现，对一些家长来说，学生学习不好，家长也不着急，认为孩子升不了学也没有关系，因为现在就业也非常困难，孩子读书越多，一旦升不了学，回家后更加麻烦，干活也不行。另外在民族农村贫困地区，物质条件比较差，经济发展不是很平衡，学生的生活环境也很差。因此，在日常的实际生活中，教师应该把知识的传授与实际问题的解决结合起来，让学生掌握知识的同时能够学以致用，并让学生家长体会到孩子所学的知识是有用的，从而更好地支持学校教育。但这种要求无形中也会增加教师的工作负担，在一定程度上导致教师产生压力体验或感受。

教师相对于其他职业者而言，往往处于一个相对闭塞的环境中，这在一些相关教师群体的研究中得以证实，教师了解和接触到的社会资源较单一，参与社会活动和决策的机会也很少，呈现出一种与社会相对疏离的状态。① 在很大程度上，教师是通过电视、报纸、网络等新闻媒体来了解外部世界的，因为教师很少有机会参加一些正式或非正式的社交活动，这种状况主要是由教师的职业特点所决定的。一方面教师的主要职责之一是培养未来社会的接班人，教师工作的对象是一些身心发展还不成熟的学生，教师多数时间是与青少年打交道，这就窄化了教师与社会其他群体的接触，影响了教师的交际。另一方面，教师的职业特点也决定了教师工作时间和空间的广延性，教师日常的工作时间和空间主要是在学校办公室或教室，除此外就是在家庭完成的，这在一定程度上也限制了教师与社会的交流，制约了教师对社会的了解，以及减少了教师融入社会的机会。此外，我国知识分子的传统观念也使得教师看不惯社会上某些世俗的东西，并对其产生抵触、仇恨甚至抛弃的想法，于是为了维持自身的这种固有观念，他们宁愿放弃与社会的交往，形成与社会的相对疏远。这些主客观因素的相互作用，又会使教师陷入自身合群需要得不到满足的内心冲突中。同时社会对教师的工作状况了解不深，所给予的社会支持较为有限。合群需要与社会支持的需要长期得不到满足的话，必然使教师陷入更深的社会孤立之中。从自身主观选择的相对疏远到被客观社会所孤立，不断恶性循环，最终导致压力的产生。② 以下是一个教师的叙述：

　　　　因民族农村贫困地区教师长期生活在相对封闭的环境中，对教育改革提倡的新理论和新方法了解不多，多数教师还是按照原有的教学模式和风格讲课。所以，教学理念陈旧，教学方法陈旧是民族农村贫困地区中小学教师普遍存在的又一问题。由于教育经费拮据，学校无力购买先进的、现代化的教学设备，也由于没有对教师提出明确的要求，现在绝大部分的中小学教师仍然使用的是最传统的教学方法和手段。即使有少数教师在继续教育中学习到一定的现代教育技术和方

---

① 蔡慧君：《论教师职业倦怠》，《教育探索》2004 年第 1 期。

② 沈翰：《教师职业倦怠——基础教育课程改革的重要影响因素》，《科技信息》2008 年第 18 期。

法，但基本上是纸上谈兵，既没有得到必要的练习，更没有在学校教学中得到实际应用。此外，教师教学方法的陈旧还表现在：教师不能根据教学的需要，根据民族农村贫困地区乡情和学生的实际情况，因地制宜地改革和创新教学方法，使教学更具有吸引力，更具有针对性。当家长对教育不认可，孩子读不读书无所谓时，以及学生出现厌学或辍学现象时，教师只能一味地去做无用的思想工作，收效甚微不说，还让教师产生挫败感。面对挫败感教师找不到宣泄的途径。因为教师的交往范围太有限了，而造成教师交往范围小的因素在于没有多少机会与其他从业人员进行交流和沟通，这在一定程度上限制了教师获取资源进行调节的可能性，当遭遇冲突情境时，往往陷入孤立无援的境地。

教育改革提出的理念里包含关注学生的健康发展，使学生适应社会的需求。这就需要教师能够运用先进的教学方法与技巧进行教学工作。但是在很大程度上，学校的教学条件是很难满足教师的教学要求的。同时，现代的教学理念还要求多媒体的普及，目的在于让学生进行直观的教学，而这些民族农村贫困地区学校几乎没有多媒体或者其他投影设备，使得教师教学受到一定的限制，较为被动，效果不明显。教学设备的缺乏也让教师在进行教学时出现困难。教师不仅要按现代教学要求进行教学方案的设计，还必须在教学条件受限制的情况下极力解决这些问题。尤其在这些贫困高寒农村，因受特殊因素的限制，教师只能满足基本的教学需求，其教学活动的很多方面受到相应的制约，甚至有些村小或一师一校教学点连教室、电灯、桌椅、黑板、书本这些最基本的教学设备都是极其简陋的，更不要说电脑、多媒体等先进设备了，许多教师常常为这些最基本的教学设备犯愁，这也在一定程度上引发教师的压力体验。

二、社会期望与煎熬的教师

教师压力的形成受物理环境和社会因素的影响，两者都是主要的压力源。受我国传统文化观念的影响，社会历来对教师职业的要求都非常高，这势必给教师带来一些压力感。多数人都把教师视为最神圣的职业之一，尤其是在现代科技不断发展的今天，教育的作用越来越受到人们的重视，教师职业也越来越受到人们的青睐，这种现象容易给大家产生一种错觉，认为教师职业无论在声望还是收益上都是可观的。可是事实上教师职业并不像社会所认为的那样，教师的社会地位和工资待遇等都与社会成员的预期不相吻合，特别是在较为偏远贫困的农村地区。在教育改革的现代社会，教师面临着更多的考验和压力，需要承担更多的社会责任和教学任务，却享受着普遍偏低的社会待遇。经济状况的不如意，社会的高要求，教学环境的艰苦，教学设备的欠缺使得这些民族贫困地区的中小学教师的教学热情大大降低，加上传统观念与现代社会的新要求让教师们产生了极大的心理冲突，给教师造成了更多的心理压力。

　　社会要求逐渐提高，但社会所提供的支持源（如社会对教师职业的理解、鼓励、包容；评价机制的客观程度；所给予教师的社会资源多少等）却是很有限的。这些社会支持的减少，使得教师一直困扰在升学与减负、应试教育与素质教育的矛盾之中。并时时要面对社会与媒体的施压和谴责，常常出现紧张、不安、焦虑等心理，自感压力倍增。特别是自 20 世纪以来，社会流行学研究表明，社会隔离或社会结合紧密程度低的个体，其身心健康的水平较低，而死亡率则较高。20世纪 70 年代初，社会学和医学用定量的方法，对社会支持与身心健康的关系进行大量研究，认为良好的社会支持有利于健康，而劣性社会关系的存在则有损身心健康。社会支持既对应激状态下的个体提供保护，即对应激起缓冲作用，又对维持一般的良好情绪体验具有重要意义。

　　然而，目前教师面临的现实情形是，社会与家长的期望和教师高度的社会责任感，正在让越来越多的教师感受着压力的负性体验。长期以来，"人类灵魂的工程师"、"太阳底下最光辉的职业"、"学生攀登的阶梯"等角色定位使教师产生更多的社会责任感和责任心，自然不得不承担更多的社会角色。如教学的传授者，充当学生的老师、父母、朋友三重角色身份，课程的建设者、开发者等。教师个体一方面要与领导、同事和学生家长进行交流，另一方面还要处理好工作以外的其他情景角色的人际关系。随着社会的不断进步，科技的不断创新，社会各界对教师的期望值大大提升，教师除了扮演专业的职业者，高尚的奉献者，还需要扮演多种角色。一个教师的叙述：

> 近来教师的心理问题出现的频率也比较高，常常听到哪个学校的某老师有了心理问题。最近我所在的这个学校也有一个老师出了问题，整天自言自语，晚上通宵失眠。这其实是一个危险的信号。因为教师的心理问题在某种程度上是社会问题的反映。因此，解决这一问题必须标本兼治，要从政策、管理等方面尽可能地为教师创造宽松、愉快的工作环境，让老师有一个健康的心理来从事教育教学工作。否则教师只能在各种要求和压力下失去自我，越来越不知道如何定位自己，对自己的身份越来越陌生。

社会要求教师扮演多重化的角色身份，这使得教师在实际的工作生活情境中必须扮演多种角色，还要在不同的情境和场合中进行角色的转换和改变，这种对别人高度负责的职业往往让教师个体处于高度紧张的状态中，导致教师个体负担过重，心理负荷过大。因教师职业的特殊性在于教师要对别人高度负责，教师除了培养学生各方面的能力、提升学生的知识和素养外，还必须关注学生的可塑性问题，最大可能地帮助学生完善自己，实现学生的追求和梦想。而学生的成长和发展是一个漫长的过程，需要教师长时期的付出。长期以来教师角色都被界定为"传道，授业，解惑者也"，以及一些很好地称谓，如"教师是辛勤的播种者"、"人类不断攀登的阶梯"、"指引学生前进的一盏明灯"，等等。由此看出人类社会已经把教师职业视为社会发展的一个直接因素。特别是随着社会的发展，各国都把教育看成是社会进步的力量之一，把教育放到很高的位置，我国也不例外，纷纷提出"只有重视教育，国家才会兴旺发达"等口号。从以上种种可以看出国家对教育的重视，社会对教师的关注，教师教育教学工作的效果更是成为大众所瞩目的焦点。一个教师的叙述：

教师特别希望得到社会的理解与支持。教师本身也是普通人，承担了振兴中华、复兴民族事业的重要责任，这些责任本已经让教师感觉压力重重，而近来社会一些媒体的舆论且不顾教育教学情境和教师的实际情况，大肆宣传诸如"没有教不好的学生，只有不会教的老师"，"为了学生的一切，一切为了学生、为了一切学生"之类空泛、绝对的口号，更是给教师增加了无形的精神压力。似乎学生的不成才都是教师的过错，而事实上，学生究竟能否成才、成英才，还涉及到学生的先天基础、后天习惯的养成、家庭教育的成功与否，社会大背景的影响等诸多因素。社会对教师过高和过多的要求，都只能意味着对教师的不够公正。

伴随社会的发展，社会各界把对教育的厚望都放到了教师身上，同时给教师提出了很多的要求，如教师应该是社会主流文化的传播者，应当是社会道德的典范，教师还要以身作则，为人师表，严格要求自己，这些要求无形中给教师个体带来了极大的挑战和压力。但是在现实工作或生活情景中，教师也是一个普通的公民，也希望能够按照自己的要求办事，也会体验到普通人喜怒哀乐的情绪变化。此外，在基础教育领域改革的实施和推进过程中，教师还得不断适应改革提出的一系列新要求，不断地接受教育改革的变化，不断采用新的教育技术和方法来达到教育目标，在日益复杂的处境下，在面对这些无所不在的高标准、高期望时，教师深感左右为难。

而社会各界通常把教师形象简单地理解为为人师表，学生榜样的树立者和引导者，这是教师最基本的形象。除了基本的形象外，在实际的情境中教师还必须扮演多重角色。如社会中，教师是社会角色的代表者，是社会道德的实践者，是人类文明的建设者；教学中，教师是父母的代理人，是知识的传授者，是课堂纪律的管理者，是合作学习的设计者、监管者、验收者。可见教师个体承担着来自社会、学校领导、家长、学生以及自身的期望。教师承担的任务越来越重。尽管近年来，"减负"的呼声也时常在报道，但是这种减量不减质的要求让教师更是无所适从，教师不敢再依靠以往时间加汗水的方法来提高学生成绩，教师必须在有限的工作时间里把社会需要学生掌握的知识和道德传授给他们，既要让学生习得主流文化所要求的道德品质，又要应付应试教育的要求。正是在这样的两难境地里，教师必须注意自己的言行举止，教师必须让自己严格自律，以榜样的姿态、良好的形象示人。要随时注意自己的形象是否与主流社会的要求一致，有时教师甚至要刻意限制自己的各种形象细节，总是以健康、乐观的面貌出现在学生面前，同时教师不能随意在任何场所表达自己的观点，时时克制自己的内心想法、需求以及行动，保持一种高度的自制力。可是教师也是一个普通的人，有自己的各种情绪情感需要表达与宣泄。教师的所作所为、言行举止都受到他人和社会的广泛关注。社会宏观环境的状况直接影响着教师的社会形象和经济地位，从而影响教师自我角色的认同程度和压力水平。但长期以来，社会对教师的期望有余，而支持和关心不够。

在人类历史发展的过程中，教师职业发挥了极其重要的作用。教师工作的主要职责是培养未来社会的建设者和接班人，教育对社会的推动作用是不可估量的，教师的工作关系着未来社会发展的状况，青少年的茁壮成长，人类文明的不断进步，整个社会的持续健康飞速发展，教师对社会发展的作用是不可忽视的。在这样的情况下，教师不得不承担多重压力。

社会把教育作为一个社会得以发展的根基，对教师寄予大量的关注和期望，家长则把教师作为自己教育孩子的助手，希望教师能管教好自己的孩子。在教育领域里，一旦出了什么问题，社会各界就会把目光聚焦到教师身上，把责任归咎于教师，由此可见，教师面临着巨大的心理压力。著名学者威尔逊教授对教师的研究给我们呈现了这样一个事实，教师作为一个高度负责的角色，同样面临着许多内心冲突和不确定感。因此，在现实的工作和生活中，教师产生角色冲突和心理压力是很正常的。一个教师这样叙述道：

近年来国家和政府部门制定了很多落实教师待遇问题的政策，并取得一定的成效，但与其他从业人员相比较，教师的付出与收获仍不成正比，教师的付出远远大于教师所得到的，教师的待遇相对过低，这在一定程度上使得教师心理失衡，随之产生一定的失落感，继而压力也产生了。对此，要想真正提高教育教学质量，较直接的一种解决办法是提高教师的待遇，加大对教师的物质鼓励力度，从物质的层面给予教师工作一定的肯定，这样不但可以提高教师的相应社会地位，引起社会对教师工作的关注，认可教师的劳动。而且，还会吸引更多有才华的专业人员进入教师队伍，提高教师工作的积极性、主动性以及工作热情和满意程度。

近年来，一方面社会各界对教育的关注程度越来越高，教育被看成是国家富强、民族振兴的希望之所在。社会各界对教育的关注表现在对教育体制、教育政策法规、教育的平等与成效、学校的办学质量、教师的教学质量、教师的人格和道德、课堂的组织和管理、课程的制定和实施、学生的作业完成及成绩、学生的身心发展情况和健康等方面。学生的考试成绩和教学质量成为了当前社会、家长和学生讨论的主要话题。社会对教育的关注越高，说明对教师的要求和期望也越高，在这种高期望值的驱动下，社会各界会过分地依赖教育、教师，让教育、教师承载过重的负担和使命。而另一方面社会各界又往往忽略了一个事实，一项重要使命的完成，需要多方面的参与和合作才能实现。教育教学也是一样，社会要让学生取得优异的成绩，要让学校提高其教育教学质量，除了教师个体的努力和奉献外，还需要社会其他成员，如家长、学生的参与才能实现。但遗憾的是，在高期望值驱动下的现实情境中，社会各界对教育、学校和教师的过分依赖，在一定程度上使得社会和家庭失去了应有的理智，而是把本应共同承担的责任都推给了教育，推给了教师。这种教育责任的推诿和教育分工的不平等，又给教师加上了一份额外的"重任"。教育领域的实际情况是很多学校，特别是民族农村贫困地区学校根本不具备承受这些重担的资源，无论是学校的硬件设施，还是教师队伍的知识结构、能力素养、学历水平都无以应对。因此这些期望和重担给教师产生了巨大的压力。由于教师所具备的承受这些重任的条件较为有限，很容易使社会由期望转化为失望，对学校和教师形成一些负面的言论。这种言论会产生两种结果，好的方面是能够对学校改进办学理念和办学方法，加强学校管理，使教师不断反思和改善自己的教学水平。但坏的方面是会打击教师们教学的积极性和伤害其自尊，时间一长，就可能导致教师产生压力。[①] 一个教师这样的叙述道：

> 当前教育的价值已经得到全社会的普遍认可。因此社会、学校和家庭把期望都压在教师肩上，社会希望提高教育教学质量和效果，学校希望提高升学率和排行榜，家长希望孩子将来有个好的发展前景。但学生是一个个鲜活的个体，具有很强的差异性，作为教师谁不想自己的学生个个有出息，但是我们也清楚这是不可能的。因为有些东西不是教师单方面能够完成的。但是社会、学校和家长不会客观地考虑这些因素，只是一味地认为学生没能取得好成绩都是老师的责任，把所有的责任都推卸给了教师。这样的境况导致一部分教师神情紧张，更加严重的还有同一年级的同类班级中，如果哪个班级的考试分数低于其他班级，学校领导就要找班主任谈话，并给其施加一定的压力。

教育领域的成功与否，不仅影响到社会个体的发展，在一定程度上也会影响到未来社会的发展，可能会对整个国民的素质产生某些消极影响。这无疑让社会各界对教师行业给予过多的关注。英国学者科尔1985年在《身份的危机：教师在政治经济改革时代》中指出，英国出现了因多种问题而谴责教师的趋势。这在英国已经是普遍现象，认为教学水平低、学生出现问题是教师的责任。上述境况在我国也不例外，当社会各界都认识到教育的作用和价值时，就会有意识或无意识地把社会的发展、文明的程度归结于教育。因此，有时教师会被推到社会舆论的风口浪尖上，遭受社会舆论的指责。教师一方面要处理好教学上的沉重任务，另一方面要处理好日常生活中的种种不快，加上人际交往的有限性，使得教师在自己的教学岗位上找不到很强的成就

---

① 沈翰：《教师职业倦怠——基础教育课程改革的重要影响因素》，《科技信息》2008年第18期。

感。长久以往，教师就会减低个人的自我效能感，甚至有的教师想放弃教师职业岗位而选择其他优势职业。于是教师的工作动机全然变成为了生存，一个为了满足生存的个体是很难真正实现自我价值的。教师的教学激情荡然无存，教师把教学作为一个应付的任务，越发的痛苦与无奈。总之，过多、过高的期望，已使许多教师不堪重负和无所适从。

三、规范限制与无奈的教师

规范含有约定俗成或明文规定的某种规格、标准、准则的意思，指人们在一定情况下应该遵守的各种规则。其内容有的来自于长期形成的惯例，有的则是在社会发展变革中逐渐完善的。可以把它分为授权性、义务性、禁止性、强制性、任意性、确定性、委托性、准用性、保护性、奖励性和制裁性等规约类型。其表现形式有的明晰，有的隐含。在具体的社会活动和社会行为中，规范表现为各种规章制度。规范是任何社会都必须具备的，是社会秩序的正常反映，规范能够对公民的行为进行引导和协调，也是社会保障机制不可或缺的部分。规范可以通过教育的形式和社会舆论的影响力，使个体逐渐内化主流社会的各种规章制度。社会一旦形成和认可了某种规范，便会通过各种方法和途径使社会成员遵守，让社会成员的行为符合规范的要求，以便使个体融入社会，被主流社会所接受。对相当一部分教师而言，教师的职业特点就规定了其思想意识和行为表现必须符合社会规范，必须受社会规范的约束。教师职业规范是教师教育教学活动的参考标准，是社会把对教师的具体要求职业化，并将对教师的职业规范渗透到教师的职业活动准则中，一旦教师个体背离了这个参考标准，教师个体就会被社会认为是失范或不称职的。但是，在信息化高速发展的今天，个体的意识形态和价值观念不断受到冲击和演化，伴随着日益激烈的竞争，个体与组织的固有结构正在松散。多元化的社会理念使得一些既定的规范呈现多样化的态势。教师作为一个社会中的个体，必然会受到社会标准、社会政策和社会行为规范的影响，并由此会影响到其对学生的反映，这就需要教师将社会的种种规范内化为自己的行为规范，并潜移默化地感染学生，由此更增加了教师的负担和困惑。一个教师这样的叙述道：

> 随着社会的飞速发展和教育改革的不断实施，社会对教师提出了越来越高的要求。特别新课改的出台，无论教材、课程设置、课堂组织形式等都发生了新的变化，先进的教学内容和教学技巧不断在学校广泛传播，显然就需要对教师提出更高的要求。"经验型"的教师、素质较低的教师将会越来越难以适应社会和教育变革的需要。教师除了上课外，还必须了解社会对我们的具体要求，否则就很难在这个领域待下去。

社会规范在教育中的表现是通过学校中的各种规章制度来实现的。而学校人事制度改革和教师专业发展又是其核心要素。目前，各级各类学校实施的人事制度改革是教师面临的一个新的压力来源。在人们的传统观念里，教师职业是社会公认的最稳定的职业之一，以往人们用"铁饭碗"、"大锅饭"来形容教师职业的稳定性，这种稳定性也是吸引人们选择教师这一职业的关键性因素之一。可是教育改革提出的竞聘上岗、按绩取酬制度打破了原有的格局，教师也体会到了竞争的残酷，感到了前所未有的生存压力。特别是随着教师聘任制的具体实施，教师职业的稳定性受到了巨大冲击，很多教师面临着下岗待聘的危险，这就导致一部分教师产生了恐惧心理，很难在短期内，接受教育改革提出的聘任制。除聘任制外，教育改革中提出的教师专业发展也是形成教师职业压力源的一个重要影响因素。教师专业化发展需要是指教师作为专业人员，对专业思想、专业知识、专业能力等方面不断发展和完善，实现自己由专业新手到专家型教师转化的一种期望。随着社会的不断发展，社会对教师的要求越来越高，尤其是现代社会越来越推崇实施教育改革，要求将应试教育与素质教育相结合，德育教育与学业教育相结合，这些都对教师提出了更新、更严格的教学要求。这些教育改革的发展必然对教师现有的知识技能、教学水平形成挑战，教师必须掌握更多的其他专业知识，希望教师既要掌握教育学、心理学、人文学等学科知识，同时也要掌握运用现代信息技术手段的能力，同时学会熟练运用计算机和多媒体进行教学。在新的社会要求之下，教师无论在教学理论和实践上都存在诸多的不适应，有"落伍于时代"之感，迫使教师产生强烈的自我专业发展的渴望。一个教师自述道：

> 现在很多学校都对教师的职业准则提出了相应的要求。有的要求细化到规定教师每节课都必须要备课、写教案，有专门负责的老师随机抽查备课本和教案本，如果查出教师没有按要求实行，学校就会用相关的处理办法来惩罚老师，比如常用的就是扣老师的工资。学校要求教师备课和写教案是应该的，但是具体到用一些数据来衡量就令教师头痛和无奈，如此的规范和要求在一定程度上缺乏理性，反而增加了教师的负担，给教师带来了很大的压力。

规范的隐含性和不明确性也使得教育领域中的一些原则变得模糊不清，现实的情境是当教师个体努力去遵守社会规范的要求时，却又违背了教育的真正内涵。因为教师在按照社会、教学规范行事时，很容易失去本来意义。当各种规范越来越细化和烦琐时，教师个体便会产生厌倦心理，得过且过变成为教师的普遍态度。教师如果严格遵循各种规范，不敢越雷池一步，教师个体便会变得故步自封、墨守成规。当某些不合理规范作用于教师身上时，它就会构成一种不当的命令。大量的规范和惯例、给他人形成的社会印象本来就给教师产生疲劳感，再加上这些不合理的社会规范，使教师不断摧残自己的奋斗精神，愈演愈烈。[1] 一个教师的叙述：

> 教育行政部门经常以各种名义对中小学校进行检查活动。在检查验收过程中，还要求被检查学校形成一定规范，而且类似这样的检查一般都是提前通知被检查学校的，既达不到

---

[1]　陈华：《中学教师的生活事件及工作压力调查》，《中国心理卫生杂志》2002 年第 8 期。

检查的客观性和准确性，也增加了基层学校为了迎接各类检查而耗费的人力和物力。每项检查都少不了听取分管领导汇报、工作资料的验收、评估，听取教师座谈、学生座谈等程序，在这样一种缺乏亲和力与尊重的工作环境和氛围中，基层学校领导和教师都会产生一定的压抑感和倦怠情绪，似乎学校的各项工作都是为了应付上级主管部门的检查而做的，而不是为学校本身的发展和学生的发展而做的。各种各样检查的最终结果大多是以"通过"收场，这样的结果能为后期的工作起到什么样的作用？

最终导致教师在各种规范面前无所适从，没有了主动性、创造性，教师视野逐渐被窄化，教师发展无从谈起，同时学生的学习热情和动机也被逐渐销蚀，教学相长难于实现。这跟哈贝马斯提出的"以目的性主导的理性社会系统侵害了以主体性为原则相互建构起来的社会群体"结论相吻合。他认为，如果人的行为是由制度决定的话，那么这些行为就会受到法律效力的约束和行为规范的指导。所有的社会规范都要社会制裁来加强，在日常生活中，只要某一行为规范偏离社会规范，必将受到相应的制裁。[①]

四、意识形态与诉求的教师

意识形态是与一定社会的经济和政治直接相联系的观念、观点、概念的总和，包括政治法律思想、道德、文学艺术、宗教、哲学和其他社会科学等思想形态。它集中反映一个社会的经济基础，表现出该社会的思想特征，代表了一个阶级或者组织的利益，反过来又指导该阶级或者组织的行动。因此，可以说意识形态就是一种思想观念，但不是一般的思想观念，它有三个特征：第一是群体性，即不是个别人的思想观念，而是已经被某个群体（阶级或社会集团）所接受的思想观念，代表这个群体的利益并指导其行动；第二是系统性，即不是支

---

① 哈贝马斯：《作为"意识形态"的技术与科学》，李黎译，学林出版社 1999 年版。

离破碎的想法和观念，而是形成了体系；第三是历史性，即是在一定的社会经济基础上形成的。

意识形态也是一种普遍存在的社会现象，每个个体都需要从一个自然人发展为一个社会人，即从一个自然存在物向一个社会存在物转化，而这个转化的过程需要个体接受教育，在接受教育的过程中，个体就必须学习主流社会所认可的文化，文化的习得在某种程度上就是个体形成某种社会意识形态的过程。根据伊格尔顿对西方意识形态概念的统计，发现这些概念的统计有很多种，具体如下：（1）意识形态就是社会生活的一种意义符号和价值观念的产生过程；（2）意识形态其实就是呈现或建构一套社会全体或阶段特征的理念体系；（3）意识形态就是使处于主流政治权利的思想合法化，甚至是使处于主流政治权利的一些虚假思想合法化；（4）意识形态就是让歪曲的交流体系化；（5）意识形态是为主体提供一定场域的媒介；（6）意识形态是引发思考社会利益的一种思维方式；（7）意识形态就是使思想具有同一性；（8）意识形态就是给社会幻觉提供一种必要性；（9）意识形态是一种结合权利与话语的工具；（10）意识形态是让行动者在具备自觉意识的基础上对周围世界进行感知和理解的一种媒介；（11）意识形态是指向个体行动的一种信念；（12）意识形态是混淆现象事实与语言事实的一种中介；（13）意识形态是符号语言的圈套；（14）意识形态是主体与社会结构发生关系的必不可少的一种介质；（15）意识形态是实现把社会生活转化为自然现实的一个过程。① 一位校长这样说道：

> 谈到意识形态问题，这是一个很难在短时间内改变的东西，人一旦形成了某种相对固定的认知，要让他改变是很不现实，当然不是说不可能。主要的问题是要先意识到必须进行改变，继而主动实施改变。不过这在我们教育领域确实很难做到。特别是随着教育改革在全国实施的日益深化，云南民族贫困地区的中小学校也先后进入了教改的行列。有一个存在的事实是大部分的教师并没有做好准备，对教育改革中

---

① 孟登迎：《意识形态与主体建构》，中国社会科学出版社 2002 年版。

的新理念理解不深，尚未达到运用水平。许多教师受传统应试教育观念的影响依然很深，无论是出于自觉或不自觉，还是出于被迫或无奈，多数教师仍在重知识的传授、轻人文精神的培养；重书本知识的教学，轻实践能力的培养和思想、方法的创新；他们未能从应试教育的樊篱中走出，升学率的束缚使他们仍然重复着灌输式教育，素质教育尚未取得突破性的进展。学科本位思想严重，教育改革所要求的综合性、选择性、均衡性在云南民族贫困地区教师身上难以得到体现。

　　每一个个体的教育理念或信念，一般都是从启蒙时家庭背景中非正式的学习开始的。并在之后的社会环境中得以发展和成熟。由于长期受学校氛围的熏陶，受到学校教育的各种理念、生活方式以及与教师形成的人际关系等影响，教师自然对其工作环境和性质等比较熟悉。而当这些个体步入教育的殿堂，从事教师这个职业时，又会不知不觉地受到主流文化的影响，并用主流文化所要求的行为规范去引导自己日常生活中的思想、态度和行为，找出相应地具有此人格品质的人来鼓励和鞭策自己。一旦这种行为被内化，教师就会不断改善，形成"榜样教师"的角色认同感。当自己觉得自己达到"榜样教师"的标准时，实际上可以说已经具备了和社会相适应的主流意识形态。所以，教师对自己真正形成角色认同的同时也就是不断构建意识形态的过程，就是教师不断完善自身、重组自身的过程。①

　　以阿尔都塞的观点来看，统治阶级为了让社会活动正常进行，维护和捍卫自己的权力，在社会大生产过程中他们会以某些或强制或温和的方式，加上自己的言论、思想来管理和统治劳动者，使他们不仅会从事社会劳动生产，而且培养其一种服从于统治阶级和遵守社会规范的心理品质。这说明个体的活动是通过自己内心所形成的意识观念来引导的。意识观念成为我们行动的主体。② 教师个体的生存状态，所具有的思维方式和价值观念都受到意识形态的影响。在意识观念背后是我们对某些清晰的、真实存在的、无错误的知识经验的回想；而

---

①　陈华：《中小学教师压力与教师发展》，《南京师范大学硕士论文》2004 年。

②　孟登迎：《意识形态与主体建构》，中国社会科学出版社 2002 年版。

压抑思想的背后，则是对那些较为宽松的、无严格纪律性的特权的回想。一则是真实存在的知识经验；一则是较为宽松的特权。① 以下是来自一位校长的叙述：

　　现在国家把教育提到一个很高的位置上，社会各界都非常重视教育的作用，对教师的关注也达到了空前的状态，很明显的一个趋势就是，随着教育改革的实施和逐步推进，对教师个体提出了一系列更高、更新的要求。首先教师的观念应该由应试教育转变为素质教育；教师的角色应该发生转变，把主体地位变为引导者的角色，逐渐成为学生学习的促进者；教师还应该学会与其他教师交流和沟通，取长补短，在合作中进步和成长；此外，教师还应具备新的评价理念，对学生的评价采用发展性的评价方式。但是现实的情境中有很大一部分教师对新基础教育改革的理念等并没有很好地理解，更谈不上自觉地应用这些改革中提出的新理念和方法。因此，在教育教学情境中多数教师面对现实问题时不知所措。而要改变这种现状，首先需要关注的是如何引导教师转变原有的思想观念，从意识形态上认同教育改革，从行为方式上践行教育改革的相关要求。

　　尤其在民族农村贫困地区学校上述情况更为突出，农村学校的教师，社会地位和工资待遇等都很低。在我国教育体制改革的今天，农村教师面对的是同样的挑战和压力，但承担的却是更为繁重的教学任务，得到的却是更低的经济报酬。经济上的拮据、社会上的高期望、教学资源上的缺失已大大挫伤了农村中小学教师的工作热情，传统观念要求和社会现实之间的反差，使得农村教师承受着巨大的压力。一直以来，我们对教师的管理评价标准存在着这样的一些趋势，即理想大于现实；道德高于法制。对教师的社会责任要求远远大于教师自身的社会需求。社会对教师所赋予的"园丁"、"红烛"、"明灯"等的概

---

① 福柯：《福柯集——20世纪外国文化名人书库》，上海远东出版社 2000 年版。

念不自觉把教师打造为无私奉献、不求回报的高尚形象，使教师无形多了几分社会责任。但由此也带来社会压力。社会的不断进步，城市化进程的不断加快，使得大量的农业人口离开家乡涌入城市，由于居住的流动性和收入的不稳定性，户籍制度的限制，以及城市学校接受能力的有限性等因素，在城市打工的农民无法支付子女高额的借读费和其他费用，导致父母不能将子女带在身边，提供子女在大城市就读的机会，而是选择让子女留守农村，成为"留守儿童"，在这样的情境下，多数农村教师不仅要肩负起传授这些学生知识的重任，还要扮演监护者角色，成为他们的"教师兼父母"。对于农村家长，普遍将教师视为孩子发展的全部依靠力量。但是教师也希望在付出中有回报，在劳动中有收获，在日常生活中为每分每粒而精打细算，有自己的情感表达。现实中的农村教师被贴上"吝啬、斤斤计较、精打细算"等标签。在这样情况下，社会各界开始怀疑教师的"良师益友"、"身正为范"的高尚形象。社会对教师的期望与教师对社会的现实需求形成极大反差，使教师陷入心理矛盾和苦恼状态。

第二节　从学校层面分析教师压力产生的根源

心灵的活动也胶滞于许多智慧与钻研，因为既受这许多繁杂的事所占据和羁绊，它必定失掉自由行动的能力，而这些事物的重量也必定使它弯曲和佝偻起来。

——蒙田［法国］

一、师资培训与无助的教师

教师自我专业发展的一个有效方法之一就是接受在职培训。前人所作的相关研究也显示，经验型教师与新手教师之间的差异主要是由教学经验导致的，经验是教师自我专业成长的一个十分重要的因素，然而教学经验的获得和掌握在很大程度上是教师在与人沟通和交流的过程中形成的，特别是在经验型教师的帮助和指导下得到的。因此，教师参加一些在职培训，不仅可以帮助教师的自我成长，还可以让教师更快地适应教育教学改革，避免教师因不适应教育教学改革而产生压力。

在具体的教育教学情境中，教师在职培训模式，特别是边疆民族贫困地区的教师在职培训的模式往往比较单一化和陈旧，忽视了教师在职培训需求的多样性和特殊性。此类教师在职培训中多采用学科培训的方式，这样的培训在一定程度上很难满足教师的专业成长需求和心理特点，效果不是很理想。因为，在现实情境中，教师个体所具备的知识、技能和专业素养是有差异性的，教师个体对自己的目标定位和专业发展需求也不完全一致。针对这样的实际情况，教师在职培训方式也应该体现教师个体的差异性，有针对性地开展。但就目前的培训来看，往往流于形式，通常的方式就是培训机构安排几门课程，教师接受这些课程的学习，获得相应学分，就完成培训。下面是一位教师的告白：

　　我参加过很多的培训活动，不过这些培训都是上面安排下来的任务，必须完成。这些培训并没有针对我们的实际需要开展，培训的理论与实践是相脱节的。现在我们组织的培训都是利用周末或者寒暑假集中到省城的师范院校或教育学院去短时进修和继续教育，其实主要是去听大学教师给我们上课，大学老师拥有丰富的理论知识，但他们往往对中小学，特别是民族农村贫困地区中小学的实际情形了解不多，在培训中明显感受到大学教师对基层的需求不是太清楚，也不能结合我们的实际进行讲解，教师还是注重理论知识的讲解和传授，而中小学教师真正需要的知识与能力在培训完后仍然没有得到提升，这种培训往往针对性不强。理论与实践出现脱节现象，不能真正发挥实际的实践指导价值。此外，现在的培训花费也不少，参加一轮培训需要交纳相关的学费、资料费，到外地去培训还需要支付交通费、住宿费、伙食费等，这些费用多数是要教师自己来承担，这在一定程度上就降低了教师参加培训、提升自我的积极性，增加了教师的经济负担。

通常情况下，人们会自然地把教师具备的知识水平与其教育教学效果的好坏联系起来，认为教育教学效果好的教师就一定是具备了很好知识水平的教师，相反亦然。然而，国外的一些相关研究资料表明，在教师所要求的基本学历达标后，教师具备的知识水平与所教学生取得的学业成绩不存在显著性相关。但是教师的语言表达能力、组织管理能力、对学习困难学生的甄别诊断能力，教师思维的逻辑性、条理性、流畅性、系统性、合理性与其教学效果之间有着显著的相关。遗憾的是目前组织的对教师的培训依然十分强调教师对知识的掌握，而忽视了这些能力的培训，这在一定程度上也影响了培训的实效性。加之，目前教师培训的费用很大部分需要教师自理，这就给相当一部分教师，特别是民族农村贫困地区教师带来了经济上的压力。因此，现有的教师培训模式也是教师在教育教学情境中感受到的一个重要的压力源。一位校长这样叙述道：

> 现在学校的经费特别的紧张，因为国家规定实行学校一费制改革，学校不能随便收取学生的任何费用。在这种情形下，学校就不得不缩减一些相应的开支，否则学校连正常运行都成了问题。因此，学校要求教师参加继续教育和在职培训，费用一般情况下也是由参加培训的教师个人承担，这就增加了一部分教师的经济负担。很多时候教师为了节约开支，选择放弃培训，这样一来教师对培训的积极性也不高。

尽管在职培训可以在一定程度上提高教师自我的专业水平，促进教师个体的自我发展。但现实的困境在于，目前的教师在职培训更倾向于学科教学的培训，加之应付和形式主义的色彩比较浓厚，一些教师在职培训和进修缺乏必要的质量保证，教师真正得到发展和提升的空间不大，远远达不到教师参与培训的目的。一个教师这样叙述道：

> 教师在职培训一般是统一进行的，利用相对集中的时间，一般就是利用周末或节假日进行培训，培训的方式也比较单一。通常情况下，就是请一些好学校的优秀教师来对大家进

行培训，告诉大家他（她）是怎么做的，建议大家应该怎么做之类的。培训的内容也比较简单，跟读书上课的方式差不了多少。总之我觉得我很想学习的新方法等相关内容没有提及多少。不过上面规定教师必须参加，一批一批轮着培训，没有选择只好参加，不然会给自己带来一些不必要的麻烦。有时候真的觉得培训很烦，变成了大家的一种负担。

在职培训是提高教师学历的一个有效途径之一，特别是近年国家相关教育行政部门又对教师学历达标提出了相应的要求，对教师的学历水平提出了明确的规定，具体到各级各类学校教师学历的合格比例，以及获得最高学历的教师数量的要求。这样学校为了完成任务，动员教师达到相关要求，很多教师为了保住饭碗，不得不把学历当做目标去追求，为了拿到上面规定的文凭，教师不在乎培训的质量，只要有学历提升的培训，就会参加。而一些培训方在利益的驱动下，为了满足广大教师的意愿，纷纷创办各种"学历提升班"、"学历进修班"。在学历提升教育和培训中，有很大比例的学历是依靠短暂的函授教育实现的。尽管很多地方对教师在职培训提出过相关的要求，具体的培训部门也对教师在职培训负起应有的责任，但在现实的情境中很难落到实处。加之一些教育行政部门和学校领导意识不到教师在职培训的重要性和意义，没有给予参加培训的教师应有的时间和经济上的支持，而教师在职培训和进修也没有很好地与教师的待遇挂钩，致使培训对教师没有吸引力，教师参与培训和进修的积极性不高。

鉴于此，要真正提高教师培训的效果，就应使教师培训向多样化、立体型、开发性转变，培训方式必须适合教师不同时间、不同层次、不同学科、不同情况的需要，形式应多样化，短期培训与正规培训相结合；脱产、半脱产与在职相结合；通过报考成人夜大、中专与中师学校等方式、实行专题讲座与培训班、观摩与讨论相结合；采取多种渠道、多种方式、多种层次对教师进行全面培训，提高业务能力和教学水平。教学实践表明，教师自身的学识、技能方面的修养与教学效果之间呈现高度的正相关。因此，提高教师的知识、技能方面的素质可以直接提高教学质量，从而使教师培训成为教师成长的内在激励机制和途径，而不是教师的一种外在负担。

二、评定方式与焦虑的教师

教师教学质量评定是以教师教学为评估对象的教育评价，它是整个教育评估的核心与基础。具体地说，教学质量评定是依据一定的教学目标与教学规范标准，通过教与学等教学情况的系统检测与考核，评定其教学效果与教学目标实现的程度。但是，在现在的教育教学评定管理体系的实际操作中，对学校和教师的评定仍倾向于学生分数，升学率、流失率、复学率、就业率，按照这些指标一一给学校和老师打分、排序，并依据这些统计结果来评价学校和老师的业绩，这样的评估体系只看到了表面现象，没有深入到本质部分，只注重结果，没有关注过程。简单地依据几个表格，几组数据，几沓应付检查的材料就给学校和老师打分、排名，就评价出一所学校的优劣好坏，评价出一个教师的优秀与否，根本不在乎学校具体的管理和教育教学的本质内涵，而教育教学改革中所倡导的素质教育理念也只能停留在应付的材料上，不能真正落实。同时在社会竞争激烈的今天，家长对学校和教师的评价也主要是依据孩子的成绩来进行的。在家长看来，学生在学校里学习的时间是很有限的，教师应该抓紧时间让孩子掌握更多的考试内容，不能把有限的时间花费在与考试无关的方面，学生考试成绩好的学校才是好学校。尽管学校提倡素质教育，注重发展学生的特长和爱好，学生是很喜欢的，但是家长和社会不会认可，认为不好好教学就是不务正业。而在同等条件下，如果另外的学校都把时间花在学生的学习上，加倍采用时间加汗水策略，两所学校的考试成绩马上就有明显的区别。这样家长就对学校产生强烈不满，社会舆论也不利于学校和老师的发展。还会对该校的升学率产生不良影响，继而影响到该校的生源和声誉。

目前教师教学质量的评定主要是依靠个人经验，采用学生打分、教师自我评估、领导综合打分来求加权平均值。或直接通过教学过程中出现的一些特征，教学事故等进行定性评分，即在定性分析为主的手工层次上。但由于收集与统计汇总数据量大，人工教学质量评估的方法往往使信息的时效性、准确性很难得到基本保障。这种评定方法仍是以依靠个人感觉，定性分析为主的。而现在很多学校，对教师的评定窄化到只看统计数字，许多学校对于评定结果的检查只重数量，忽视质量。这种以量化为主的评定方式给教师带来了巨大的压力。如很多学校规定教师一周必须对学生进行多少次考试，教案必须写满几千字等，导致教师在接受评定的过程中也只是注重数量，在忙于大量的反思笔记和报告的过程中，没有起到对自身能力锻炼和提升的作用。另外，在学生评价教师这方面，也主要是以学生考试的分数来对教师进行评价，导致教师想方设法去提高学生的分数，忽视了对学生情感等方面的培养。这些不重视质量，只重数量，针对性不强的评价方式，不仅谈不上促进教师的专业发展，还起到了错误的导向作用，一味对数量的苛求，也给教师造成了巨大的压力。教育行政管理者觉得这样的量化管理容易对教师进行评定，可以更容易地进行教师管理。而没有意识到教师评定是一个复杂的过程，关系到教师个体的人格、自我效能、自尊、专业发展和自我实现等因素，而教育领域里的很多指标是无法用统计数据来精确衡量的。如下是一个学校建立的对教师的评定制度：

　　　　学校教职工代表大会在对教师进行相应的教学常规检查和教学抽样评估时是按学期来进行的，在每个学期开学和期末结束时进行检查，以此监督教师要按照学校的有关规章制度进行教学。此外，还建立了学校对教师进行不定期教学抽查制度，学校组织有经验的专家型教师不定期到教师课堂随堂听课，同时还不定期对教师的备课笔记、批改的作业、试卷的批阅和质量分析报告等进行抽查，将各任课教师的学科期中作业和期末作业进行量化评价，作为教师个人考核的评价标准。

　　学校为了提高其教学质量、声誉和知名度，以及吸引更多的生源，对教师提出一些具体的要求和一系列的考评方法是必要的。但是，为了评价教师而直接搬用社会上一些量化的评定的标准和策略来对教师进行评定，是不客观、不科学的。"每个具体的行动都要求有适合它自己的情境，一个行动放在此情境中可能是行得通的，而放在另一个情境中却不妥当。因此，管理者要根据实际情况来评价当时的情境，并制定行之有效的行动方案。"①

目前教育领域对于教师的评定没有一个统一的评价标准，评价方法本身也存在一些问题。通常的教师评价都是与教师的工作积极性联系，评价教师的业绩大多又是仅看学生的成绩好坏，并不考虑教师付出劳动的多少，以及学生在教师的教育下行为、品德、价值观上的改变程度，上述指标往往被评价者忽略。这种终结性评价很难使教师在付出辛苦的劳动之后及时得到鼓励与赞扬，而正是由于缺少这种积极的评价，会使教师不能获得成就感与自豪感，教师情绪极易陷于低落状态，对自己的工作产生怀疑，最终增加工作中的心理压力。此外，教师评定忽视教师的个体差异性，对教师评价普遍实行"一刀切"，即不管是新任教师还是经验教师、普通教师还是专任教师，都以同样的标准对待。以统一的标准评价从事不同工作的教师，以同样的标准衡量不同阶段的教师，对被评价者来说是有失公允的，也不利于每位教师的发展。教师评定标准没有对教师行为的有效性作出比较清晰的界定。另一方面，在标准表达方式上强调定量与定性的结合，但在事实上由于评价技术等方面的问题而没有把应当量化的标准实现量化，没有把定性的分析合理地结合进来。②

在调查走访中我们发现，当地教师很大的一个感受是学校最终的目的就是提高升学率和学生的考试成绩，教师的职责最重要的就是监管好学生不要发生意外，并指导学生怎么应付考试。学校主要是依据学生的考试成绩来评定教师和安排岗位的，教师为了能够上岗，自然把所有精力、时间都花在学生的考试成绩上。所以多数教师一般采取增加学生的学习时间和大搞题海战术的方式来提高学生的成绩。尽管这样的方法不总是有效，但除此之外，教师别无他法。于是无形中就

---

① 夏正江：《教育理论哲学基础的反思——关于"人"的问题》，上海教育出版社 2001 年版。

② 申继亮：《教师评价内容体系之重建》，《华东师范大学学报（教育科学版）》2008 年第 6 期。

增加了教师的工作负担，这无疑加大了教师的工作压力。一位老师这样无奈地说：

> 目前社会、学校和家长对教师的评价最终也落在学生的成绩上。因而考试一直是学校教育的中心环节，尽管有些学者对这种片面追求升学率的批评越来越深刻。但是，我们的整个评价标准并没有改变，考试升学仍是教育的"终极目标"，把学生的成绩看成是教师每个学期追求的目标。因此，对高分的期盼、对升入重点学校的期待就都压在了教师身上。同时，各级教育部门也将考试排名和升学率与教师的晋级，甚至与教师的工资奖金挂钩，这就使得教师的考试压力绝不亚于学生。

而且，现在许多学校进行人事制度改革，实行聘任制上岗，聘任的条件之一就是学生的成绩。面对落聘、下岗的危机，教师倍感压力。一个教师这样叙述道：

> 农村中小学教师特别是班主任教师工作量相当大，每天工作时间远远超过8小时，因为上级主管部门和学校只管向老师要学生的成绩和升学率，根本不考虑我们的实际情况，在这些民族农村贫困地区学生的生源很差，家长也不关心孩子的学习，只有老师孤军奋战，采用时间加汗水的老套方法来努力。近年来，尽管社会各界都在宣传和提倡素质教育，要求学校要培养综合素质的学生，要求学校要给学生减负，学校或教师不得擅自给学生补课等。但现实情境是，整个国家对教育的评价体系没有根本改变，最后社会各界对教育教学质量和教师的评价还是根据学生的考试成绩和升学率来进行的，学生的考试成绩和升学率仍然是教育教学质量和教师教学水平高低的主要衡量指标。我们乡的学校绝大多数都用学生的考试成绩给教师打分并进行排名，加上现在实行的教师末位淘汰制使其每年都存在被淘汰的风险。有些学校为了

提高学生的考试成绩和升学率，不断增加考试的频率，如每月要进行月考，还有每个学期的期中、期末考试，这些大大小小的考试都要给学生和教师排名。教师的收入和声誉都直接与学生的考试成绩挂钩，这就使得教师不敢怠慢对分数的追求。此外，教师职业的稳定性也正在受到挑战，过去大家都认为教师是最固定的职业，认为教师职业就是个"铁饭碗"。但是随着教育改革的推进和"末位淘汰制"的实施，教师引以自豪的"铁饭碗"将不会存在。教师为了保住饭碗并在学校里拥有一席之地，纷纷加大训练强度和延长训练时间来提高学生的考试成绩和教育教学质量。有些老师不惜牺牲周末的休息时间给学生补课，试图通过题海战术等策略在竞争中占有一定的优势，以致对学生进行各种各样的考试，这样一来，使学生感到无比疲倦，甚至产生厌学情绪，也使教师工作积极性下降、精力衰减。导致教师身心疲惫不堪，对本职工作产生恐惧感，厌教的心态随之产生。

学校评定的功利化，加大了考试在教育教学工作中所占的比例，学生的考试成绩成为了衡量教师工作能力的唯一标准，教师的状况其实是和学生一样的，也在被动地工作，即为了在每个学期末或者学年末的考核中获得相应的分数取得自己期望的某个职称。获得这样的分数从整体上来说是具有有形或者无形的好处的。对教师的考核不仅在于使教师能够形成积极性和自主性，对自己工作形成责任心，它还会起到追逐权力的效果。学生的分数好坏情况能够使教师在其他教师中形成不同的形象，相互不甘落后，都想把对方压下来。考试成绩较好的教师绝大多数都是这种比拼成绩的例子。另外也使得其他相对落后的教师不断调整自己的教学方法，改善教学水平，将自己全身心地投入到相互比拼成绩的竞争大潮中。①

上级主管部门和学校对教师评价的不当，或多或少会给教师带来焦虑和紧张感，在与教师所进行的一系列座谈或访谈中发现，教师普

---

① 顾云虎：《思考与实践的变化及教师的应对——沉思现代教师素质要求》，《上海教育》2001年第18期。

遍反映这种评价会让他们产生种种压力。一个教师这样叙述道：

> 学校引进和实行聘任制之后，学校氛围明显不和谐起来，领导之间、同事之间的关系变得有些微妙，甚至紧张起来，彼此之间不能坦诚相待，不敢掏心窝子，总感觉彼此之间有所防备，甚至钩心斗角。以往学校里那种积极互助、团结友爱的局面找不到了，老师之间除了上课外，很少待在学校或教室里，感觉大家都是来也匆匆，去也匆匆。老师都在暗地里拼命提高学生的考试成绩，因为聘任制中决定教师上岗的主要因素在于学生的考试成绩，每个学期对教师的考评也是根据学生的成绩来进行的，老师的职称评定更是依据学生的考试成绩和论资排辈来操作的。一些学校领导善用自己的权力，把职称名额留给自己的亲朋好友，更有某些教师为了职称评定不得不与学校领导套近乎，请吃饭、送礼、送钱等，这是在我们农村小学较为普遍和严重的现象。大部分普通教师心知肚明，但也无能为力，仅凭自己微小的力量无法改变残酷的现实，只有通过自己不断的努力来改变现状。但是现实的残酷、竞争的激烈，会使这些普通教师产生内心冲突，压力增加。

学校使用的教师评定方法，多是通过量化的指标来进行的，其中或多或少存在一些不合理性，因为教育教学工作是个复杂的情境，单靠一些数据是说明不了问题的。而不合理的教师评定还给教师个体的人格、自尊和自我发展带来一些负面的影响，加之教师工作的延时性，使教师的身心受到巨大的不良影响，随之出现神经紊乱、焦虑、强迫等症状。一系列的要求和期望把教师逼进了死胡同，把教师推进了应试教育的旋涡，以至于社会上流传这样的话语——"考考考，教师的法宝"、"分分分，学生的命根"，这些看来有几分幽默其实却是现在教育的真实写照，透露着教师和学生的无奈与悲哀。这在一定程度上也折射出了应试教育的弊端，分数决定一切，只有分数才有发言权的"唯分数论"把学生和教师压得喘不过气来。面对这样的状况，哪个教师敢轻易地去尝试发展学生的创新能力、探究能力，去培养学生的其他素质，去引导学生全面发展？教师唯一能做的就是把所有空余时间拿来补课，加班加点地向学生灌输课本知识，否则，因为发展学生的其他能力而耽误了学生的考试成绩，不仅损害到教师自身的名誉和利益，而且学校的教育教学水平和管理方式都会遭到质疑。长此以往，教师的中心任务就是考试，就是不断地追求学生的考试成绩，这样一来，教师只能不断地训练学生，大搞题海战术，唯恐哪一道题没有练到影响了学生的成绩，同时还担心因自己讲得不够全面而与别的教师拉开距离，担心自己所教科目的成绩赶不上其他老师所教的成绩，教师多数时间处于紧张状态。致使相当一部分教师感受不到教育教学工作的乐趣，长期机械呆板的教学导致教师精神焦虑，这种患得患失的情绪也影响了教师的身心健康，让教师对自己的职业产生厌烦、沮丧、抱怨情绪和松懈、懒散、疲塌等倦怠行为。

三、学校权力与压抑的教师

权力是一个人或一群人按照他所愿意的方式去改变其他人或群体的行为，以防止他自己的行为按照一种他不愿意的方式被改变的能力。也有人认为，权力指影响或控制他人行为的力量。权力包含有"支配"和"强制"之意。权力是特定管理主体组织管理对象在实现组织既定目标的过程中对管理对象理念、行为的影响力和控制力。这意味着权力是与做一件事的能力联系在一起的，具有对一定事物或一定行为的支配性。某些学者认为，权力是一方凭借其所能控制和支配，同时又是对方必需的某些公共资源和价值，单方面确认和改变法律关系，控制和支配他人财产或人身的能量和能力，而要构成一个完整的权力关系，有三个条件是必不可少的：权力主体，即权力的施行者；权力客体，即权力所指向的对象；公共资源和价值，既是权力的对象，又是权力的载体，同时也是衡量权力大小的量角器。

权力的运行机制，就是权力主体凭借它所控制的公共资源和价值去控制和支配另一部分资源和价值，这也直接决定了存在于人与人的社会关系之中的权力关系，在本质上是一种不平等的关系，即权力主体不管权力对方是否同意，都可以和能够单方面确认和改变一定的法律关系，控制和支配他人财产和人身自由，这种权力关系在教育管理中，则体现为学校内外各种权力实体的相互交叉影响，即各自利用自己所能控制和支配的资源与价值去试图影响对方，以达成自己的利益，而且学校内外的各种权力实体都有各自独有的公共资源和价值，这就导致了各种权力关系的错综复杂和不断变化。[①]

学校权力是学校在与社会进行资源交换时所拥有的权力资源，包括进行财务核算和收费、教学课程安排以及相应的人事管理、利益分配和财物控制等权力。福柯根据现代生活的规范，阐释了权力这一概念。认为权力是在技术改造过程中以一种"温和"的形式发展起来的，说明权力越来越被看为是一种对社会和人本身软化控制的象征。并且权力与知识始终联系，相互影响。一方面，权力创造知识对象和知识；反之，知识也会带来权力。[②]

一定的社会历史发展条件下的社会权力空间，是由于各种资源分配使用的各种可能性的有限性，表现出一定的总量的恒常性和确定性，社会各部门间对权力的争夺的结果就是大家所看到的各部门利益的此消彼长。因此，任何权力都体现在关系之中，体现于部门之间、组织之间以及个体之间的权力的分配和妥协。如下是对于一个学校权力结构的描绘，来自一个教师的叙述：

> 由于竞争的加剧，学校里出现了一些小帮派，小团伙，组成一个个的利益团体，这些利益团伙为了占有优势，实行资源独占，进行信息封锁、造谣诽谤等。加之我们这些地方的教师大都是本乡或本村人，在学校中的关系就更显得很微妙，教师之间因家族或裙带关系形成的利益小团体一般很稳固，其他教师也不会轻易去干涉。在这种情境下，教师之间不会轻易地敞开心扉进行交流或沟通，大家表明上和和气气，只能在暗地里较劲。

---

① 廖军和：《学校变革中的权力和权力关系探析》，《探索与争鸣》2005 年第 9 期。
② 福柯：《福柯集——20 世纪外国文化名人书库》，上海远东出版社 2000 年版。

学校中形成的某些结构模式，如权力结构在一定程度上阻碍教师精神世界的表达。"18世纪发明的、存在于社会各阶层并被各种机构所采纳的解剖和生物技术——政治的基本方面，作为权力技术，则对经济过程及其发展，对在其中工作并保证经济发展的劳动力发生了效用；它们还作为分离和社会等级化因素对权力的不同方面分别发生作用，保证了统治的关系和霸权的作用。"① 尽管很多学者和教育理论家都认可和提倡学校应该是一个开放和民主的机构，但现实的情境则是学校很多时候也是通过权力来解决冲突和矛盾的。一个教师说道：

> 在我们这里，特别是在村一级的学校，教师很压抑。因为有一些领导，整天靠自己持有的一点权力吓唬忠于职守的教师，在这种山高皇帝远的地方，一般教师不敢得罪这样的领导，怕得罪了，领导给小鞋穿。因为领导会用一些在他职权范围内的东西来进行报复，动不动就用下岗、聘用、签合同等来威胁教师。有一部分领导，并不安心在这种穷地方为老百姓服务，只是把这些地方作为跳板，等捞够政治资本就走人，整天就想着怎么往上爬，怎么才能捞到更多的金钱，于是尽可能地与领导走近关系，不断巴结贿赂领导，并在领导面前告普通教师的状，发泄对这些教师平时的不满。很多教师只能压制住自己的不快和愤怒情绪。教师在这种状况下也只能忍气吞声，不是教师无能、胆怯，而是教师在力求保住饭碗的情况下作出的被迫无奈之举。

"一味说教的教师所从事的是一种'道德专制化'的非科学教育，在学生中宣扬服从、容忍的教师从事着使自己成为卑微、懦弱的人的教育。"② 社会关系中的教育不仅使学生习惯了教学纪律，且培养了他们将来作为职业人所发展起来的认知模式、行为方式、自我表现力、自我概念和各种社会阶层形象，尤其是在教育领域中建立起来的各种社会关系。也即管理人员与教师的关系再现了劳动的等级模式，用管

---

① 福柯：《福柯集——20世纪外国文化名人书库》，上海远东出版社2000年版。
② 左藤学：《课程与教师》，钟启泉译，教育科学出版社2003年版。

理人员到教师再到学生这样一种关系更好来说明这一纵向权力路线。[①]

教师作为直接的教育工作者，教师的权力主要体现在专业权力上，包括对教育过程的掌控权以及使自身专业发展的权力，教师在学校权力关系中的地位直接体现了学校发展的实际状况。在我国的学校管理中，教师的这些权力往往不能很好地实现。在教育变革的过程中，教师的权力逐渐通过相应的组织机构来加以实现和强化。

四、组织氛围与失语的教师

管理心理学的相关研究显示，一个组织要得到很好地发展，其组织氛围的好坏是相当重要的。学校也不例外，因为学校也是一个社会组织，学校要发展得好，其组织氛围的发展是关键性因素，当然学校的组织氛围除了物质氛围外，还应该包括学校的心理氛围，如果一个组织的氛围好，那么就会形成很强的集体意识，上级与下级之间，同事与同事之间就很容易相处，关系也会很融洽。在这样的氛围中，成员之间的沟通会很顺畅、愉快，更容易化解彼此之间的矛盾，组织成员会有归属感和安全感，并由此产生更强的自信和自尊。这样，一方面可以使成员的工作士气高涨，另一方面还可以提高组织的效率，继而进一步缓解和消除成员工作中产生的压力。相反，如果组织氛围不好，其组织就可能缺乏相应的向心力和凝聚力，在这样的环境里工作，组织成员之间的人际交往会变得疏远，充满竞争性，甚至有些组织成员会觉得缺乏安全感、没有归属感，继而产生压抑感，组织的效率也将提不高，同时成员还容易产生压力。教师工作在学校这一社会组织中，自然也符合上述情形，因而学校的组织氛围是引发教师压力的一个重要因素之一。[②] 在与广大教师访谈时，我们也发现，学校给教师提供的物质环境和人际氛围都对他们产生影响。特别是学校中的人际关系影响更大，很多教师对学校的不满也主要表现在，不喜欢学校领导的管理模式和处事风格等方面。

---

① 瞿葆奎著：《教育学文集》，人民教育出版社 1993 年版。

② 沈翰：《教师职业倦怠——新课程实施过程中一个不可忽视的影响因素》，《湖南师大硕士学位论文》2005 年。

组织氛围与学校的管理模式有一定的关联，这在有关学校管理方面的研究和事实中也得到认同。目前我国中小学校的管理模式中总能看到专制管理的色彩，多数学校领导还没有意识到学校中的教师和学生是一个个独立的个体，教师、学生的主动性、主体性被无视，束缚他们思想是常有的事。[①] 在这样的管理体制和模式下，一般教师根本没有权力和机会参与到学校事务的管理和决策中来，在有些特殊情况下，即使教师参与管理，也只是流于形式，或者只是在某种范围内，学校里的重要事务还是由学校组织的高层作出决策。在这种情景下，学校领导层与教师之间的沟通就会缺乏，学校领导不会考虑一般教师的感受，不会关心和信任教师，更加不可能尊重和发现教师的优点。因此，教师在这种氛围中工作将会感到压抑和失落，这样教师的压力也就产生了。一位校长这样说道：

> 在民族农村贫困地区，学生的分数以及升学率仍然是评价教师的重要指标，这就使得这些地方的老师也拼命抓学生的成绩。加之近年来实施的人事制度改革，使得一些教师不能正确对待竞争与合作的关系。为了"战胜"别的教师，部分教师把自己的成功建立在别人失败的基础上，将自己的教学经验视为"看家本领"，不愿与其他教师合作，担心这样做会让自己失去竞争的优势。这些教师更多只关心自己所教的科目，而在具体的教育教学情景中，为了提高学生的考试成绩和升学率，对学生很严厉，这种"管得过宽，统得过死"的管理者角色不利于学生与教师进行积极的交流。这样的教学更像舞台剧的表演，教师既充当"导演"，又充当"演员"，集数职于一身，占用课堂上大部分时间，完全成为学生的控制者，甚至有些教师体罚或者变相体罚学生，歧视、排斥学习成绩差的学生。很少平等、友好地与学生交流和合作。学生只能充当配角，学生的主动性被淹没，这样的教学效果可想而知。

---

① 石一：《现行教育管理的六大弊端及其成因》，《教学与管理》2004 年第 7 期。

教师在学校这一复杂的社会组织中工作，如果教师与领导、同事和学生之间的关系紧张、疏远，就很容易产生压抑感，导致教师无归属感，这种感受迁移到工作中将导致教师个体压力的加剧，从而诱发厌倦心理。一些有关组织中同事关系的研究也显示，同事之间关系的好坏直接影响到个体的感受，如果同事关系紧张，甚至出现冲突时，个体容易产生放弃现有工作的念头，远离同事。同事之间的关系越紧张，冲突越严重，个体的失败感和挫折感越加剧，负面情绪也较多，工作满意度也不高，这个结果的论证出自教师人际关系与心理健康的相关性研究。① 相反，如果同事关系融洽、和睦，则教师会心情愉悦地生活和工作。在一定程度上还能增强学校组织的凝聚力，提高教师的工作积极性和主动性，并有效地缓解或消除教师在工作中所承受的压力，对教师压力有很好的预防作用。国内学者的研究表明，导致学校中教师之间人际关系紧张、人际氛围不和谐的主要原因在于以下几个方面：第一，教师对自己所得利益的过度防卫。如果教师个体太在乎自己的得失，并把自己的利益看得太重，这样教师群体之间相处起来就会不太融洽，导致关系紧张、氛围压抑。第二，学校中领导的风格和管理模式。如果学校领导是民主性的，管理模式是开放性，教师就更容易与学校领导相处，更愿意参与到学校事务的管理中来，并发挥自己的积极优势，为学校发展出谋划策。第三，具体到学校管理中的某些措施也会在一定程度上导致教师之间的关系紧张，如学校中引入的竞争机制，学校引入该机制的出发点是好的，为了调动学校教师的工作积极性，提高学校的教育教学质量。但如果在具体实施和操作过程中没有区别地直接把学生的考试成绩与教师的工作业绩画等号，并将教师的业绩与相关福利待遇、晋职提升、职称评定、争优创先等挂起钩来，就可能起到负面效应，引起不良竞争，这样既不利于学生成长，也不利于教师的发展，在某种意义上还会加重教师的疲惫感，导致教师之间由于这种恶性竞争产生敌意和相关不信任等状况。第四，教师本身的个性特质对压力也有影响。以往的相关研究也表明，无论交往时间的长短，人际关系的好否，个体是否具有人际吸引力与交往

① 李晶等：《中小学教师人际关系与心理健康的相关性研究》，《济宁医学院学报》2003 年第 3 期。

者的个性品质和人格修养存在显著相关。因此，教师的某些不良的个性特征会影响人际之间的关系。[1] 最后，学校出现的紧张不和谐氛围，在一定程度上与教师本身的"文人相轻"习气有关联。[2]

可见把对教师的控制和监督看成是对其进行有效管理，以及提高教师自身教育水平的依据是存在某些消极性的，这些负面影响已经得到实证研究的证明。1990 年 Karasek 和 Theorell 教授在其研究中发现，导致员工工作紧张的两个因素是员工的自主决定和工作要求。对工作有某些控制感的员工比缺少控制感的员工更容易产生工作紧张，他们会把面对的问题情景看成是一种考验。通过他们的预测，认为工作紧张与工作要求有极大的正相关，与自主范围有极大的负相关。[3] 另外，Mullins 教授在 1993 年的研究也发现，工作压力与工作量、自主范围这两个工作特征有关。[4] 因此，教师在学校中体验到的学校组织氛围越差，教师的挫折感越大，消极情绪越多，越会引起教师压力的发生。因此，要缓解或消除教师压力，就有必要形成良好的学校组织氛围，而要形成有效的组织氛围，就应该从社会、家庭、学校等角度出发，对教师职业形成一种良好的信任期待，因为良好的信任氛围对教师的工作业绩和职业选择会产生重要的影响。一些相关学者的研究也表明，学校良好的信任氛围，会让教师和学生更加自信，干劲十足，在高度的自信心和干劲的驱动下，教师更能投入到教育教学工作中，并对教育教学工作持有肯定的看法和态度。反之，在不良的学校组织氛围中，教师缺乏自信，得过且过，讨厌自己的本职工作，对教育教学工作持否定的看法和排斥的态度。下面是关于学校组织中教师现状的一个描述：

校长贵族化，

---

① 况志华：《管理心理学》，南京师范大学出版社 1998 年版。

② 沈翰：《教师职业倦怠——基础教育课程改革的重要影响因素》，《科技信息》2008 年第 18 期。

③ Harden，R. M：Stress, pressure and burnout in teachers：*Is the swan a exhausted*? Medical Teacher，1999，21 (3).

④ Harden，R. M：Stress, pressure and burnout in teachers：*Is the swan a exhausted*? Medical Teacher，1999，21 (3).

领导多员化，
教师奴隶化，
学生祖宗化，
人际复杂化，
加班日夜化，
上班无偿化，
检查严厉化，
待遇民工化，
翻身是神话。

满腔热血把师学会，
当了教师吃苦受罪。
急难险重必须到位，
教书育人终日疲惫。

学生告状回回都对，
工资不高还要交税。
从早到晚比牛还累，
一日三餐时间不对。

一时一刻不敢离位，
下班不休还要开会。
迎接检查让人崩溃，
天天学习不懂社会。

晋升职称回回被退，
抛家舍业愧对长辈。
囊中羞涩见人惭愧。
百姓还说我们受贿，

青春年华如此狼狈。[①]

这首打油诗在网上广泛流传，尽管读起来有些消极、悲观。但已在一定程度上引起了多数中小学教师的认同，产生了一定的共鸣感。诗中对教师处境的描绘未必完全属实，但现实情境中教师所承担的工作负荷却是真实的。

第三节　从教师个体层面分析教师压力产生的根源

日常意识常把生命活动分为两个部分，其中一个部分是形式上的、凝固的、僵死的，它属于"无人称的"社会角色世界，一部分则是"个人的"、有感情色彩的，代表个体不受社会条件影响的"自己本身"。

——科恩

一、权威失落与受控的教师

美国学者 Clifton，R. A 与 Roberts，L. W 将教师权威分成四个层面："法定的权威——具有某种拘束力，并形成相应的行为规范；传统的权威——即以前流传下来的具有长期传统性的权威；感召的权威——即个人魅力会对其他人形成一种号召和服从性质；专业的权威——即个体一旦形成某项扎实的专业技能，便会使受教育者自觉从专业中获取知识。前二者源于外因——教育体制，后二者源于内因——个人素养。"[②] 而教师的社会地位是指"教师职业在整个社会职业体系中所处的位置"。人们会从"经济待遇、社会权益和职业威望"三个方面去衡量一种职业的社会地位。金一鸣老师认为"影响教师社会地位的因素主要有传统因素和职业因素。传统因素指人们对教师的一

---

①　花雨苗：《教师的生活现状》，http：//www. teacherblog. com. cn/blog/9342/archives/2006/60593. shtml.

②　吴康宁：《教育社会学》，人民教育出版社 1998 年版。

种传统观念，职业因素主要指教师队伍的专业化水平"。①

在具体的教育教学活动中，教师的权威具有很重要的作用，教师权威的变化也将带来教育手段与方法的转变，同时教师权威还将是一个使教师产生进取心的有利因素。教师权威与教师角色有关。教师角色越有影响力，教师的威望越大。但是只有当教师的权威被学生感知和理解到时才能有效发挥其价值。

在古代社会，传统的教育基本形式主要是一对一的个别教学，基本上属于个人施教形式，在这样的情境下，教师所教的内容，教师教学所采取的方法都会在一定程度上受制于伦理和习俗的影响，但不受到直接的监控。随着社会的发展，教育的普及化和制度化越来越明显，社会对教育的需求也在不断地加大，这时教师所教内容、教师教学所采用的方法、教师进行教学所具备的条件，教师应该承担的责任和所要履行的义务都会受到来自教育内部和外部的约束与监督，在受到监督的教学形式下，一些有个性的教育风格会被湮灭，一些以日常伦理为基础的教育权威面临解体。

特别是随着社会的发展，多元化的趋势不断涌现，文化的多元性、价值的多元性正在冲击着人们的观念，也逐渐被社会所认可和接受，多元化的社会背景下，教育同时面临着"同一性"混乱的危机。社会的多元化增大了个体的自由空间，同时也在一定程度上让个体感受不到存在的价值和意义，个体时常感觉处于孤独和无助的"游离"状态。此外，在日常生活中，个体或多或少受到制度框架和人际关系的影响。在冲突的情境模式下，教师时常感到无奈，教师的权威也受到了一定的冲击，以致教师个体在面对权威失落时就会感到教学的无奈。加之，在多元化的理念里，个体的消费观念与之前相比也在不断发生转变，个体对物质的追求在一定程度加强了，传统教育理念里的人文关怀也在逐渐淡化，教育领域里开始滋生功利主义和短视主义倾向。因此，传统教育理念里的师道尊严也在受到挑战，与过去相比，教师所要承担的责任越来越大，要履行的义务越来越多，与之相伴的压力也越来越巨大与复杂。另外教师职业的特殊性和艰巨性还随着社会的转变而

---

① 金一鸣：《教育社会学》，河北教育出版社 1996 年版。

相应地有所改变。以下是一位教师的真切感受：

> 刚毕业参加工作时，对自己所选择的教师职业充满憧憬，认为自己这么热爱教育事业，这么想成为一名教师，肯定能够从教学中、从与学生的相处中得到快乐。我还清楚地记得，自己第一天踏进所工作学校的情境，对学校的一切充满着期望、好奇和兴奋。随着从教时间的增加和从教经历的深入，我发现自己越来越远离之前所认为的自己将会成为一个好教师的想法，我感到自己身心疲惫，全然无任何激情。我一直纳闷为什么缺乏教学激情会在年轻教师身上发生呢？为什么在短短几年的工作时间里，就对自己热爱的教育教学工作失去兴趣？这个问题一直困扰着我，我不停地反问自己是不是自己还没有做好从教的准备？是不是自己能力太差？是不是教学工作本身就不需要老师具备多高的热情？还是学校里的现实让自己对本职工作彻底失望？还是社会的各种要求使得自己失去了方向？觉得现在的自己很失败，没有任何价值和作用。我们发出的声音也没有人在乎，更没有人理会，活得越来越没有尊严感。

教师权威不是静止和片面的。古代社会就有"天地君亲师"、"师道尊严"的说法。近代教师权威则被冠以"知识权威"、"专家权威"等头衔，这些教师中心论在当今则面临着社会舆论的巨大压力和挑战。受传统教师权威论的影响，教师势必面临新的困扰和压力。

教师权威的逐渐消解给教师带来了压力。随着社会的发展和进步，信息技术的逐渐深入化正充斥着教育系统。网络所带来的信息资源贡献率是极为突出的，由此可以说整个社会都在提供着各种各样的教育资源，这就使得教育方式、教育环境、教育管理都发生着实质性的变化。所有这些外界信息会对学生的心理产生一定影响。学生能在其中享受优厚的知识资源，不仅使其视野大为拓宽，获取知识的渠道丰富化，且自主学习的积极性、灵活性大增，学生甚至可以在无教师指导的情况下进行学习，成为教学活动的主体，他们可以根据自己的时间、兴趣、学习方式来灵活安排学习，这样一来教师的教学就会受到很大的挑战，教师本人也觉得自己跟不上时代的步伐，社会也对教师所扮演的"传道授业者"角色提出质疑，教师权威面临动摇的危机。由此教师权威渐渐消解，尤其在课堂教学中表现尤为明显。

教育价值权威的动摇同样给教师带来压力。在现代社会，社会意识形态，经济、文化、政治、科技、教育，就业方式，分配制度的多元化使得人们的价值观念发生着变化，思想的独特性、创新性、自主性、多样性不断增强。教育不自觉地被赋予功利主义和短视主义价值取向。教师的价值越来越局限于传播文化知识。由此，教师的这种教育价值的动摇与社会对教师的高标准使得教师内心冲突较大，自感负担和压力较大。[①]

二、职业要求与无望的教师

职业是个体为了某些目的如表现自身、发挥能力、实现各层次需要、追求自我生存发展和幸福的一个组织，是除家庭之外的又一个重要场所。与人的自我发展、维持基本的人际关系和保证心理健康有直接作用。现代社会越来越呈现出"高效率、高节奏、高竞争"的特征，随着应激事件的增多，冲突加剧，给个体生活工作带来了诸多的困惑和矛盾。毫无疑问，教育领域也正面临着越来越多的冲突情境，教师群体正面临越来越多的挑战。

教育领域里，教师职业的特殊性表现在其职业生涯的长期性，工作的相对独立性，较强的示范性以及工作时间的延时性和工作空间的无限性。教师职业生涯是周期性地进行，这就带来教师教学成果体现的延时性，而且这种周期具有固定性，这在一定程度上限制了教师成就动机的满足。加之教师的教学工作往往是教师个体独立开展和完成的，这样的工作性质就导致缺乏与外界发生联系的机会，在一定程度上阻碍了教师发展的空间，窄化了教师的社会支持系统。

另外，教师职业的特殊性还要求教师个体具备很强的言语和行为

---

① 刘萍：《试析教师压力及其应对策略》，《思茅师范高等专科学校学报》2006 年第 4 期。

的示范性和教育性，教师被要求以身作则，为人师表，并且教师大部分的时间和精力都花在学校和学生身上，这就使教师育人职业的责任范围无限扩大，在一定程度上决定了教师很难摆脱教育工作的性质。这也是教师产生压力的一个重要因素。以下是一个教师的叙述：

> 目前很多教师都感受到了压力的存在，教师的压力体验是一种普遍现象。教师这一特殊的职业，不管是社会、家庭、学生，还是教师本身都赋予了其更高、更新的期望和要求。教师承受着来自社会、学校和家庭等方面的期望和要求。过重、过多的要求引发了教师的压力感，而过重的压力将影响到教师的生理及心理健康，影响到教师的专业成长和发展，并对学生的成长和发展造成不良的影响。

与社会其他职业相比，教师工作较为繁重和复杂，工作时间较长，已完全不能用常规的 8 小时制来衡量，特别是毕业班的任课教师和班主任，这些教师除了日常的备课、上课、批改作业试卷、个别辅导外，还需对学生的身心、学习成绩、升学率和品德等进行全方位的引导和帮助，这就导致很多教师疲惫不堪，并用"眼睛一睁，忙到熄灯"等语句来形容自己的工作状态。教师大部分时间都是在学校或课堂里度过的，这样长时期的超负荷运转，使教师不堪重负。一个班主任教师这样叙述道：

> 我承担的是初中班的班主任，感觉事情特别多，每天都像在打仗，永远有做不完的事情。同时我还承担初三两个班的数学课，每天要批改 80 多本学生作业，及时反馈学生的学习结果，每周要上交 4 个教案，每周有 24 节数学课，每月要给学生组织月考，批考卷，并对试卷进行分析，对学生的情况进行总结。除此外，还要应付学校每天进行的纪律检查和卫生评比，如果这些检查不达标，就扣班主任津贴。学校每隔一段时间还要对班主任和任课教师的工作进行常规检查，如果不通过一样扣工资。为了应付上级主管部门的相关检查，

教师还得不断地编造各种材料，以便应付上面的检查，这些被冠以美名的材料浪费了教师很多的时间，消耗了教师很多的精力，这些工作对教师而言是不干不行、干了白干的任务。

在日常工作中，教师除了要按时完成繁重的教育教学任务外，还要接受上级主管部门的定期检查或不定期抽查。检查或抽查的内容细化到教师的教案、听课笔记、学生作业、试卷的批阅、教师的到课率和请假次数等。同时，教育改革提出要求教师成为研究者，教师在教学中应该落实个别化教学，引导学生发现和探究问题，进行创新教育。如此多的要求和繁重的工作，使得很多教师把大部分时间都花在学校或课堂里。我们在对寻甸县六哨乡中小学教师的调查中也发现，这些教师每天的平均工作时间均超过 8 小时，班主任的工作时间一般都超过 10 小时，这种现象在一些寄宿制学校的农村教师中尤为常见。这些老师白天正常教学，晚上还负责学校学生的保卫工作。多数教师都有同感，认为自己的工作似乎处于一种被监督、规范和驱赶的状态中，外界普遍对教师的职业道德持质疑态度。教师感觉自己的价值被贬低，周围的环境是缺乏亲和力和尊重感的，因此会产生各种消极情绪。

超长工作量的职业会导致教师创造力下降，因为教师的工作成效往往不能立竿见影，同时，社会大力提倡的追求考试分数和升学率的现实状况，阻碍了教师创造性的发展。为了响应这些相关的提倡，学校纷纷起草和制定各种高压的评价标准，如为教师规定学校升学率、在年级中排科目名次、评优差教师等。在这样的高压情形下，教师为了完成行政任务和保住饭碗，只能一味地追求分数和考试成绩，整天忙于备课、上课、辅导、批改作业和试卷。学生的全面发展和素质教育全被抛掷脑后，教师根本不敢去尝试教育改革中提倡的一些新的理念和方法，只有简单的应付和单向消耗，而这种高压的、强制的单向消耗只会使教师越来越疲惫。

教育教学活动本身是一个复杂的情境，加之教师控制事物和预测能力的有限性，使得教师在教育教学活动中很难准确地定位，对教育教学活动过程的掌握不清晰，在社会对教师提出较高的标准而教育目标不是很明确的情况下，教师就会感到不知从何入手。基础教育课程改革中的研究性学习要求教师要从授业解惑者角色转变为学生学习的引导者、建构者和促进者，要在教学活动中学习和创造新知识，开展科研工作，提高师生的互动性。[①] 将自主学习、合作学习和探究学习引入课堂中，教师要教会学生进行自我反思和自我审视，帮助学生发展和维持积极学习的良好心理氛围，并能够对自身的学习过程和学习结具进行评价，形成相应的内化机制。[②] 从中可以看出新课改对教师的要求如此之高，而教师一旦无法接受和胜任，对自己角色与能力等定位不准的话，教师就会发出"这书是越来越不会教了"的感慨！一个教师这样感慨道：

> 作为教师，我们当然希望尽快达到教育改革的相关要求，但本身能力的提高，素质的提升是需要一个过程的，这就必然让教师产生许多本不该产生的适应性问题。特别是随着教育改革的深入，教师的工作任务不仅仅是单纯的课堂教学和一些行政性事物，各种各样烦琐的事情加在教师身上，确实使每位尽责的教师难免都承受了不少工作压力与难言之苦，使许多教师产生了过多压力。

三、角色期待与模糊的教师

"角色"是指个体在社会中所扮演的社会形象，由社会地位所决定，扮演某种角色的个体会表现出社会所期望的行为和态度，力图达到"理想和现实的统一"。[③] 教师对自己角色的选择和定位，实际上是教师理想自我的确立过程，并努力地实现现实自我向理想自我的转变。但是，教师职业的多样性和社会分工的复杂性使得教师所扮演的角色也越来越丰富和多重化。

由角色引发的压力，产生于人们在社会环境中不能很好的胜任社

---

① 钟启泉等：《基础教育课程改革纲要（试行）解读》，浙江教育出版社 2001 年版。
② 钟启泉等：《基础教育课程改革纲要（试行）解读》，浙江教育出版社 2001 年版。
③ 柳友荣：《教师心理保健》，安徽人民出版社 1999 年版。

会或者公众提出的要求和期望。某个特定的角色是与相应的环境相一致的，一旦角色与环境发生冲突时就会产生压力。通常情况下角色模糊和角色冲突也会引起角色压力。角色模糊一般是指个体不能准确地认知某一职业的性质、相关要求和任务时产生的一种社会适应不良状态。角色冲突是指当个体面对一个与自己不相符的要求时所产生的矛盾状态。Sutton 认为，教师普遍所存在的两种角色冲突主要来自两方面：一是家长对教师是否能给予他们的孩子高质量的教学提出了高期望，而教师可能无法最大化地利用好教学方法和教学材料；二是作为教师要能管好学生的纪律，而真实情景中的教师却缺乏必要的威信和处理问题的技巧和能力。[①]

　　当前，我国正处于一个社会转型时期，教育作为社会组成部分的一个子系统，也将受到社会转型的影响，为了适应社会转型的需求，教师必须迅速作出调整和变化以适应转型的要求。同时，教育功能的特殊性又要求把帮助和促进社会顺利实现这种转型，作为自己的职责之一。在《科隆宪章——终身学习的目的和希望》中有明确的表述："教育的发展将有益于经济的繁荣、公民责任感的增强及社会的协调与稳定，传统的工业社会正在向知识社会转变，在迎接这种社会转变带给人们的新挑战时，教育和终身学习应起到特殊的重要作用，教育和终身学习也将成为人们'走向流动性社会的护照'"。[②] 一个教师的叙述：

　　　　新一轮的基础教育改革对教师提出了很多新的要求，对教师身份、知识体系、思维模式、教学水平、教学方法以及教学手段等提出新的要求。在教师身份上，由知识提供者变为引导者和互动者；在知识体系上，实现学科的跨度交流；在思维模式上由学生的接受性学习变化为探索性、自主性、创新性学习；在教学水平上，能够将他人优秀的教学风格转化为自己的风格；在教学方法上，从单一的教师讲授转变为

---

①　Sutton, R. I: *Job Stress Among Primary and Secondary School—teachers*, Work and Occupations, 1984, 11 (1).

②　杨民：《社会的变化与教育》，《比较教育研究》2001 年第 5 期。

师生合作；在教学手段上，在粉笔、黑板的基础上学会运用计算机进行多媒体教学，等等。在这种情况下，大部分教师会对自己素质和能力产生怀疑，担心跟不上时代的步伐，进而产生紧张、无助感。

教师职业的特殊性往往会让教师进入到角色模糊和角色冲突的情境中，在社会发展和教学模式多样化的过程中，教师所扮演的角色也越来越复杂化和多重化，既有外显的，也有内隐的；既有认知的、行为的，也有情感的。教师的角色在社会角色与自然角色之间、成年人与青少年之间、校内与校外之间摇摆。在教育改革的影响下，教师的另一角色冲突来自于新旧教师角色的反差。角色的混杂和互相影响，使得教师不能给自己的角色一个清晰的定位，教师在角色转换和调整时常常遇到困难。有研究证实，教师的角色模糊和角色冲突会导致教师的压力。[①]

教师缺乏对自身角色的广泛认同，容易导致教师工作的偏差和失误，带来角色模糊、角色冲突。而如果能够全面认同和了解教师角色，教师则可以把自己作为这些角色的承担者，积极实践各种角色，在角色参与中逐步建立起坚实的信念和崇高的理想。达到这一认同心理水平的教师已经融入了角色参与，对教师职业本体有了高度的认同和了解，因而产生更多的幸福体验，从而彻底排除多方面给予教师的角色压力。

教师职业的角色模糊性和冲突性特征是教师产生压力的一个重要因素。薛利教授的研究将角色定义为处于某一社会地位的个体所期望的行为表现，即角色就是个体拥有某一特定的身份之后，他人对个体作出的与个体这一身份相适应的行为。个体所遇到的角色冲突（见表1）及角色模糊（见表2）往往容易诱发个体的角色压力。当个体不得不扮演两种或两种以上与本质不相符合的角色时，就会产生角色冲突，教师个体就经常处于这样的情境中，教师职业的一个典型情境便是遭遇角色冲突，在社会快速发展和学校教学水平提升、教学功能多样化

---

① 傅道春：《教师的成长与发展》，教育科学出版社 2002 年版。

的现实中，教师所担任的角色也越来越多样化和复杂化，在这样的情形下，教师个体常常要面临两个或者两个以上的冲突情境，很难权衡利弊某一角色行为，这时角色冲突也就产生了，如果个体不能很好地对待和调整，则压力便随之而来。角色模糊指的是对职业的性质、目标、任务、权利、规范等缺乏一个准确的认识，而使个体对自己的角色要求和角色定位感到混乱，认为自己没有能力胜任这一职务。角色模糊会使对自己完成某项任务产生不确定感，对自己努力的结果无法预知。不管是角色冲突还是角色模糊，直接的压力源都来自于外部的角色期待，这种压力源的作用通常被称为角色压力。

表1　角色冲突

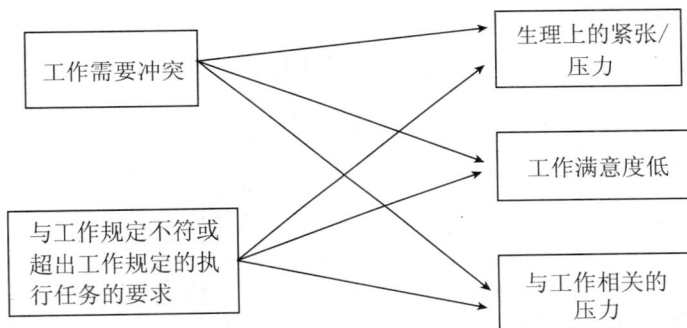

（资料来源：转引自陈德云：《教师压力：来源分析与应对策略》，《华东师范大学硕士学位论文》2004年第20页。）

教育改革中教师所扮演的角色是复杂而多样化的，霍宜尔（Hoyle. E.）教授在其《教师角色》（The Role of the Teacher）一书中指出教师最主要扮演的角色之一是"教学活动的专业人员"，教师不仅要成为教学领域的专家，还要学会基本的教学方法和手段。另外，也要扮演"领导者"角色，用适当的教学手段和方法来达到教学水平的高标准。[①] 威腾博格的研究中也指出，教师角色应是以下几个方面的结合体：教师是教育模范；教师是社会道德促进者；教师是学生学习的最恰当评价者和判断者；教师应该引导和帮助学生学习知识、获

①　See Hoyle，E.，The Role of teacher. London：Routledge & Kegan paul L tdy.

得技能；应该帮助学生消除争端和矛盾；教师还应该帮助学生进行目标定位，使学生不断超越自我；教师还应对学生的行为进行有效的引导；对学生树立自信品质提供帮助；对学生的团体学习氛围给予指导并承担其团体领导者的职责，让学生成为团体参与者和合作者；做学生的良师益友；给予学生情感关注和支持。[1] 台湾学者林清江教授在对教师角色进行研究时提出，教师所承担和扮演的角色在不同的层次领域包含不同的内容，如在教育教学过程中，教师的角色是帮助学生学习知识、掌握技能以及完成相应的社会化；在学校管理中，教师的角色是组织、参与学生的活动；在团队合作中，教师的角色是平等与和谐的交流和沟通；在社会文化中，教师的角色是通过选拔人才，促成社会流动和发展。

表 2　角色模糊

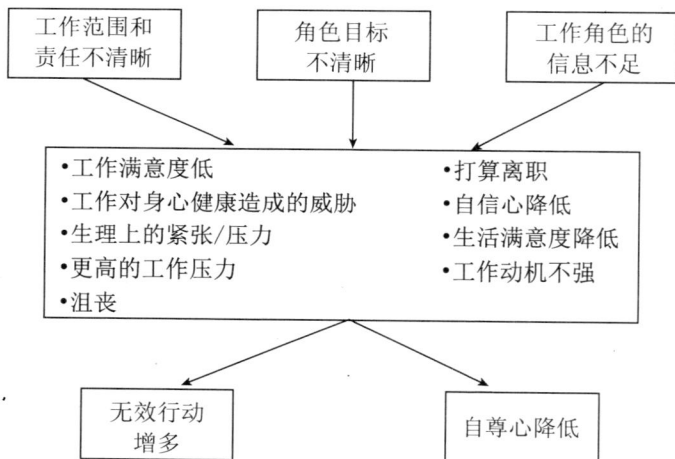

（资料来源：转引自陈德云：《教师压力：来源分析与应对策略》，《华东师范大学硕士论文》2004 年第 21 页。）

　　教师职业的特殊性之一在于其工作的创新性和独特性，教育作为一种社会现象，对教师提出高标准，并要在教学中体现时代感，这和教师职业的独特性密切相关。长期以来，我国的教育主要受到以孔子

---

[1]　王以仁：《教师心理卫生》，中国轻工业出版社 1999 年版。

为代表的儒家思想的影响，儒家学派认为个体是可以通过教育来完善自我的，特别是在自我磨炼或修养中提升自我，个体通过自我反思和榜样的学习来获得成长。同时还强调教育在改造社会和个体中的作用。由此社会认识到了教育的价值，对教师提出高期望。在过去的主流文化中，"无私奉献"、"爱岗敬业"的教育价值理念是对教师职业的写照，而社会上所标榜的"教师是太阳底下最光辉的职业"、"教师是孩子心灵的领路人"、"教师是蜡烛，燃烧了自己，照亮了别人"等口号，在一定程度上，把主流社会的价值观念通过文化传承的方式转化为对教师道德的要求，使得教师的职业趋于理想化、完美化。这些都要求教师必须以高大的形象示人，并学会克制自己的情感。教师也是普通人，一样有喜怒哀乐的情绪情感体验，通常情况下，教师所受到的束缚阻碍了他们情感宣泄的通道。时间一长，教师心情较为低落，精神负担倍增。

教师在教育教学改革中所承担的角色越来越多重化，特别是随着社会的快速发展和信息化时代的到来，信息技术不再受时间和空间的限制，以更方便快捷的方式传递信息，其首要任务之一在于使个体有能力掌握自身的发展。面对如此情境，在联合国教科文组织的提议下，由埃德加·富尔教授为首所著的《学会生存——教育世界的今天和明天》一书中，提出了终身教育的理念，在终身教育理念的指导下，提出了教育的四大支柱，也是个体一生的知识支柱。即学会认知（learning to know）：获得认知和理解的手段，而不是获得系统化的知识；学会做事（learning to do）：除了传统的技能外，更主要的是学会有效地应付变化不定的情况以及参与创造未来的能力；学会共同生活（learning to live together）：在共同学习的过程中，学会尊重多元性、相互了解，以及平等价值观的精神；学会生存（learning to be）：学会作为个人、家庭和社会的成员。一个公民和生产者、创造性的理想家，能够适应变化中的社会生活，并承担起不同的责任。有学者认为这四种基本的学习能力是未来教育必须具备的。

在教育的传统范畴发生变革的前提下，教育系统也进行了变革，这种变革从宏观的培养目标、模式到微观的课程设置和教学策略都随之发生变化。加之社会各界也意识到了教育的重要作用和价值，纷纷对教师寄予了更高的要求和期望。而在改革实施的过程中，必然要引起教师工作方式、工作秩序的变化，教师为了适应教育改革的要求不得不调整自己的工作方式和工作秩序，教师在对教育改革感到不满时，就会产生某些负面情绪，进而认为压力产生的根源来自于改革。

教育教学改革中要求教师成为新理念和方法的开发者、建设者和实践者，特别是在世界经济一体化的今天，各国都对所培养的人才提出明确的标准，未来人才都要求具备一些相应的能力，为了适应社会的发展，与国际上先进的教学观念和教学方式方法衔接，我国提出基础教育改革方案和相应的要求，如新课改对学生的培养计划是引导和帮助学生树立良好的学习习惯，开发学生的学习潜能、创新精神、探索能力和动手操作能力，培养正确的世界观、人生观和价值观。更重要的是，要让教师在掌握知识技能的同时，开发情绪情感价值观，这些计划的实现都是要靠教师来完成的。

这样一来，教师角色就会由原来传统的教师中心转变为学生中心，着重培养学生的探究能力和创新意识。角色的转变要求教师承担起新的职责和义务，如教师个体要提供更多的时间和空间，把主体地位还给学生。另外教师还肩负起引导学生进行科学探究和心理教育的工作，这些新任务是教师之前未接触过或未学习和培训过的。教师一旦担当起这份新工作，会因担心自身所具备的能力不足应对新的困境而产生不确定的内心冲突。一个教师这样叙述道：

> 在现实的工作或生活情境中，教师也是社会成员中的普通人，教师也同时扮演着多种角色，同时承担着为人父、为人母、为人夫、为人妻、为人子的角色。除此外，教师还必须履行自己的职业角色，要承担学生引导者、管理者的角色。如此多的角色要求集于教师身上，很容易让教师产生迷糊，很多时候自己都不知道自己是谁，经常处于左右为难的境地，时常会出现不知所措的感觉。

特别是随着教育改革的不断实施和发展，社会各界、家庭、学校和学生等对教师提出高期望和高要求，并要求教师将教学理念由应试的转为素质的；教师应该把学习的主体地位还给学生，应该成为学生学习的引导者和促进者；教师应该成为教育教学工作的开发者和研究者；教师应该成为课程和教材的建设者；教师应该采用发展性的评价标准对学生进行评价，应该成为新的评价理论、方法的实践者和探究者；除此外，教师还应该具有合作意识，要能够与学校领导、同事、家长以及学生进行平等的交流和对话等。教师被赋予如此多的角色，当教师在面对这些角色并难以协调时，便会产生角色模糊和冲突，继而出现压力症状。

四、模式冲突与无为的教师

新一轮基础教育改革一方面给学校教育提出了很多的要求，另一方面也在一定程度上使学校组织目标不确定与模糊化，这就导致许多教师处于原有的教育教学模式与现有创新改革模式的两难情境中，同时教师原有的角色与新的角色要求和成就期望之间的冲突也让教师产生许多可能的压力情景。因为教育改革提出的一系列新的教育教学理念与教师实际情况之间存在很大的差距，教师为了尽快适应这种新的要求往往感到负担过重，时常处于角色冲突情境，于是多数教师处于进退两难的境地，这是教师在近几年经常碰到的情况。加之教育活动的增加，教师又没有更多的时间和精力去调适自己以达到改革提出的要求，这些均构成了教师的角色冲突和压力。一位校长这样叙述道：

> 在科技迅速发展的今天，信息技术的发展推动了现代教育的到来，社会和学校纷纷要求教师迅速掌握现代教育的信息技术，让当地的教育与时代接轨。在贫困边远农村地区教师看来，三尺讲台、一支粉笔、一块黑板仍是他们进行教育教学活动的主要方式和依据。教师魅力的展现、教师特色的发挥，以及课堂教学组织形式的开展还不可能通过网络等多媒体的手段实现，只能按照传统的灌输—接受方式进行，学生的学习模式仍是听课—朗读—背诵—做作业—考试的传统模式。这样的授课方式较为陈旧、落后，不适应现代教学的

要求。

教师的拿手好戏依然是"满堂灌"、"填鸭式"，粉笔加教鞭是教师的教学工具，机械记忆是教师对学生的一贯要求，以分数作为评价学生的标准。学生的主动性、积极性和创造性被埋没，发现学习、探究学习流于形式，教师关心的问题是怎样把自己的知识经验精准地传授给学生，学生吸收了多少，能听懂、记下来就行了，学生完全处于被动接受的状态，这种机械、呆板的教学方式让学生产生厌学心理。加之，随着新一轮教育改革的推进，要求学校和教师上课时必须使用多媒体教学，这就给教师带来了很大的压力，因为之前很多学校的硬件设施不完备，缺乏相应的教学道具和教学材料，师生的大部分教学活动都是在简陋的课堂里开展的，没有与之相结合的实验器材的演算和操作，学生体验不到自己去探索和发现的真实情境，只能凭借想象，这样会禁锢学生探索性、创造性思维的发展，更不能激发学习的欲望和热情，学生的动手能力较差。现在这些学校为了完成上级的相关指示，为学校配备某些先进的教学设备，但是教师原有的知识经验和教学技术并不能掌握这些先进设备的使用方法。他们甚至不知道这些设备有什么用途。在这样的情境下，要教师马上按照教育改革的要求使用多媒体进行教学是非常不现实的，这无形中也增添了教师的焦虑情绪。

除了教育改革给教师带来压力外，伴随科学技术的飞速发展，社会各个方面也得到了迅猛发展，这也给现行教育体制和教育思想提出了新的挑战，给教师提出了许多新的要求，教师的教育教学理念和方法必须进行变革，才能适应教育改革和社会的变化和要求。而这些变革的实施都要求教师首先能够正确地对待教育改革，能够实现角色的转变。近年各级各类学校大力推广多媒体教学，要求教师必须掌握多媒体教学的相关知识和操作程序。但是现实情境是许多教师，特别是民族农村贫困地区教师之前没有接触过多媒体，加之教师在使用多媒体教学的过程中，没有得到很好的指导和训练，面对这样的情境，教师个体时常感到困惑和不知所措，开始怀疑自己的能力，对教育教学改革的一些理念和方法产生怀疑。因为教育改革所提倡的一系列新的教育理念和教学方法，都在一定程度上给已经习惯了传统教学理念和方法的教师带来了冲击，教师必须从教育理念入手，改变传统的教学方式，并要会把自己的教学特色与新的教学方式相融合，这样就使得原本忙碌的教师多了许多工作量和难度，教师天天还必须抽出时间和精力来学习和制作多媒体课件。在过度的负荷下教师倍感身心疲惫。前人的相关调查研究显示，信息技术的推广和实施给教师带来的压力超过了教学负担、晋升等造成的压力，特别是年龄越大的教师，越不容易学习和操作，也越不愿意使用信息技术，他们的压力越大。Elaine 教授的研究也表明，教师在技术的发展上表现得对工作的不适应，对自身专业缺乏更新的能力，这是滋生压力的一个原因。Kathleen Blake 教授在 1999 年的研究表明，"将现代技术纳入教师教学环节，并引导学生适时适量浏览有用网页，这给教师多了一份新的任务。使教师不能自如运用这些先进技术，或者缺少学习这些技术的环境和机会，或者在使用时有所顾虑，所有种种都给教师带来了压力"。

在此情况下，尽管信息技术的发展和多媒体教学的实施，给教育教学工作带来了方便，使个体在思想、工作、生活、学习方式上都有一定的变化。但随着这些变化的急剧发生，部分教师还未做好充分的心理准备，没有形成相应的应对能力。这就导致冲突情境的产生，也导致教师产生工作和生活的不安定感。一个校长这样叙述道：

> 在教育改革背景下，许多新的教育理论、思想、观点以及各种新的教育教学模式、方法、技术、手段不断涌现，教师如何接受这些新的东西，并在自己的教育教学情境中运用，这是对教师的一个挑战。但许多教师表现出了无所适从，茫然无助。加之，当前教育正在发生着由"知识授予型"向"知识创造型"的转换，教师也在经历从"经验型"教师向"创造型"教师的转变。然而，教师的发展并不仅仅是知识的扩充或智能结构的完善，而是一个伴随教师职业生涯的动态的非线性的发展过程，是需要一种通过人为的用心与努力去推动、促进、提升或者改进的过程。

社会对教师的关注更多的是看教师教育教学的外显行为，很少在乎教师的思想感受和价值观念。而在实际的教育教学情境中，教师的意识形态对教育教学的质量和效能会产生重要的影响，社会学者帕森斯教授认为，对教师的认知加工过程产生影响的一个重要因素是教师的意识形态，教师的意识形态和价值观念会对教师个体的注意选择、信息检索、贮存、提取等过程进行加工，还可能通过教师的情绪变化来影响教师个体的认知过程。通常情况下，教师在进行教学时要考虑教育对象变化所产生的影响，与以往的教育教学对象相比，现在的教育教学对象呈现了一些显著的时代特征。

美国人类学家米德从文化传递的视角，把人类社会由古及今划分为前喻文化、并喻文化和后喻文化。"前喻文化是指晚辈主要向长辈学习；并喻文化，是指晚辈和长辈的学习都发生在同辈人之间；而后喻文化，则是指长辈反过来向晚辈学习。"[①] 教育系统也呈现出了从"后喻时代"向"并喻时代"和"前喻时代"的变化趋势，[②] 教师个体对学生的影响和指导已经不再表现在所有领域，因为随着信息化时代的到来，个体包括学生获得信息的途径非常多，学生除了从教师身上学到必要的知识和技能外，还可以通过很多其他形式或途径来获得信息。传统观念认为的教师和课堂是学生信息获得的直接方式已经受到了挑战和冲击。学生在学习的过程中，首先考虑的是所学内容和方式是否好玩或有趣，有没有实用价值，这在一定程度上，也使得传统的课堂教学模式和单一的教育教学方式受到冲击。

学生对教师权威的再认识，传统理念里的教师权威也越来越受到挑战，学生反权威的意识与行为在不断增长，教师不再是高高在上，学生不再对教师唯命是从，这种状况在一定程度上是由独生子女问题引发的，因为独生子女的"自我中心"意识让教师的权威受到了一定的挑战，加之学生所处的时期刚好是反叛期（这一时期也被称之为暴风骤雨时期），以及现在流行的偶像年轻化现象让学生有了自己的追求目标和思考空间，在一定程度上也加强了学生反权威的意识与行为，

① 玛格丽特·米德：《文化与承诺——一项有关代沟问题的研究》，周晓虹、周怡译，河北人民出版社 1987 年版。

② 宋晔、赵丽萍：《后喻文化时代教师权威论》，《教育科学研究》2009 年第 8 期。

教师作为学生生活中的重要人物，首先受到挑战。

随着国际化趋势的加剧，各国彼此间的交流和沟通得以加强，特别是网络的发展，使得人们的空间感越来越小，个体想要走出国门，了解世界只需通过浏览互联网就能实现。这在很大程度上满足了学生的好奇心，同时也在彼此的交流与合作中形成了个体超越民族文化的价值观念和意识形态。尽管这种状况加速了全球化的进程，但也不可避免地造成了世界民族文化的遗失，同时也增加了教师对于课堂价值取向取舍的难度。

新的时代特征需要具备多元、有特色的现代观念。受我国的完整式、封闭式、大而全式的传统知识教学模式的影响，教师教学的内容也主要是从知识本位出发，很少关注和考虑学生的需要和时代的要求。与此同时，由于学生获得信息的途径很多，学生的知识结构也越来越多元和有特色，不难看出，如果把所有矛盾都归结于课堂教学，教师就会承受更多压力和在教学过程中产生更多的困难。但从学生的现状来看，教师的充分准备、迎接挑战的信心能够很好预测其对学生的认识和了解，反之则会使教学进程变得有困难或有效性欠缺，师生关系变得冷淡或者相互敌对。所以，教师要能从学生的实际出发，适当满足其要求，一方面能够出色完成教学任务，另一方面减少压力的产生和蔓延。

第六章　缓解民族农村地区教师压力的策略
——基于个案实践探索的理论思考

教师是什么样的人要比他教什么更为重要。

——卡尔·明格

　　压力会让教师产生一系列不良的身心反应，如情绪低落、精神萎靡、身心疲惫，这些不良的反应严重危害教师的健康，进而会对教育事业的蓬勃发展和教育教学质量的全面提高产生重大的影响。而且如果教师承受着巨大的压力，还会对学生的认知和行为等产生消极的影响，从而导致学生产生厌学情绪。因此，预防、减轻、消除教师职业压力是一项必要而紧迫的工作，应该引起教育等相关部门的重视。当然要缓解教师的压力，需要从多层面展开，需要社会、学校、个人等不同层面的共同努力。为了缓解教师压力，特别是特殊地区教师的职业压力，提高教育教学质量和提升教师专业素养，针对具体教育教学的实际，本研究从理论与具体实践层面，提出了缓解教师压力的相应策略。

第一节　引导教师转变观念

一、教师形成自我认同观念

自我认同最初源于心理学领域的研究范畴，是在 19 世纪 60 年代随着传统发展心理学的发展而盛行的。是指个体在自身的经历基础上所进行的对自我的反思性理解。"后现代"的观点认为个体形成自我认同感首先是从自我内部开始的，然后通过内部参考并进行自我反思。"自我认同"以反思性知觉的存在而形成假设。但自我认同也不是外界所赋予的，而是个体自身连续性的行为动作的整合，是个体在进行自己反思时产生的某些带有创造性和独立性的事物。自我认同能够客观地知觉和评价外界，与外界和谐相处，能够对生活充满热情和信心，不会自怨自艾或形成消极悲观的生活态度。在崇高的人生观和价值观的指导下，个体科学合理地制定行之有效的目标，并不断追求，试图最大限度接近社会的赞许和接纳。在这种认同中不仅使个体能提升自信与自尊，同时又不会一味地屈从于社会与他人的舆论。和其他个体相比，教师也有必要具备完整的自我认同感。派默教授就曾指出教师困境的一个主要来源——教师的自我认同。他说："教师是灵魂的一面镜子，认识教师自己和了解自己所教的科目、所教的学生是同样重要的……我们需要开辟一个新的探索领域——教师生活的内部风采（inner landscape of teachers' life）。"① 教师个体自我认同的建立不但有利于自身身心健康的发展，而且有益于其排除外界带来的不良应激，克服重重压力。

教师自我认同的完整性要求教师完成三个心理层次上的认同，这三个心理层次依次由低级到高级展开，一是教师对作为个体人的认同和了解；二是教师对本职工作的界定，即教师是一种职业，还是一种

———————————

① 马利飞：《对高校外语教师自我认同的个案研究》，《新余高专学报》2005 年第 3 期。

事业的认同和了解；三是教师对自身所需要扮演和充当的角色的认同和了解。这三个心理层次是教师对个体人、职业以及教师角色的基本态度的反映。当教师个体达到了这三个心理层次的自我认同，教师就能自如地应对外来压力。

　　人是由一个个差异性的个体所组成，个体能够很好的对自我产生认同感，并对处在不同时空中的自我产生认同感。心理学研究领域把自我定义为自我意识，即个体对自己的认识和评价，包括对自己心理倾向、个性心理特征和心理过程的认识与评价。正是由于人具有自我意识，才能使人对自己的思想和行为进行自我控制和调节，使个体形成完整的个性。古代哲学将关注自我看成是一种职责、一种技巧、一种能力和一项独特的方式和方法。关注自我是一种生活方式，人应该把自己视为一个自我关注的对象，并贯穿整个人生。人类都是在对自己进行深入地反思和体验、进行内化的有机体。① 教师也一样，作为一个兼具生物性和社会性意义的人，首先要认识外界客观事物。一个人如果不认识自己，也无法把自己与周围相区别，他就不可能认识外界客观事物，也就无法让自己从生物人转变为社会人。只有当个体对自己的人格特征、心理特点有了一定的认识，对自我存在的价值有所体验并能悦纳自己，对自己的优点和缺点能够正确的认识并作出客观如实的评价，对自己的期望和提出的要求是量力而行的，才能切合实际地制定自己的生活目标和理想，同时尽最大力量发展自身的潜能。当教师个体实现了自我认同时，就可以避免目标与理想不符、主观与客观冲突所造成的自责、自怨、自卑情绪，摆脱由自我判断上的失误及不当带来的心理压力。② 一个教师这样叙述道：

　　　　教师一旦决定将"教师"作为自己的行业，就会承担教师的职责和履行教师相应的义务。由于教师职业本身的特殊性以及社会的不断发展，教师所要扮演和承担的角色越来越复杂化和多元化。但是，传统观念认为教师就是教育教学人员，即"师者，传道，授业，解惑也"。而对教师的其他角色

---

① 福柯著：《福柯集——20世纪国外文化名人书库》，远东出版社2000年版。
② 刘萍：《试析教师压力及其应对策略》，《思茅师范高等专科学校学报》2006年第4期。

则认识不够，甚至忽略。当教师对自己的多重角色身份认识不清时，对其中的某些角色不能形成一致性感受。

每一个有自我意识的个体都会遇到这样的两种矛盾，在意识层面觉得自己是为这个社会服务的，处于社会的边缘化处境，自己只是社会中的一个很小的角色；另一种是当自己处于无意识的状态时，自我的地位就显得比较大，总是以自己为中心，并试图找出一种适合自己的信仰和追求观念，使其成为自己立足于世间的一种依靠。①

自我的认同不是从一个人的态度、行为之中发展出来的，也不是从他人对自己的评价中积累来的，而是在特定的情景中、特定的叙事中发现的。由此可见一个人与社会的互动是多么的重要。具有这样一个互动过程，自我认同就显得真实而可靠。教师为了保持高度的自我认同，必须清楚自己的职责所在，知道自己的过去与未来。这是一个自我认同连续性的过程，即在持续的内在我与身体我中，体验着个体的自我概念。一个教师这样叙述道：

　　教师正处在社会转型期和信息爆炸时代，知识以每四年75％的速度在更新，许多知识更替速度非常快，特别是现在随着社会的飞速发展，学校里所学到知识远不能满足实际工作中的需要，那种依靠学校知识维持一辈子，一劳永逸的时代已经一去不复返了。因此做一个积极的学习者，不断地更新知识，适应工作变化，对个人尤为重要。在复杂的教育领域，教育工作者更应抓住一切机遇提升自己的专业素养，不断学习和完善自己，使教师能够在自如应对教育改革的同时，真正体会到改革带来的契机。当中小学教师养成了良好的学习习惯，掌握了科学的教育理念、先进的教学方法、适宜的交流技巧，学会了迁移和借鉴，形成了一定的发展目标，并知道如何为实现目标而努力之时，教师将不会再担心管理者的突然检查，教师不会为不知如何做家长工作而焦虑，教师

---

① 孟登迎：《意识形态与主体建构》，中国社会科学出版社 2002 年版。

也不会因为工作中的自主权过大而忐忑不安。教师同样不会
再为缺乏职业稳定感而忧心忡忡；不会再为频繁的教学改革
而焦躁烦恼。相反，教师会对教育改革产生认同感，并不断
提升和调整自己来适应教育改革的相关要求，在相互适应和
发展的过程中体验快乐，实现人生价值。

教师个体形成的自我认同感对教师是非常关键的。因为只有当教
师对自己有十分清晰的了解时，才能把从外界获得的教学实践过程分
化出来，形成一套自己的内在反思模式。"自我认同"的模式体现了在
当今这样一个新时代下，对"时代性"的新的探索与诠释。并努力去
发现一条新的关系模式以改变现有的孤立个体思维的模式，即在关系
化的基础上去寻求一条新的自我认同之道。

当教师具备了较好的自我认同感时，教师才能对所遭遇的困境和
矛盾进行客观的分析，理智地寻求合理的解决办法。特别对所面临的
压力体验才能形成正确的认知和态度，才能更客观地认识到压力不是
代表个体本身的弱点和能力的不足，而是每个个体都会面临的正常的
心理现象，继而用良好的心态来对待和处理压力，从而更好地应对压
力所引起的身心变化。当然教师自我认同感的形成也需要加强意志力
的磨炼和培养。因为良好的意志品质是减轻心理压力的重要心理基础
之一，从而克服恐惧、愤怒、失望等不良情绪的干扰。

二、教师具备批判反思的意识

反思又称"反省"、"反映"，它是从西方哲学发展起来的一个概
念。是一个间接思维过程。不同的哲学家对反思有不同的认识，相应
的就会有不同的含义。如英国哲学家洛克认为，反思是对某种知识的
注意和知觉，人只有通过反省心灵的活动方式才能获得相应的观念，
例如产生知识、获得思维、体验事物的观念等。荷兰哲学家斯宾诺莎
给反思下的定义是，反思是认识真理的高级形式。德国哲学家黑格尔
的观点是，反思是人的内心活动的一个精神概念，指的是人在认识相
互联系的事物时，对事物之间的内部辩证统一的关系进行把握的过程。

在前人的研究基础上，现代学者通常认为反思是个体对自己的认知、情绪、行为等的再思考环节。反省或者反思是个体自我意识觉醒的过程，而个体自我意识觉醒的过程来自于原有理念指导下的对具体实践工作的茫然。教师的反思是指教师在教育教学实践中，以自我行为表现及其行为之依据的"异位"解析和修正，进而不断提高自身教育教学效能和素养的过程。个体自我意识强的教师更善于对自己进行批判反思，同时能够认真审视自己的教育教学工作。

反思是教师专业发展和成长的重要途径之一，也是缓解压力，促进教师心理健康的有效方法。教师通过对教学经验的反思来提高教学能力，调整自身情绪和工作压力，提升自我效能感，进而释放压力，促进心理健康发展。当然，这种反思不仅仅指简单的反省，而且还指一种对自己是否有能力完成教学任务、解决教学问题的方式，要求教师对自己能力进行衡量，并作出是否承担此种任务的评估。波斯纳（Posner）曾提出教师成长的公式——成长＝经验＋反思。① 一旦教师只满足于当前获得的经验，而不对这些经验进行细致的反思，那么他将永远停留在新手型教师的水平，无法摆脱成长的困扰。反思是心理健康水平较高的专家型教师的核心所在，教师专业成长的首要条件之一，就在于通过反思来进行自我完善和发展。只有当教师的教育理念和教育实践与自己的研究交融在一起，教学与反思有机结合时，教师的教学才具有了教育哲学的意义，教师的行为也才有了更富理性的内涵。于是，教师才能够适应不断发展变化的教育要求，才能够应对瞬息万变带来的压力。一个教师这样叙述道：

> 在教育领域里不能只是一味强调教学经验对教学质量的作用和意义，从而排斥学习和采纳新的教学理论与方法；不能片面认为教学理论是万能的，企图用教学理论解决一切具体的教学实际问题；不能单纯从实用主义和功利主义的态度来看待教育教学，把教学实践的价值目标单一化、绝对化，否则就落入"只要考上×××学校，就……"的空洞性教

---

① 俞国良：《论教师心理健康及其促进》，《北京师范大学学报（哲社版）》2001年第1期。

学；坚定教育信念，树立批判反思的意识，在实际的教育教学中逐步提升专业水平，才能不断适应新的变化和要求。

因此，教师应努力成为反思型教师。从人格层面来说，教师应该积极进取、勇于探索、不断创新，对教学具有高度的责任感；从心理层面来说，教师应该重视反思、勤于反思、善于反思，对教学有成功的愉悦感。教师要不断地学习和研究先进的教育教学理论，并自觉地运用理论反思自己的教学实践、指导自己的教学活动，在学习中深刻反思、认真消化并付诸于实践。一个具备批判反思意识的教师能够不断地反思自己的过去，并能够解释自己行为的动机和目的。教师职业是一个极富挑战性，容易产生压力的行业，这就要求教师具备更强烈的职业热情和勇于奋战的精神，以批判反思的行为参与到具体的教育领域来。同时要求教师能与他人很好地交流、沟通和对话，能清晰地对自我进行定位，能够意识到自己的信念，同时不强加于人，能理解他人的信念和思维方式，在自我不断反思的过程中寻求自主发展的能力。

反思在一定程度上可以丰富教师实践性知识，是教育理论和实践结合的桥梁，可以使教师的内隐知识外显化，有利于教师自我提升。反思性教学不仅是一种教学思想，一条教学原则，也是教师培训的一种模式。教师的反思意识和反思能力的增强，对于自身的成长具有十分重要的意义。如果单纯地向教师提这样那样的要求，一味依靠灌输，用抽象理论硬塞教师头脑，缺乏教师主体的积极参与，教师素质的提高自然是十分有限的。

三、教师养成自我叙述能力

教师对自身的批判反思过程有多种实现途径，其中重要的一条途径是教师要能够通过自我叙述的方式来实现。自我的叙述是针对个体和他人关心的事件，而对所形成的自我认同进行理解性反思。日记是一个较好的检验指标，教师通过领悟之前记录下来的经验和教训，使其能够在未来的教师岗位上更好地发展。[①]

叙述，是指以坦诚的心态，把自己内心的郁闷和真实的想法，告诉给自己最信赖的人，以求得他们的帮助和心理疏导，实现缓解自己的心理压力的目的。一个人遇到过重压力时，如果把痛苦和忧伤埋在心里，就像泥沙淤塞了河道，势必引起不良后果。心理学家主张，人们在烦闷时要有效控制自己的情绪，但并不主张无限地压抑情绪，而应及时让情绪得到适当的疏通宣泄。常用的方法是主动向领导、朋友、亲人交谈，倾吐胸中的积闷，把痛苦全部倾诉出来。在倾述的过程中，将会得到领导、朋友、亲人的帮助和安慰，心情就会平静一些，舒坦一些。但切忌迁怒于人，因为不正当的发泄，也会造成伤害别人，影响自己周围的人际关系而酿成新的心理压力。

教师自我叙述的常用方式之一便是采取自传的表现形式。自传，特别是由个体通过写作或非文字的形式记录的自我发展历程，是现代要求的自我认同感形成的核心环节。自传和其他叙事方式一样，它必定需要人的加工，并且作为理所当然的事务召唤创造性的投入。[②] 教师一旦叙述或写出自己的教育教学理念和活动方式，以及自身对教育教学的阐释，就可以增加教师对自我的更深入的认识和了解，教师对自我的不断认识，又反过来促进教师教育理念和行为方式的调整和更新，从而促进教师个体的专业发展。[③] 一个教师这样叙述道：

> 在从教的十几年中，我养成了写日记的习惯，每天都把自己在教育教学，甚至生活中的一些事件写在笔记本上，不管是高兴的还是难过的事件都一一写下，每次写完后，心情都会非常的舒畅，如果记录的是令人愉快的事情，我会很欣慰，如果是不好的事情，我也会从中总结一些经验，对这些事件进行重新的定位和思考，避免以后犯同样的错误。现在回过头想想，这些东西确实对我起到很大的帮助作用。

---

① 安东尼·吉登斯：《现代性自我认同》，上海：三联书店1998年版。
② 安东尼·吉登斯：《现代性自我认同》，上海：三联书店1998年版。
③ 陈华：《中学教师的生活事件及工作压力调查》，《中国心理卫生杂志》2002年第8期。

教师自我叙述是对教学事件的回忆、描述、反思、再现。在叙述的过程中，教师对发生于自己身边的教育事件再一次进行梳理，可以获得较为理性的经验，可以得到成功的愉悦感，对做得不够满意的教育事件，在一定程度上相当于找到一个倾诉的对象，从感情上得到一些宣泄。

在美国福特基金会资助下的"以教育促进云南省民族农村贫困地区经济社会发展和民族文化传承推广实验"的项目研究中，① 在对六哨乡进行调研的基础上，项目组成员以培训、团体辅导或者个体辅导、实际操练、引导自学等方式力图帮助六哨乡教师培养自我认同感、形成自我反思能力和自述能力，这对促进当地教师的教学素养、转变自身固有或陈旧的思想起到了一定的积极作用。一名六哨乡教师这样讲述道：

> 我自当教师几年以来，一直没想过自己会有什么大的变化，每天的生活模式基本上都是反复性、持续性的重复，自己也没有什么奢求，只希望学生循规蹈矩一些，不出乱子，考个好成绩就得了。但当加入了 PRA 项目②的培训之后，我发现我的思想有了一些转变，觉得之前的观点太无知与狭隘、太陈旧了，自己也显得比较渺小。我越来越清晰地认识到当代教师的职责不仅是让学生考个好成绩，还更应该注重学生综合素质的培养。教师自身也要不断完善来提升自己的生存能力，并注重自身人格和专业技能的发展。我会继续努力，

---

① "以教育促进云南省民族农村贫困地区经济社会发展和民族文化传承推广实验"项目由云南师范大学教育科学与管理学院王凌教授、罗黎辉教授主持，是美国福特基金会资助的"以教育促进寻甸回族彝族自治县六哨乡、联合乡农村社区经济发展与民族文化传承"。项目的继续和深化，属二期项目。此项目研究旨在改变六哨乡等贫困农村地区学校教育与当地生产、生活相分离的状况，探索两者有机结合的有效途径，实现以教育促进少数民族贫困农村地区社会经济的发展和民族文化的传承。

② PRA 为 Participatory Rural Appraisal 的简称，即参与式农村评估研究。这种研究方法是福特基金会"以教育促进寻甸回族彝族自治县六哨乡、联合乡农村社区经济发展与民族文化传承"项目主要采用的研究方法。为了便于当地合作者熟记和使用，我们把整个项目名称缩减为"PRA 项目"，为叙述之便，我们下文中就用 PRA 代替"以教育促进云南省民族农村贫困地区经济社会发展和民族文化传承推广实验"项目。

不断充实自己，紧跟时代的步伐，做一个新型的符合现代社
会要求的教师。从现在起我将给自己制定一个目标，希望在
项目组成员的帮助下，通过自己的不断努力，不断反思，逐
步达到自己的目标。

自我叙述既是教师对自己进行批判性反思过程，更是自我提高的
过程。教师经过不断自我叙述、自我诊断、自我调整，不断改进自己
的工作并形成理性认识，最终得以自我提高，这种不间断的自我叙述
活动，就是教师自我发展、自我实现的过程。随着这种活动的不断成
功，教师的自信感和自尊感也就随之加强，使教师清晰地把自己的反
思结果与所采纳的理论作比较，然后通过同化或顺应的方式实现理论
与实践的交融。而交融的过程其实也是理论和实践的对话过程。

第二节　调整教育改革对教师的客观要求

一、明确教育改革的要求

目前我国新一轮基础教育改革，特别是中小学课程改革正在如火
如荼地进行。然而这次新课程改革也是由上至下进行和实施的，各级
教育部门和改革者纷纷给一线教师提出了很多的要求，却很少关心教
师是否能够达到这些要求，也没有提供教师如何应对新课程、新教材
的方法，以及怎样运用先进的教育教学理念去改进自己的教学方法等
实际问题的解决策略。许多教师，特别是民族农村贫困地区教师对于
教育领域里的改革很大程度是被动参与的，于是教师对改革中提出的
许多要求，特别是一些对于教师来说暂时达不到的要求只能疲于应付，
甚至焦头烂额，职业压力由此引发。工作在教育一线的教师是教育改
革的具体的操作者和落实者，要发挥教育改革的长远功效，达到教育
改革的终极目的，就必须要把教师的角色定位清晰，把教师视为改革
的关键性因素之一来考虑。如果在教育改革中各级教育部门和倡导改

革者不顾及教师的现状和需求，盲目跟风，教育改革只能事倍功半。

虽然基础教育领域里实施的新一轮教育改革确定了很多新的改革目标和要求。但是相当一部分教师对改革要求达到的目标理解不是很清楚，特别是改革目标的模糊性和不确定性，以及过高的要求让多数教师产生了力不从心的感觉。因此，各级各类教育行政部门和改革者应适当降低教育改革对教师提出的客观要求，以此缓解教师压力。因为教育改革的顺利实施同时受到多种因素的影响和制约，并且教育改革的结果或多或少存在不可预见性及不确定性。增强教师的适应能力，增强教师应对改革不可预见性的耐受力，是缓解教师压力的有效途径之一。拉扎罗斯等人认为，个体并不具备使用于任何情境的图式，并运用一成不变的图式阐释每个单一的情境，这就使得情境或事件变得不可预测。通常在这样的情况下，个体就无法明确地意识到采用什么样的行为来应对才是合适的，在不可预见的情境下，个体会产生一种无助感或脆弱感，继而引起一系列不适应症状。有研究表明，存在两种人格特质决定了对不可预见性的情境是否会产生压力反应，即个体对于不可预测性情境的耐受性和个体获得自我需求信息的能力。有些学者还认为，当个体遭遇到不确定情境时，个体必须首先具备忍受模糊情境的能力，并积极主动地去寻找可以消除模糊性的方法，一旦个体获取了新的信息，就能使用这些新的信息来应对不确定的情境，使得不可预见性的情境转化为不确定性情境。因此，难于预测、具有不确定感的外部环境是否对个体产生某些压力，还取决于个体对这些特殊环境的忍耐程度。一个校长这样叙述道：

　　教育部门应加强宣传力度，针对教师的具体情境给予教师必要的帮助和指导，要让教师明白教育改革势在必行，又要让教师知道改革的目的是提高教育教学质量，促进教育事业稳定、和谐、健康地发展，而不是存心为难教师，要让教师明白，只要尽心尽力工作，为教育改革做好准备，就会逐渐加深对教育改革的理解，逐步适应教育改革。

随着教育改革的推进和实施，教师个体越来越发现，教育行政部门、教育改革的推行者、社会、学校和家庭对教师在教育改革中提出的要求是不一致的，教育部门和改革者希望一线教师按照教育改革的相关要求执行，社会关注的是教育教学的质量，家庭和学校关注的是学生的考试成绩、排名情况和升学情况，教师往往徘徊于上级教育主管部门、教育改革者和社会、学校之间，教师在面对教育改革提出的理想与实际教育教学情境的矛盾时，往往对自身角色定位不清，陷入角色冲突和角色模糊的状态，继而引发压力。面对这样的情境，教育行政部门和学校应该根据教师自身的实际情况，制定具体可行的改革目标和要求，并将其进行整合，明确对教师的要求，从而避免教师产生压力。

教育改革的最终目标是尽最大可能提高教育教学质量，实现教育的可持续发展。但是随着教育改革的不断深入推进，教师个体不断受到来自教育改革的挑战，产生了一系列压力反应。改革中的步伐如果过快、过急、涉及面过大过深，作为具体执行者的一线教师不能直接参与改革的决策，只是被动地执行改革的决定，这样在教师群体中就产生了一些抵触情绪，也导致了教师压力的产生。

特别是在教育改革中，教师人事制度改革举措的提出和实施，尤其是教师聘任制的落实策略，让更多的教师体验到负面情绪的影响，教师聘任制改革的出发点和目的是力求通过引入市场竞争的机制或方式，激发教师的内在动机，充分调动教师的潜能，把教师的积极性和主动性发挥出来，建立起现代型的教师人事管理制度。从改革的动机来看，教师人事制度改革确实可以在一定程度上调动教师的工作积极性，推动学校相关工作的顺利开展。但是在具体的实施过程中，教师人事聘任制也暴露出了不少问题。并且这些暴露出的问题已经给教师群体带来了相关的压力体验。因此，教育行政部门和学校有必要完善现行的教师人事改革制度，建立一种新型的教师聘任制度。这对缓解教师心理压力无疑是非常重要的。同时增加教师的工作积极性、主动性和可控性，减少工作的不确定性，对防止和缓解职业压力也有明显的效果。基于此，教育主管部门、社会、学校应实行民主开放的管理模式，鼓励教师将消极的情绪发泄出来，并赋予教师更多的专业自主权和自由度，为教师提供参与学校管理、进行学校行政事务决策的机会。各级管理人员也应通过各种有效途径为教师创设一个宽松、民主、和谐的环境，增强教师的责任感和安定感，缓解工作压力，减少职业压力发生的可能性。

二、对教师提出恰当合理的要求

在教育领域，长期以来，社会、学校、家长和学生都对教师抱有很高的期望。特别是在信息快速发展的今天，教育被看成是立国之本，知识的增值和更新速度不容置疑。因此，社会各界都在关注教师的工作，这无形中就增加了教师的压力。而很多前人的相关研究也表明，过多过高的社会期望不仅不会让教师产生更高的工作效率，相反会让教师产生"不堪重负之感"。鉴于此，社会各界对教师的期望应该具备合理性和可行性，只有对教师职业给予更多的理解和帮助，才能缓解教师的压力。同时要对教师提出恰当合理的要求，就有必要调整长期以来社会对教师角色的认识，要意识到教师在促进学生身心发展中起到非常重要的作用。但是这种作用不是唯一起决定性的因素，教师只能引导学生的发展，不能主宰学生的发展，而且这种作用的发挥是有前提条件的。因为学生的发展除了受到教师的直接影响外，还会受到教育管理者、社会、家长等许多因素的综合影响。显然把学生发展的全部责任都推卸在教师身上是不合理的。加之，随着信息技术的快速发展，媒体的作用越来越大，近期媒体对教师职业的报道多是负面的，诸如"教师体罚学生的报道"、"教师自杀的报道"、"对学校教育进行批评的报道"等一些扭曲事实真相的文章频频出现在报纸和媒体，有些媒体还对教师出现的个别不良现象大加渲染，而对绝大多数认认真真、尽心尽责、关爱学生的教师则相对宣传不够、肯定不够。这在一定程度上会挫伤教师工作积极性，长期以往也会给教师造成巨大的心理压力。因此，媒体应客观地对教师职业精神进行宣传，尽量树立一些正面的典型，并加以宣传，以便在全社会弘扬教师精神。此外，家长也应该配合教师工作，共同对学生进行教育，家长应该意识到，对于孩子的教育不只是教师的责任，而是家庭、学校和教师共同的任务，家长要根据孩子的具体情况确定对孩子的合理期望值，家长应该积极与教师联系，共同商讨如何实现家校合作，共同引导和教育学生，促进学生的身心发展。

通常情况下，教师受聘于学校，就是可供学校使用的资源，由此就应该为完成学校的育人目标努力，学校会给每个教师安排相应的工作，并希望教师高质量、高标准、高效率地完成这些工作任务。这就意味着教师作为"组织人"和"教育人"的功能被强化，而作为"个体人"的发展却被忽视。但是，教师只是整个社会环境中的一个独立的组成因子，社会对教师个体发展的关注也应放在首位。因为教师要完成教育教学工作，需要个体智力、体力和能力等各方面的共同作用，教师个体的态度、情绪和价值观等因素都会影响教师的工作积极性和自主性。一个教师这样叙述道：

> 社会应对广大教师赋予合理的期望值，以此来扩大教师的"心理场"。教师不是万能的，教师也不是完美的，把教师责任之外的家庭、社会负担强压在教师身上是极不公平的。教师也只是一个实实在在的普通人，更不会有某些其他人群所有的特异功能。所以，社会要优化教育大背景，对教师职业给予合理的期望值，充分发挥学校、家庭、社会一体化的作用，共同承担起培养下一代的重任。教师也要对自身优劣势有一个客观的认识和评价，而不仅仅是注重发挥自身的专业价值和培养优秀一代的任务，可以向社会提出自己的需要，寻求社会支持，全力做好自己本职工作，这在一定程度上能达到缓解压力，适当宣泄负面情绪的作用。社会舆论要对教师放低一定标准，多一些对教师的正面宣传，能容忍、理解教师的微小闪失，真正尊重教师，这样才能激发教师的工作信心和热情，达到师生全面发展的目的。

基础教育改革涉及从教育理念到教育行为、教育实践等的大规模的调整，这对多数教师来说无疑是巨大的挑战和冲击，因为这些教师经过多年的教学生涯已经谙熟了原有的教育观念和教学方式。在实际的教育教学情境中，一部分靠经验进行教学的教师会感到，自己多年积累的经验将受到冲击，自然会产生悲观等消极情绪。这时如果不考虑教师的实际情况和真实感受，盲目地给这些教师提出一些超出其能力范围的任务和要求，或者总是谴责教师的素质过低、水平太差，不能适应教育改革的需要，那么教师的身心健康就会受到一定的影响，继而会影响到教育改革的顺利实施。在这样的情况下，改革部门和改革者应当调整教育改革的步伐，让教师真正参与到教育改革中来，熟悉教育改革的相关要求和所要达到的目标，并且让教师成为改革的主力军，让教师认识到教育改革不是被动地完成任务，而是自己主动的要求和提升，是把教育改革的外在要求转化为教师提升教学水平的内在动机，并给予教师更多的鼓励和积极评价，并让教师意识到教育改革不是一蹴而就的，是一个持久变化、稳步前进的过程。在教育改革中对教师的要求也应当根据实际情境进行不断地调整和转变，以便教师能够跟上改革的步伐，真正参与到教育改革中。

而教育改革中教师主体地位的突出，教师合理需求的满足是非常必要的，因为教师除了具备一般个体所需的需求和理想之外，还应有作为这样一个职业教师所需具备的需要和理想。于是，在教育改革的推行过程中，教育主管部门、社会和学校在有步骤的实施过程中，应适当考虑教师的一般个体需要和教师个体需要，实现教师个体的需要与教育改革需要的有机结合。在具体实施环境中，应深入访谈和了解教师的需要和理想，在学校层面尊重和保护教师的这些需要和理想，加强教师在教学中的主导地位，为教师创造各种有利的条件，以实现其自我发展的需要。在这种情况下，一旦教师清楚地意识到自己在教学中所发挥的主导性地位，才能更快更好地将外部发展转变为一种内部的发展动力，进而减少教师在外部教学发展目标和内部自我发展之间的冲突和矛盾。

三、构建共同的学校价值观

心理学的相关研究表明，组织氛围对于一个组织的发展是非常重要的，组织氛围将对成员的集体意识和上下级关系产生影响。组织中的成员如果感到彼此之间充满了信任、相互尊重、理解、支持、合作，这样就能使组织成员找到一种安全感和归属感，使成员充满自信地工作和生活，那么这样的组织氛围便是良性的，成员之间通过合作帮助可以使个体的某些烦恼和困难得以缓解或消除，这样也会高涨个体的工作士气，在一定程度上可以提高成员的工作效率，还可以缓解成员的压力。相反，如果组织氛围不好，则会造成组织成员之间缺乏凝聚力，同事关系紧张，这样容易使成员觉得没有安全感、归属感，甚至出现压抑感，这就容易导致成员活动效率低下，也极易诱发压力。因此，学校作为社会的一个基层组织形式，也应该考虑到这些影响因素。

学校作为社会的一个缩影，并随着社会的变革而发生相应的变化，而教师作为学校的一个组成部分，如何应对社会的变革？面对这样的疑虑，教师持有的态度是不一样的，有的教师积极主动地应对变革，然而有的教师充满抱怨。教师个体所持有的价值观直接影响到教师应对改革的认知和行为。因此，学校应当引导教师树立一种新时代的求新求变价值观，并使这一价值观被学校教师个体接受并内化为自己的行动准绳。同时学校应尽量建立学习型组织文化，为教师营造一个宽松、和谐、民主、合作的校园文化环境，创设促进教师间交流合作的氛围和机制，为教师之间相互反思以及合作创造机会。

让教师在伙伴互助关系的基础上进行合作和沟通，这样有利于制定合理的规划，设定切实可行的目标，并促进规划的顺利执行和目标的顺利实现，还可以让学校管理者和教师之间形成和谐的人际关系，使管理者及时了解教师的真实想法，从而达成真正的理解和共识。

　　在 PRA 项目组成员与六哨乡学校教师的一次座谈会上，几位教师提出了自己的一些亲身感受，他们指出，新课程改革对教师提出了一些新要求，比如教师要利用闲暇时间进行科研，写科研论文，对此大部分教师表示很担心，不知道从何下手，觉得负担重。一直只知道自己怎么教书，教好书，根本就没想过自己要写论文，并且也不会写，甚至连论文是什么样格式的都不知道。这个问题提出之后很快就引起了项目组成员的关注和思考。

　　随着教育改革的深入发展与实施，加之教师专业化领域的扩大，对教师职责范围的要求也有所变化，不仅要掌握基本的学科专业知识和教学技能，还要求教师培养自己独立撰写科研论文的能力，在课堂教学中检验自己形成的理论和其他教师的理论，使自身专业素养得到进一步提升。斯腾豪斯的"教师成为研究者"、埃里奥特的"教师成为行动研究者"、凯米斯等人的"教师成为解放型行动研究者"中就能看出对教师专业化的要求越来越高。在我国的基础教育研究领域，这种专业化发展的方式却转变为要求教师能按照上级指示，结合自身教学经验和教学心得写出规范的科研论文来。但在项目组看来，这种方式无疑会阻碍教师创造性的发挥，降低其科研探索能力，使其一篇看似成型的教师科研论文却丢失了教师的真正表达意图。鉴于以上弊端，课题组王凌教师指出，教师可以在自己的科研论文中流露自己的真情实感，真切表达自己所思所想，而不一定要严格按学术规范写作，力求真实。在这种鼓励下，教师们纷纷积极加入到写作中来，开始着手写作自身积累的教学经验和想法或者故事，许多教师表示写作论文不再像他们想象的那样复杂和艰巨。一位校长曾很有感触地说道："我从来没有想过自己的想法、故事、经验等也能写成一篇科研论文，我和多数教师一样在王教授的引导、鼓舞之后，我现在也开始在写，我也能搞科研了。这样一来我们离新时代的步伐越来越近了，也符合社会对教师课程改革提出的任务。"

——田野调查日记

学校里教师共识的达成，需要一定的物质环境支撑。因此，学校物质环境的改善对教师的身心变化影响很大，不同的学校物质环境在教师身上所形成的正性负性影响也是不可低估的。学校物质环境包括各种教学硬件设施、教学规章制度、学校绿化环境和师师、师生人际关系。教师在这样的物质环境中工作和生活，形成一种校园文化，而这种校园文化直接对教师产生影响。因此，学校应该引导教师建立良好的人际关系价值取向，因为处于良好的人际氛围，容易使教师心情舒畅，使教师愉快地工作和生活。更为重要的在于，良好和谐的人际氛围能在很大程度上增强组织成员之间的向心力和凝聚力，可以提高教师工作的士气，以更主动积极的状态投入工作，能有效地预防和缓解教师压力。

　　在调查和访谈中我们注意到，当地学校有很大一部分教师谈到，他们学校中教师之间的关系并非像外界看上去的那么和谐、融洽，学校领导与一般教师之间、教师与非教学人员之间，以致教师与教师之间的关系都有些微妙，或多或少都存在着不同程度的阻隔。尽管这种现象在其他组织部门或其他职业中也存在。因此，我们也没有奢望更不能要求学校里的所有教职员工都要亲密无间、融洽共处。但如果多数教师都对学校的人际关系氛围失望时，这种现象应该引起相应的重视和反思。当然造成学校组织人际氛围不和谐、人际关系紧张的原因是多方面的。比如，学校领导为了调动教师的工作主动性和积极性，为了提高本校的教育教学质量或水平，把市场竞争的相关机制引入学校。客观地说，学校引进竞争机制的初衷是好的，但是在具体的操作过程中却出现了问题，因为在对教师进行评定时，把学生的考试成绩和升学作为教师工作业绩的表现，并且教师取得的工作业绩直接与教师的各种福利待遇、与教师的晋升、职称评定、评奖评优挂钩，这在一定程度上就打击了教师的工作积极性，使教师感受到努力与付出不成正比，顿感身心疲惫，同时也加深了教师之间的人际紧张度，教师之间出现不信任，甚至出现敌对和钩心斗角现象。

　　如下是一个教师的叙述：

　　如果学校不为教师提供相应的物质环境，不为教师建立良好的人际关系氛围，学校里到处存在个人主义泛滥现象，各管各的，教师与教师之间、教师与领导之间缺乏相应的交流与沟通，甚至相互进行不正当的比拼、竞争，很容易使教师产生职业压力。而良好的学校环境和人际氛围能够使教师产生一种归属感与成就感，有利于工作热情的激发。因此，学校应该有针对性地优化校园硬件和软件设施建设，创造良好的学校人际氛围，从而减轻教师的种种压力。

——田野调查日记

第三节　增强教师应对教育改革的能力

一、提高教师个体的忍受能力

教师应对教育改革的个人能力对教师在教育改革中的主观评价有直接的影响作用。因此，要缓解教师在教育改革中的压力，促进其专业发展，增强教师的应对能力是非常关键的。随着教育改革的逐步推进，许多新的事物会不断地涌现，这势必对原有的教育理念和模式产生影响。因而，教育改革的过程充满了许多的不确定性。从教育改革推行到完善的过渡阶段，教师必将面临许多不可预测的情境。这就解释了为什么教师在教育改革中会产生巨大的压力，因为教师缺乏模式来应对教育情境中的不可预测性。而教育改革的配套制度和支持性环境的落实和完善还需要一个过程和阶段。由此可见，提高教师对于教育改革变化中的不可预见性和不确定性的忍耐能力也就成为缓解他们压力的有效措施。一个教师这样叙述道：

> 社会应该加大对教育改革的宣传力度，并引导教师加强学习，不断完善自己，同时给教师提供学习和提高的机会，坚定教育改革信念。让教师明白教育改革是多次进行的，没有固定不变的应对模式，只要有教育就会有改革。改革的目的是使教育更好、更快地发展，教师应坚信：我们的教育会越办越好！只要我们每个教师都做好我们手中的事，就一定能适应改革。

教育改革的目的最终是提高教育教学质量，推动教育的发展。但是我国目前所进行的教育改革，特别是中小学的基础教育课程改革过程中出现的一些问题也会给教师带来负担和压力。因为在从上至下的改革中，一线教师只是被动地接受改革，没有真正以主人翁的身份参与到教育改革的浪潮中，教育相关部门和改革倡导者也很少关心教师应该如何适应改革的要求，以及如何应对教育改革中的实际问题，很多教师对于这种不切实际的教育改革处于被动应付的状态。但是，作为一线的教师才是教育改革的真正实施者，教育改革的最终实践成功，最大的功劳还在于一线教师的努力。因此有必要将教师放在首要位置，并视为教学中的关键环节。英国的学者特拉弗斯认为，教育一定要采用行之有效的改革措施，包括让教师畅所欲言，说出自己的见解；参与各种计划的制订与修改；改革信息公开化、透明化；最大限度满足教师提出的合理要求。

教育改革中的一项重要任务就是改革现行的教育体制，为教师专业发展和成长创造条件和氛围。教育体制改革在一定程度上也给教师带来了压力。因为在现行的教育体制下，学生考试的成绩或分数是对教师进行工资奖励的凭证，是社会、学校和家庭衡量教师教学成绩和工作能力的依据，也是形成了"分分分，学生的命根，考考考，老师的法宝"的状态，在这样的不良氛围和状态下，许多教师只把提高学生考试成绩作为教育的最终目标，漠视同事关系，把自己的经验当成是战胜同事的看家本领，不愿与同事分享和交流经验，这就容易引发教师和同事之间的紧张关系，容易造成教师与学生之间的对立关系，容易激化教师与领导之间的矛盾，使得教师长期处于一种不和谐的氛围中，这样的情境既不利于学生的成长，也给教师自身带来一定的伤害。

二、防止教师产生专业不胜任感

在全社会提倡终身教育和学习化社会的背景下，新时代的个体要具备的基本素质之一就是不断地学习、学习、再学习。特别是担负培育祖国未来建设者和接班人的教师更应该不断地加强学习和提升自我。

鉴于新形势下教育思想和观念、教学课程内容、教学方法和手段的变革，教师无论在知识水平还是教育教学能力方面都存在诸多的不适应。在这种情况下，就要求对教师要不断进行培训以适应教育教学的要求。因此，教育行政部门应该给教师提供学习的机会，建立完善的教师职业培训制度，强化教师的职前和职后培训，职前培训主要是针对新教师进行的，让刚刚参与到教育领域的年轻教师更清楚地认识到自己职业的特殊性，并对未来可能遇到的压力有一些心理准备。同时在教师发展的不同阶段确定不同的培训内容，培训主要针对教育理论、组织能力、管理水平、与教师的交流技巧等教师的实际需要展开。教师通过各种岗位培训，学习进修，更新原有的知识结构和专业素养，以便更好地应对教育改革的需求。通过有针对性的培训，可使教师在一定程度上提高自己的教育教学能力，并能够及时掌握新知识、新技能，以便尽快适应教育改革的新要求，从而不断增强自信，以便减轻心理压力。一个校长这样叙述道：

> 目前各级教育部门给教师组织了很多的培训，要求教师参加这些培训活动。但是我个人觉得不能把培训看做是上级部门安排给教师的任务，只要教师应付了就完了，而是要以学习的态度参与培训，同时培训部门也要本着对教师负责的态度，精心选择教师需要的专题；精心组织，认真落实培训计划；检查教师的培训笔记、心得、教学反思、教学总结；做好培训后的讨论会，督促将培训所得纳入教学实践。这样培训才会真正对教师有所帮助和提高。

正在进行的教育领域的改革给教师特别是贫困地区的中小学教师提出了更高的要求和期望，对于教师则会产生两种影响，一是成为一种对自己未来发展空间的机遇，二是面对未来严峻考验的一种不确定感。后者影响会更大，对于广大教师尤其是贫困地区中小学教师，他们的现有能力和水平还不能达到这些新要求，许多教师只看到了教育改革的消极方面，将教育改革看成是一种负担。因此，在教育改革的实施过程中，要让教师充分认识到改革不是为难大家，而是转变教育教学理念，更好地提高教育教学质量，并为教师个体的提升提供机会，从而增强教师应对改革的能力。一个教师这样叙述道：

> 教师要正确认识自己的职业，要对自身的角色有个清晰的定位，不要过分强调"教师是人类灵魂的工程师"、"教师是桃李满天下的园丁"的奉献精神，教师要清醒地认识到自己不是"圣人"，不能没有自我，不能长时期超负荷运转。同时教师不要对学生期望过高，因为如果期望太高，若学生达不到自己的要求，便会沮丧失望。所以在教学过程中，合理地期待学生，正确看待学生的优缺点，用发展的观点来培养学生，不要一味地强调考分，这样不仅可以改善师生关系，还有利于师生的心理健康。

教育改革对教师提出的新要求，无形中加重了教师的工作负担，这对教师的身心健康是有害的，也严重阻碍了教师的学习和发展，教师除了完成常规的繁重的教育教学任务外，还要履行一些非教学任务，这就导致教师没有更多的时间和精力来进行自我的学习和提高。在此情境下，各级政府、教育主管部门和学校有责任和义务采取相应的措施，减轻教师的工作负担。同时还要给教师提供继续教育的机会，为教师的专业发展提供保障。教育相关部门和学校的管理者，应该给教师提供进修学习，自我实现和自我提高的机会，让教师获得应对教育改革的能力和素养。同时给教师个体的发展提供和创造条件与机会，因为个体具备一种积极向上的好奇心和探究欲，具备丰富的想象力和建设性，个体可以通过自我教育的方式不断地实现自我完善，最终达到金字塔的顶峰，完成自我实现。罗杰斯曾说过：人类作为一种有机体，天生具备一种自我实现的动机，来自人类的所有其他动机都只不过是个体自我实现动机的不同表现罢了。个体与生俱来的是健康的潜能和心理的成长，而个体所具备的这些潜能是否得以实现，依赖于个体和社会的双重力量，因为这些力量可以促使也可以阻止个体的自我实现。一个教师这样叙述道：

　　学校可邀请专家根据教育改革的进程举行专题讲座和理论学术报告会，传递国内外最新的教育改革信息、典型的教育经验和先进的教育理念，使教师接受前沿教育理论，提升教育理论素养，把握教育发展方向，转变教育理念，并组织教师据此修改自己的教育方案。

　　PRA项目组成员在与六哨乡教师多次深入交谈过程中，了解到当前培训对这些特殊地区教师并没有多少实际效果，多数教师对这样的培训也非常反感，项目组成员经过多次研讨，决定根据六哨乡教师的实际情况和需求，由项目组成员或邀请相关专家对当地教师进行有针对性的培训。到目前为止项目组成员已经组织了20余次培训，培训主要采取项目组成员直接到六哨乡或者六哨乡教师到昆明的培训方式，这样做的目的之一是让教师得到其期待的学习效果和发展需要，同时又可以减轻教师的负担。我们多次调研的结果表明，大多数教师对这种培训形式及培训内容非常的赞同和认可。下面是一位参加了几期培训的教师的叙述：

　　　　我原来也参加过一些培训，不过那是上面要求必须参加的，不去的话要扣工资。说实话那种培训对我来说，根本没有什么实际的效果，培训老师在台上讲的都是些套话，大家都心知肚明。很少讲到像我们这种贫困山区应该怎么做。而且每次去培训都得自己掏腰包，来回的车旅费差不多花去一个月三分之一的工资，很反感。当时PAR项目才引进时，学校要求我们每一个老师都必须去参加培训，我们想反正不要我们自己出钱而且就在六哨乡培训，大不了就浪费一点时间罢了，于是就去了。可是参加了第一期的培训，我发现PAR培训跟以往我参加的那些培训不一样，培训人讲的东西不再是以往我所听到的那些客套话，而是跟我们密切相关的，就是针对农村地区的情况而论的，不管是教育方面的培训还是农业方面的培训，都对我们有莫大的帮助，因为教育方面的培训对我们教师有直接的帮助，而农业方面的培训对我们的亲属、对我们学生的家长都有直接的效果。从第一期培训后，我和其他教师私下交流过，我们认为这种培训对我们是有价值的，真希望多有几次这样的培训，因为这种培训能达到我们所想要的目的，又能减少我们的负担。谁知后面真的又陆续举行了多期培训，我每期培训都积极参加，我发现通过培训我对教育改革有了更多的了解，也不是像原来那样惧怕改革，而是以一颗平常心去面对改革，以更积极的心态去面对教学。

总之，提高教师的教学水平和教学素养是缓解教师压力的根本条件。在社会不断发展，人才不断涌现的今天，社会对教师的期望越来越大，只有加强教师队伍，提升教师的教学水平和教学素养，才能使教师的工作与社会的要求相适应，这样教师工作起来才比较顺利，能够缓解教师对自己能力的不确定感带来的紧张、焦虑和压力。对此，要建立灵活有效的教学机制，引进大量的优秀教师。在必要的时间和资金保障的前提下给教师以一定的终身学习的机会。现在的教育机构对教师的继续学习十分重视，相关部门还制定了许多政策促进教师的继续教育。这种类型的教育不仅学习新知识、技能，也要了解最新的研究成果，把终身教育贯穿于教师的思想体系中。但事实上，教师的时间和资金保证是极为有限的，教师只有牺牲自己的宝贵休息时间去进修，这反而增加了他们的任务，成为一个强大的压力源。因此，如能建立一种类似学术假期的制度，给教师有脱产学习的机会，既不会影响工作，又能提升学习效率，使教师不断完善。[1]

三、发挥教师群体效能作用

教育改革是一个逐步推进，不断摸索前行的过程，在这个过程中会不断涌现出一些新的问题，这些新问题是教育改革过程中不可回避的，因为教育改革活动本身会产生新问题，同时一些不可预测的教育

---

[1]　张灵：《教师工作压力量表的编制及信效度研究》，《广州大学学报（社会科学版）》2005年第 12 期。

教学情境中也会出现一些新问题。也正是教育改革中出现了新的问题，通过对问题的解决，教师才学会了解决问题的知识，养成了解决问题的能力，一线教师作为教育改革的主力军，在实际的教育教学改革过程中不可避免会产生一些新问题。然而教师个体所具备的经验和应对的能力是有限的，通常情况下教师个体不可能在极短的时间内解决这些问题或困难。在这样的情景下要妥善地处理新问题就需要发挥教师群体的力量。古德莱德教授等前人相关的研究也表明了教师集体效能的重要性。教师集体之间的相互探讨、交流、学习，共同分析各自在教学中存在的困难和问题，是顺利参与教育改革，提升教师教学素质，改善教师职业压力的重要措施之一。因为和谐的集体氛围，让教师找到一种安全感和归属感，为教师在过度压力和教师个体之间提供广阔的"缓冲地带"，可以有效地预防、缓解和克服教师职业压力。在和谐的集体氛围中，教师之间能够互相支持、互相协调进行合作，这会让教师的人际关系更加融洽，使教师心情愉悦的进行工作和生活，帮助处于较大压力中的教师获得有效地解决问题或困难的途径和有效策略。从而增加教师在工作中获得成功的可能性，逐渐缓解教师在教学工作中的无助感和无力感。除此外，和谐的集体氛围，可以让教师体会到自己是集体的一员，使其有着较强的身心归属，从而使其产生安全感。基于此，我们可以看到，和谐的集体氛围给教师带来强大的支持性资源，能够在一定程度上帮助教师预防、缓解和消除压力。一个教师这样叙述：

在学校里，教师个体如果不能与领导、同事、学生建立良好的关系，不但不利于教育教学各项工作的顺利开展，而且也不能够营造一种健康向上的学校风气。在学校这样一个需要和多数人打交道的环境中，一个教师如果不善于处理与领导、同事、家长和学生之间的人际关系，就很难与他人进行很好地合作与交流，也同样很难得到别人的谅解和认同，这样既会影响到教育教学工作的成功开展，还不利于学校其他工作的顺利进行，更不利于教师个体自身的发展和提高。因此，学校和教师应该有意识地提倡和谐的人际关系或同事关系，以及创造一种积极向上的和谐的教风、校风与和谐的校园。鉴于和谐集体氛围的重要作用，教师就应该提高自身的情商。

教师要善于协调各方面的人际关系，处理好在教育教学中与领导的关系、与同事的关系、与学生的关系、与家长的关系等。因为这些人际关系问题是教师无法逃避的问题。因此教师必须积极地对待，这就要求教师加强与人交流沟通的能力，友好地与领导、同事、学生相处，做到重视与他人的物质与心理的互助，对别人的成功表示真诚地欣赏和赞美，平常相处讲究应有的礼节，遇到问题注意弹性处理的技巧等。

要优化学校人际关系，创设团结协作、和睦共事的教师群体，要求教师注意提高自身的人际吸引力，缩短与其他教师、学生的角色距离，尽量以朋友的身份与其他教师进行感情交流，以增进彼此之间相互了解和融洽程度，还要不断调整与其他教师在地位、兴趣、爱好等方面的差距，以取得其他教师的心理认同，产生相似性吸引。此外要加强自身修养，使自己学有所长、宽宏大量、任人为贤，富有同情心和人格魅力，以博得其他教师的好感和敬佩感。

PRA 项目组在一次与六哨乡学校教师们座谈时，有一位年轻老师提到这样一个问题：作为一个年轻教师多数时候他不知道如何才能更好地把知识传授给这些农村孩子，让项目组给他出出主意，这个问题引起了我们的注意，后经调查，项目组成员发现其实这并不是某个或某几个教师存在的问题，在六哨乡其实有相当一批教师不只年轻教师，还有为数不少的老教师也同样存在类似问题，特别是新课改实施后，多数教师不会上课。针对这种情况，项目组成员经过思考，提倡教师实施了集体备课和相互听课、评课计划，一段时间后，教师有了很大的提高，特别是年轻教师的进步很大。并且通过这种方式增加了大家的感情。一个学期后我们采访了当时提问的年轻教师，下面是这位年轻教师的自述：

　　通过一个学期的集体备课和相互听课、评课计划，我发现自己进步很大，从原来不知道怎么上课，怎么才能根据农村当地的实际情况，有针对性把知识传授给这些孩子，总之我是一点经验都没有，心里一点谱都没有。非常的焦虑，担心学生成绩太差自己没法向学校交代。后来项目组成员帮助出的这个主意，并且提供的相应其他学校实施的资料，给了我们很大帮助，通过模仿其他学校的做法，我们很多老师都得到了相应的进步和提高。我想我们以后还会继续这样的方式，因为这种方式不但可以帮助老师提高水平，帮助学生提高成绩，而且还可以增强教师间的交流和感情。

——田野调查日记

　　寻求同伴互助是教师应对压力的重要策略之一。来自于同事之间的互助，同事的信息支持、实践支持以及情感支持能增加教师对工作情况的控制感，从而降低压力水平，提升工作表现。当教师之间形成了信息资源共享、互帮互助、情感交融的共同体时，工作中的压力就不再是压力，而是成为促进教师专业发展的强大动力。同时，同伴的范围不应受到时空的局限，而是应当扩展到更广阔的领域。可以借鉴国外的"教师中心"，即一种由几个学校组织形成的服务于该地区教师的机构，为教师提供一个与同行讨论种种教学问题，进行丰富的信息交流和思想交流，获得新的教学技巧以及心理支持的公共场所。[①]

第四节　为教师提供支持性的环境

一、为教师提供建设性的支持环境

　　任何一项教育改革的实施和推进，都是宏伟的系统工程，必将涉

---

① 杨冬梅、周晓晔：《缓解教师职业压力的学校层面分析》，《辽宁师专学报（哲社版）》，2004 年第 4 期。

及社会、家庭和个体等很多方面的因素，是复杂而困难的，而且需要社会各种力量的支持，发挥各种因素的最佳作用，把人力、物力和财力进行整合。但是，最重要的因素还是教师自身因素，任何教育改革想要达到预期的目标，最终还是靠一线的教师。所以，在教育改革过程中，关注教师的感受，关心教师的需要，倾听教师的声音，接受教师的合理化建议，才能为教育改革、为教师工作的开展创造一个支持性的环境，从而使教育改革和教学工作得以顺利进行。一个教师这样叙述道：

> 为教师提供支持性的环境不应只停留在口头上，而应落到实处，具体表现为：工资要按时足额发放，给教师子女入学等提供适当的优惠政策，对教师的评价机制不要只看学生的考试成绩，要尊重教师群体，给予教师一定的参与权，学校要营建平等、竞争、创新的教师团队，承认教师之间的差异性和发展性，为教师发展提供更多的机会。

为教师提供建设性的支持环境，创造良好的物质条件和心理环境，是缓解教师职业压力的重要途径之一。因为这种支持性的物质条件和心理环境对教师的压力感受具有一定的调节作用，教师压力的一个重要来源就是缺乏支持性的环境，如果给教师提供必要的支持环境，在一定程度上可以缓解教师的压力。从社会、学校和家庭的层面来看，相互之间多一些理解和宽容，多一些配合和支持，把社会、学校和家庭的资源进行整合，形成一种合力，这样有助于教师教育教学水平的提升，有利于教育教学效果的提高，一方面可以帮助教师缓解压力。另一方面还可以为学生的发展提供一定的支持。此外心理学和管理学的相关研究表明，建立有效的教师评价机制，对教师工作给予客观、公正的评定，不是一味地片面地把学生的考试、升学作为单一评价标准，而是让社会对教师的工作能够认可和理解，并不断激励教师积极、有效开展工作；为教师提供一种和谐的、温暖的教学氛围和人际交往氛围。使教师能够全身心地投入到教育教学工作，并且要适当地提高教师的福利待遇，改善工作环境，减少教师的顾虑。总而言之，为教师创造合理的物质基础和精神支持，是社会、学校、家庭对教师职业的认可和帮助。一位校长这样说道：

> 多数教师在寻求减轻压力时，往往会倾向于寻求他人的支持，其中学校的支持是必不可少的。它有助于教师解决工作中的问题及后顾之忧。学校方面需要做的就是尽其所能优化学校的人员配置，增加编制，适当聘请职工，减轻教师的体力负担。改革管理制度，改善工作条件，减少教师的无效或负效劳动负担。PRA项目引进后，给我们教师提供了很多的支持，特别是精神方面的支持，让我们这些民族农村贫困地区的教师认识到自己的价值和作用，通过一些专题的培训我们自身得到了很大的提升和发展，现在可以根据自己教学中的实际问题进行一些研究，教师学会了一些缓解自身压力的方法，更重要的是项目使整个学校领导的理念发生了很大的转变，现在学校更加会为教师着想，为教师提供的机会也比原来多得多，教师对自己的工作还是蛮有热情的。

　　构建合理有效的教育改革支持环境，可以减少部分教师的后顾之忧，同时还能增强教师个体的耐受能力，应对教育改革所带来的不确定性和模糊性，对于缓解教师的工作压力，推进教育改革的顺利实施有很大作用。在与教师的座谈和访谈中发现，教师的一个重要压力来源于学生的升学，教师非常担心在目前整个教师评价体制没有实质性改变的情况下，一味强调教育改革中倡导的新教材、新方法的使用，会直接影响学生的考试成绩和升学，继而对教师产生间接的影响。我国学者王真东教授曾针对教育改革存在的问题总结出："教育改革中比较看重的一个问题是评价与考试制度问题。到目前为止，教学中一直缺乏一种比较全面、完善的教育评价体系，这一问题无法解决的话，产生的后果就是，会制约我国深入开展教育改革的进程。"由此可见，要缓解教师压力，为教师提供支持性的环境，就应该从根本上改革我国目前的考试制度和评价标准。
　　为教师提供建设性的支持环境还应该改善教师的工作生活环境，

即改善教师工作的自然环境和人文环境，社会应该帮助创建良好的校园环境和工作条件，学校也应该力所能及地采取一些有效的方法，促进教师心理和谐，引导教师之间进行积极的交流与合作，还可以通过组织一些有意义的集体活动，来营造教师之间良好的人际环境氛围。当教师之间出现了不和谐，甚至冲突的情境时，学校领导层面要及时意识到并迅速进行处理，修复这种关系，及时消除教师个体之间的一些隔阂，这对学校形成轻松愉快的人际关系尤为重要。因为只有教师拥有良好的人际关系才能维持良好的心理健康，如果教师群体或个体之间出现了人际关系紧张，甚至不和谐、冲突的局面，通常会给教师带来很大的心理负担，教师情绪也会因此受到影响，并可能导致教师产生焦虑、抑郁等不良的情绪体验。一个教师说道：

> 现在社会上都提倡要给予教师更多的人文关怀，所谓的人文关怀就是立足于人的尊严、独立、自由的个性，给人的生存、发展以关注，提升人生的价值，启迪人们的思维，培养高尚的人格，孕育创新能力。它有两个特点：人文关怀关注一切人，关注人的一切。也就是为了一切人，为了人的一切，服务人、发展人、提升人。运用到教师身上，人文关怀教师包括三个方面的内容：一是提高教师的精神境界，帮助教师树立正确的人生观、世界观、价值观；二是引导教师思考，启迪教师思维，孕育创新能力；三是关心教师生存状况。这些理想性的提法让我们看到了一点希望，尽管对我们这些民族农村贫困地区教师而言机会太渺茫，不过有总比没有强，至少社会已经意识到教师群体的问题并开始给予一定的关注，这就是很了不起的进步。

二、对教师的要求应从规约到服务

随着信息化时代的飞速发展，国家间的竞争归根结底是人才的竞争，各国为了在全球化的竞争中占有一席之地，都纷纷重视人才的培养，而人才培养最终靠教育来实现。因此，教育的作用越来越突出，这就引发了政府、社会、学校和家庭等对教师提出了越来越高的期望和要求，这样教师的压力也随之增加，致使部分教师的表现与社会认同的形象不十分吻合，使教师产生角色偏差。有时，教师个体不能对自己进行很好的角色定位，对自己所从事的职业也不能进行清醒的认识，提出一些不切实际的要求和期望，随之就产生了巨大的压力感。在这样的情形下，社会就应该帮助教师建立支持性的服务网络，减少教师压力。同时良好的社会支持网络系统的建立，必然会对教师职业形成良好的公共信任氛围。在这样一种宽松、和谐的氛围中，教师会表现出自信心和责任感，从而使教师产生一种自尊感和满足感，对教育教学工作持有积极的态度，更坚定了从事教育事业的决心。此外，还要重新对教师角色进行清晰的定位，让公众对教师职业有一个更清晰的了解，以寻得社会对教师群体的支持，进一步减轻教师的各种压力。[①]

社会中的个体都具有一定的特性，都归属于一定的社会组织，社会组织使得各种社会分工实现其职能并不断进步。学校作为知识建构的关键场所，会受到社会规范等各方面的限制，这种限制在教师的组织中也有所体现。在传统观念里，学校的领导只是扮演行政领导者和教学管理者的角色，对教师的评价只关注教师的最终工作绩效，不关心教师在日常生活工作中的表现，教师自身的发展和提升更被忽视。菲德勒在研究领导与同事或下属之间关系时，提出了权变领导理论，即领导和同事或下属之间的信任、尊重、喜欢程度与领导权力和影响力的大小呈正比，领导与同事或下属之间的关系越融洽、和谐，领导的权力和影响力愈大。根据该理论，相关行政部门和学校的领导者应该意识到，教育教学情境中的人际关系管理应遵循其特性，这种人际管理是靠服务和支持来维持和推动的，而创建一种民主宽松的氛围是进行人际管理的重点，管理者应该站在教师的立场，尽可能满足教师提出的合理要求，并能公平、公正地评价教师，让教师有归属感，形成一定的凝聚力，使教师在民主和谐的环境中工作。一个教师这样叙

---

① 苏素美：《美国教师的职业倦怠之探讨》，《教育资料文摘》1995 年第 3 期。

述道：

> 学校应该为教师提供更多机会，为教师创建和谐的工作
> 氛围，结合目前教育改革的契机，切实转变学校领导者和教
> 师的工作观念和工作作风，增强服务意识；在实际的教育教
> 学情境中，树立爱校如家，干好工作是自己应尽义务的职业
> 道德观念；形成比奉献、比服务的良好校风。

但现实的情境是社会、学校对教育教学中的各种行政事务过多干预，给教师带来了很大的压力，也增加了教师机械性的、刻板的教育教学任务和非教育教学性的任务。现实情境中的各级管理和评定占用了教师大量的教育教学时间，影响到教师的教学质量以及教师与学生的关系。"教师影响力的关键因素不再是课堂教育技能，而是他们处于组织的权力核心——这些组织控制着重要任务的分配。"[1] 这在一定程度上疏远了教师和课堂教学的关系，而教师评定最后的关键因素还是看学生的成绩和升学情况。在这种矛盾的状态下，教师角色容易出现冲突和混乱，从而导致压力的产生。因此，要缓解教师的工作压力，就要减少各种形式主义、官僚主义的评比活动和对教师越来越多的文字材料的要求，使教师回归教学，回归课堂，走入学生群体之中。教育行政部门和学校应把更多的时间和空间还给教师，使教师有更多的精力和时间来思考和解决教育教学过程中出现的问题，去发展课堂教学的技能。

此外，教师建设性的支持环境还包括学校的服务管理。为教师服务是学校管理的重要手段之一。让教师的知识和技能得到发展则是学校教师管理的目标。因此，学校管理者不是一味发号施令、控制他人的独权者，而是组织、协调、沟通、交流的激励者；管理者需要做的是，为教师提供各种发展锻炼的机会；对教师给予真诚的鼓励和支持；提供有效的帮助；给教师自主权发展自己。服务式领导者或学校管理者应该深入教师群体，了解教师个体的需求，耐心倾听教师的心声，

---

[1]　波·达琳：《理论与战略：国际视野中的学校发展》，教育科学出版社 2002 年版。

关心教师的工作和生活，为教师的困难提供帮助，站在教师的立场最大限度地解决教师的实际问题，让教师体验到温暖和热情，进而精神饱满地投入到教学和科研工作中。同时要信任、尊重教师，对教师充分授权，使其参与到学校管理之中。提倡每个教师都是学校重大事件的决策者、管理者和执行者，使教师能将从外界学到的管理技巧运用于自身，改善自身问题，在不全然依靠领导的情况下，促进自己的进步与完善。①

三、对教师职业期望从应然向实然转变

教师职业与其他社会职业相比，有其特殊性，具体表现在，教师职业的社会期望值非常高，随着社会的快速发展，这种期望有增加的趋势。通常情况下，社会赋予了教师多重角色身份，认为教师就是知识的代言人，是实践社会道德规范的示范者，是建设人类文明的工程师，是设计学生未来生活的规划者。同时教师还是父母的代理者，是爱心的传播者，是知识的传授者，是班集体的领导者，是课堂教学的管理者，是人际关系的协调者和学生心理健康的维护者。但现实情境中的教师不可能同时履行这些角色，这就使教师经常面临着冲突的情境，产生角色模糊感。美国学者威尔逊教授认为，社会上从事着对他人高度负责任的职业角色，都会经受着相当多的内在冲突和不安全感。社会、学校、家长和学生等应对教师职业形成正确的期待，对教师角色提出具体的合理性要求，而不应该把教师角色期望为抽象的、神圣的、不可触摸的，即教师职业应由应然向实然转变。

目前我国基础教育领域的改革正在如火如荼地进行。但是改革很少关心教师的现状和能力水平，而教师是工作在教育教学一线的具体实施者，同时也是改革成功与否的关键因素之一。因此，教育教学改革应把教师放在重要的位置，并要不断提供机会帮助教师成长，提升教师的各种素质，以应对改革和压力。此外，教师对自己的角色要有一个清晰的定位和认知，不要过分苛求自己，不要对自己所作所为都

---

①　李春玲：《中小学教师职业压力管理探究》，《浙江教育学院学报》2004 年第 4 期。

要求尽善尽美，适度地接受自己的不完美，也接受学生及其他人的缺点，不因赞美而过分喜悦，不因责备而郁郁寡欢，而是能彻底地认识自己的优点和不足，这样可以缓解不必要的压力。

　　PRA 项目组成员的调查结果显示，当地学校是否缺乏支持性的环境与教师产生压力的大小呈正相关，即学校越是缺乏支持性的环境，教师产生的压力就越大。因此，要想缓解教师的压力，应该加强对学校支持性环境的建设。项目组尽力为当地教师提供一些支持性的帮助，先后为当地学校提供了一批电脑设备、摄像机和照相机，让教师增强使用现代化设备的能力，应对教育改革中的新方法和技术的要求。同时引导当地学校领导意识到，教师是学校发展不可或缺的力量，要尊重教师，信任教师，学校领导应与教师加强长期的联系与交流，对教师的工作给予积极评价，并表示感激与支持，真诚听取教师的想法和需要。学校对教师的评价应是客观的、长久性的，如对教师教学工作的持续性的检查和反馈，为其提供有效、先进的教学理念和方法，并给予指导，确保教师有充足的时间和精力从事教学以及非教学方面的事情。学校要对教师的工作予以直接支持，使教师提升其职业生活质量。另外学校也要为教师提供一些有效的信息促进教师改进课堂教学质量。例如，依托 PRA 项目，邀请全省有名的专家到当地为教师进行培训，或者让当地教师到外面接受培训，对教师提供有关教育改革的有效信息，并给教师提出在教学理论和课堂实践方面的建议和意见。

　　学校支持对教师专业素养的提升以及保持良好的身心健康状况是非常重要的。学校支持能起到改善教师的各种压力和缓解职业倦怠感的作用。而起关键性的中介是学校要保持长期地不间断地与教师进行交流，共同承担义务。用赞许、鼓励的眼光来看待教师，并对其进行有针对性的反馈，促进教师的专业发展，并使教师对自身职业有积极的认同，认识到自己对教学的贡献。这样一来既增加了教师参与教学的热情，且使其不断努力完善自身。

——田野调查日记

　　"教师不应该只作为传道授业解惑者的完美形象出现，教师本身也是一个现实中的人，应该享有和共同体中的人同样的待遇，自由、愉快地生活。"[①] 教师不应只扮演"照亮别人，毁灭自身的蜡烛"的牺牲精神，而应享受职业所带来的成就感。社会不应只注重教师的工具性作用，一味强调付出与奉献，而应该将教师视为有价值的生活中的人，适度满足教师的需要，应树立现代型的管理理念，让轻松但不失严谨、公平公正、和谐民主的人际氛围在学校管理体系中加以体现，使教师在这种氛围中真正体验到自己参与学校决策和管理的主体地位，并让其产生对自身工作的愉快感，达到学校教师双方共同进步的目的。

　　社会、学校和家庭应该认识到教师职业不是无限型的，不应只强调教师专业的自主性与为社会培养人才的重大责任，应该正视教师职业的特点，不要因为现状与预期目标相差太大而产生理想的幻灭。只有充分了解教师职业特点所在，才能清晰地认识到教师只是一个真实的人，而不是理想中的圣贤。因此教师出现压力的症状，是客观和正常的，而且压力也是可以克服的，个体需要做的是正视压力的存在，对其形成正确的认知，不要刻意去回避压力，这样就不至于把本来简单的问题复杂化，更不会把心理问题道德化。而社会、学校和家庭应该给予教师这一职业更多的理解和支持。为教师多提供一些实质性的支持和帮助，多给予教师一些理解，多满足教师的合理和正当要求。这样就可以让教师更热爱自己的职业，把更多的时间和精力奉献在教育事业上。一个校长这样叙述：

　　　　对于教师群体中已经出现的一些问题，不应该只是盲目地去指责，而应该站在教师的角度和立场去看待这些问题，给予教师更多的支持和理解，更加不能武断地作出评论，甚至不能把教师的某些心理问题道德化。社会、学校、家庭和

[①]　肖川：《教育的理想与信念》，岳麓书社 2002 年版。

学生应该配合起来组成一个社会支持系统，帮助教师减轻心理压力。同时这项系统的工程还需要政府的参与，进一步明确教师的角色定位，明晰家长、学生享有的权利和所需要承担的义务，坚持依法治教，用法律武器来维护自身的合法权益，这样做不是推卸教师的责任，而是更进一步明确教师的权限，在一定程度上可以缓解因权限不明朗而产生的压力。同时要加强培训，促进学习，使教师的培训和学习成为学校权威性的制度，让培训与学习像"学习成绩"一样成为教师魂牵梦绕的东西，才会使教师形成强烈的职业期望；学校应加强宣传，扩大教师参与，增强教师职业期望的认同感；长抓不懈，把握导向，形成习惯和舆论导向，最终将职业期望积淀为学校的"精神"。

社会和学校要真正关注教师的身心健康，不应再宣传树立那种舍家为工作，病得直不起腰还要去上课的教师形象。教师职业是一个持续性的工作，需要教师长期地参与和投入，无私奉献的"春蚕观"、"蜡烛观"虽然崇高，但过于短暂，它给教师带来的不是振奋和激励，更多的是委屈和辛酸的消极体验。教师职业除了是一种技术型职业，更是一种生活，社会责任固然重要，但教师个体的生命价值与需要也不可忽视。

第五节　关注教师在教育改革中的顾虑

一、教育改革要发挥教师群体的潜力

费登伯格教授在对社会比较过程理论进行研究时说道：社会中存在相互比较的现象，即个体在对自身存在不确定性的背景之下，会对和自己能力、处境相当的其他人形成社会比较动机，并与之进行比较。以该理论作为支持来研究教师群体状况则会发现，教育对社会和个体

是具有一定程度上的价值的，这就决定了从事教育事业的教师应该享有同等重要的社会地位。但是现实的情境则不然，在很大程度上教师的付出与收获不成正比，教师职业与其他从业人员相比，待遇较差，这就导致教师心理失衡，失落感也由此而生，压力也随之产生。因此，要缓解教师压力，就应该关心和帮助教师，适当提高教师的社会地位和经济地位，并且把缓解教师压力看成是一项系统工程，需要社会和公众共同的努力和支持。

在教育改革的推行和实施过程中，很多教师都担心教育改革会给自身带来损失和威胁，为了避免这种损失和威胁，以及避免教师对教育改革持有消极否定的态度，就有必要消除教师群体对于改革的顾虑。在有些地区为了推进教育改革，纷纷树立教师榜样的模范带头作用，在具体的工作中，被树立为榜样的模范教师常常会担心自己的典型性受到威胁，从而失去自己的地位，以致产生压力。而其他没有被树立为榜样的普通教师则会产生一定的嫉妒心理，把榜样教师看成是对自己的一种威胁。贝克等人的研究结果发现："具有高度奉献和自我牺牲精神的人很多，但是真正能驾驭新课改的却很少，他们选择的方式是逃避。"若是我们的每一位教师都能投身于新的教育改革的话，那么他们在教学中的表现将会有一个更大的提升。① 一个教师这样叙述：

> 教师个体应该认识到，学校教育的发展是综合作用的结果，不是单靠某个教师个人的力量就可以完成和实施的，学校各项工作的开展，需要每个教师个体的参与、配合。比如，教师要想管理好自己所带的班级，光靠个人的力量是不行的，需要具备与各任课老师的合作。教师在学校和同事领导相处的时间甚至比自己和家人相处的时间要长。这就需要教师学会与同事和睦相处的人际沟通技巧，一方面使自己班级教学管理工作的开展比较顺畅；另一方面能起到缓解压力，保持良好心态的作用。因此，为了让每个教师个体都投身于教育改革，社会各部门和学校应该加大宣传力度，让教师群体透

---

① 傅维利：《论教育改革中的教师压力》，《中国教育学刊》2004 年第 3 期。

彻理解教育改革的目的、程序、程度等；领导也需要具备一
定的领导艺术，如幽默轻松的语言，乐群合群的性格等；在
实施奖惩时把握分寸，用语言表扬不能言过其实，要客观公
正。在用物质刺激时，过重的奖惩往往适得其反，挑起教师
间的嫉妒、猜疑和议论，而过轻的话语又起不到应有的作用。

教育教学工作要求教师之间既要相对独立，又要通力合作才能有
效完成，教师之间通过完成共同任务在一定程度上可以分担一些原本
分布不均的压力。如一些在工作中较为懒散一点的教师在与他人合作
的时候受到相互影响，得到引导而变得更积极与认真。通过管理者合
理的组织和分配之后，使共同完成任务的成员也可以一起分担压力。
日常的教育教学任务也可以以共同任务的方式呈现，通过这些任务的
完成，可以引导教师追求自我实现从而积极参与，并在共同完成任务
的过程中实现自己的专业化发展。一个教师这样叙述：

在实际的教育教学工作中，有时是需要教师自己单独完
成教学任务的，有时又需要教师之间进行合作完成，这就需
要学校建立共同的合作任务引导教师参与完成，这样可以提
高教师工作的效率。在具体的教学里，教师进行合作的共同
任务可以是：教学目标的设计，教学内容的整合，教师在集
体讨论、筛选、确定如何整合教学内容之后，可以使处于同
一个年级组的教学进度、难度、深度等达到基本的统一，这
样学校的教学质量就会有所提升；使教师作业的设计和试卷
的编制达到规范化。学校领导要刻意组织教师共同合作完成
某项任务，一来可以改善教师的工作关系，形成互助互爱的
氛围，二来可以保证学校整体教学水平。教师在参与共同任
务中，可多发现和学习其他组织成员的优势，相互取长补短，
达到共同进步，并有利于组织凝聚力、创造力的提升。

二、建立有效的教师激励机制

　　教育改革对教师提出的一系列教育理念和方法等方面的具体要求，需要教师花费大量的时间和精力进行教学准备，这无形中就增加了教师的教学投入，为了防止教师的投入与收获不成正比，避免教师产生失落感，就需要教育改革建立相应的激励机制。① 激励机制实行的前提条件是教师个体的配合，是对教师需要的满足，其实施的终极目的是让教师更积极主动地参与到学校的教育教学情境中来，以更饱满的精神投入到教学工作中来。为了达到这一目的，在一定程度上就要求学校领导的高度重视，并要有意识妥善地解决与恰当地调节教师的各种需要，把激励机制运用于教师的工作中，使教师提升工作的积极性。其激励机制的实施可以通过下列途径来实现。目标激励，目标是个体行动的目的物，这一目的物是个体需要的，可以使个体获得满足感，也是引发个体动机的外在因素。对教师个体而言，其目标有一定的局限性，一般情况就是教师在某一时期内所要完成的工作。当然目标的制定必须客观恰当，如果目标制定过高，任凭个体怎么努力都无法达到，就会使个体失去继续努力的动力，而如果目标制定过低，个体可以轻松达到，也会使个体失去努力的动力。所以适当的目标制定可以激发、引导和调节个体的行为功能，在一定程度上，激发教师的工作主动性和积极性和创造精神。同时目标制定必须符合教师个体的需要，并与集体目标紧密相连，当然在目标激励机制中，教师个人的努力付出非常重要。精神激励，这种激励方式是一种更高层次的机制，是为了满足个体的一种精神需要而制定的，是一种用积极的眼光看待教师，给予客观的评价和肯定，给予与工作业绩相适应的精神奖励。这样能使教师在产生积极性的前提下改善工作质量。学校除了实行这些机制外，还应给予教师专业发展高度重视，让教师在实现精神需要的同时能够拓展自己的理念和视野，扩充自身的知识面，提升教育教学水平，争取或把握更多、更好地发展机会。建议教师在完成主要教学工作的

---

　　①　傅维利：《论教育改革中的教师压力》，《中国教育学刊》2004 年第 3 期。

基础上，结合自身优势创造新成果，进而激发教师更积极地投入工作。物质激励，指的是满足个体基本物质保障的需要。学校领导应给教师的某种未满足的需要以充分的重视，可以适当采取物质激励的机制来调动教师个体的主动性和积极性。学校领导应该力所能及地寻找和利用资源来帮助困难教师解决相关的问题，以使教师个体有充分的时间和精力进行教育教学工作。其次，还需在生活上给予教师帮助和支持。教师工作积极性的下降还跟教师在生活上遇到的困难有关。学校领导对此要高度重视，平时要善于观察，留意细节，妥善地解决教师个体的某些物质需要。另外，学校可以采用一些物质奖励的方式激励教师，打破大锅饭的传统，引入市场经济的运作模式，本着按劳分配，多劳多得，能者多劳，优劳优酬的原则，采取一些相对公正的奖励方式。特别是对那些在教学上取得优异成绩，作出突出贡献的教师，应该给予及时的奖励。社会各界应该给予在教育教学改革中作出贡献的教师及教师群体一定的物质和精神奖励，调动教师工作的主动性和积极性。一个教师这样叙述：

> 要预防和消除中小学教师的职业压力，应该从根本上提高教师的社会地位和物质待遇，要把中小学教师不应该承担的某些重担从他们的肩膀上卸去。让教师这一职业真正带给从教者相应的价值认同与内心愉悦，让中小学教师获得合理回报与福利保障，让一个中小学教师热爱教育事业，也只有通过有效的制度辅助，对教育工作真正实现情感留人、待遇留人以及事业留人，才能真正形成尊师重教的浓厚氛围，中小学教师才不会产生职业压力。同时，社会与学校要共同努力改善办学条件，完善教学管理，尊重教师的劳动，关心教师的生活，理解教师的苦衷，要不断地提高教师的社会地位和经济条件，为教师的发展提供精神支持和物质保障，媒体要增加对教师的积极报道，促进教师对自我价值的认识，提高其对工作的热情和满意度。除此之外，学校要减轻中小学教师的工作任务，加强对中小学教师的培训和专业化发展，对中小学教师进行定期培训，提高其专业水平和教学艺术。

广大中小学教师也要加强自身的师德修养，提高自身的专业
水平、教学水平和心理素质。学校领导和教育主管部门要引
领教师走内涵发展之路，做一个与时俱进的现代化教师。

对教育教学改革中的教师进行物质和精神奖励时，要注意一定的
技巧，要从教师的心理需求入手，根据马斯洛的心理需要层次理论，
教师的较低层次的需要基本上有保证，但较高层次的需要还没有得到
满足。因此，除了对教师进行必要的物质激励，以满足教师的基本需
求外，还要将激励机制的重心指向诸如对尊重的需要、对发展的追求、
对平等的关注等的教师较高层次的需要。且以精神需要激励为主。物
质激励是前提，精神激励则为教师潜能的开发提供了可能性，学校管
理者应最优结合物质激励与精神激励，提高教师的成就感和职业认同
感，预防和减少教师压力的产生，在激励中体现教师个性化发展。由
于每个个体具有不同的价值观，处于不同的生活环境，拥有不同的社
会地位，其需求结构也不一致。为了能最大限度地发挥激励措施的有
效性，应尽可能考虑到其差异性和针对性。

伟大的革命导师列宁同志早在 20 世纪 20 年代就指出，教师的作
用越来越大。因此有必要提高教师的社会地位，要提高教师的地位就
要提高教师的物质条件，因为满足物质需要是一个人生活、工作的基
础，教师也不例外。通常情况下，教师压力是由于待遇过低导致的心
理失衡。因此，要减少教师的失落感，就应切实保证教师待遇的巩固
和提高，并根据经济和社会的发展，不断调整教师的工资标准，同时
还有必要改革学校内部的分配体制，实行能者多劳、多劳多得、优劳
优酬的原则，力求公平合理。社会各界和学校还要积极采取措施满足
教师情感、发展、成就等较高层次的需要，提高教师的成就感和认同
感，防止和缓解压力。

三、加强教师之间的协作互助

"心理契约"是美国著名管理心理学家施恩教授正式提出的。他认
为心理契约是"个人将有所奉献与组织欲望有所获取之间，以及组织

将针对个人期望收获而有所提供的一种配合。"虽然这不是有形的契约，但却发挥着有形契约的作用。心理契约是具有主观性和动态性的一个复杂的心理结构。其实质是个体对于组织中相互职责的一种不断变化着的主观感受，而对心理契约产生影响的方面则来源于组织中任何因素的变化。学校教师的心理契约也有其共性，为了维护良好的心理契约，学校领导者应该保持与教师的关系，加强与教师群体的交流和联系，使教师能积极向学校反馈意见，使心灵契约正常运行。心理契约的主体是教师在学校中的心理状态，而用于衡量教师在学校中心理状态的三个基本概念是教师的工作满意度、工作参与和组织承诺，在学校组织中，教师的工作满意度是学校心理契约管理的重点和关键。心理契约管理的目的，就是通过人力资源管理实现教师的工作满意度，并进而实现教师对组织的强烈归属感和对工作的高度投入。因此，学校要想实现对人力资源的最有效配置，就必须全面介入心理契约的 EAR 循环，通过影响 EAR 循环来实现对教师的期望。所谓 EAR 循环，是指心理契约建立、调整和实现的过程。

　　心理契约的存在前提是个体与组织的相互期望，这种心理期望具有隐蔽性，学校管理者要在不断沟通的过程中使这种心理期望最大化地实现直观性、明确性。学校与教师彼此的沟通，可以起到知识资源共享，信息交流互补，情感真挚表达的作用。在交流和沟通的过程中，教师个体能够从同事身上学到许多东西，获得一些信息和灵感，以及对自己专业素养的提升也有所帮助。一个教师这样叙述道：

　　　　教师之间的交流可以通过听课、评课的形式进行，在集体的交流过程中教师可以开阔自己的思路，提升自己的专业水平。比如开展示范课，教师一起参与，一起分享，一起提高，在交流中获得知识。比如我们学校每个星期四下午召开学校工作例会，这就是一个很好的机会，因为这种会议除了传达上级部门相关要求、宣布学校事情外，更应该是教师之间相互交流教育教学经验、共同分析解决教育情境中出现的问题的时间。如果学校能够经常为教师提供这样的团体活动机会，教师就有很多机会与同事交流教育教学中的经验，同时分享教育教学中的成功和不快，这对大多数教师来说是有益处的，因为这样的交流一方面可以扩充教师的知识面，开阔教师的眼界；另一方面教师个体还能体验到友谊与友情，使交往需要得到满足，教师个体之间会产生积极的情感体验。此外，教师个体在相互交流的过程中还可以了解到一些不良情绪，诸如焦虑、忧郁、压力等问题，不仅仅只存在自己身上，其他处于相同情境中的同事也有这些体验，并且教师还能够从处于同样情境中的同事那里得到一些缓解焦虑、压力的有效方法，帮助自己消除不良情绪。乐观的人在面对重大压力时，比较能够作出良好的适应，主动去寻求他人的协助，同时能对压力事件作出比较客观的评价。

要消除教师不良的情绪体验，建立良好的心理契约，社会各界和学校应提供教师与领导、教师与教师之间以及教师与行政人员间交流沟通的机会，减少教师与同事之间的冲突或紧张关系。学校作为教师的另一个主要社会支持系统，若能创造积极、和谐的氛围，能够使教师之间互相关心、帮助，从同事那里得到压力缓解的经验，共同解决问题，并一起进行有益身心的社会交往活动，对于缓解教师压力具有重要的作用，能有效地消除压力感。所以学校应该形成一种良好的交流氛围，使教师个体不再把压力看做是一种失败，而是将压力看做"有趣的、可以理解的，在个体面对高标准高要求及不确定性时不可避免的产物（引自许明，2002）"。

PRA 项目，是在"以教育促进寻甸回族彝族自治县六哨乡农村社区经济发展与民族文化传承"前期项目基础上的延续和深入，属于二期项目。前期项目的实施主要是让项目组成员为加强六哨乡教师交流提供了机会，项目组通过以开展校本研究的方式对六哨乡教师集中进行了校本研究培训，并将教师按实际情况进行了分组，各小组有各自的任务和要求，在小组对六哨乡的地理位置、自然资源、物产、民族风情等情况分别进行了广泛周密的调研基础上，项目组成员和六哨乡教师一起编写了图文并茂的校本教材《我爱六哨、我爱家乡》。此教材的出版引起了当地人的注意，并在寻甸县、昆明市中一致得到好评。这种方式一方面增加了教师间的合作，也提升了教师的各种教学能力。以下是一位参与编写校本教材的老师的陈述：

> 我参与了校本教材《我爱六哨、我爱家乡》的编写，在编写初只知道自己要参加写一本关于六哨乡的书，我想我可没这个本事，后来，学校领导做工作，安排我与其他学校的几位我不是很熟的老师负责自然资源的调研这一块，于是我们几位不是很熟的老师就一起参与了校本研究的培训，培训后我们就纷纷对六哨乡的自然资源进行了广泛的调研，在调研过程中，我们几位老师经常交流，所交流的不仅包括我们所调研的内容，而且还包括我们在教学中遇到的一些教学难题。我发现我和这几位老师都很谈得来的，并且还向他们请教了很多问题，我们后来还经常在一起讨论教学问题。后来《我爱六哨、我爱家乡》这一套校本教材，在王院长等人的带领下，终于编写好了。看着这套书，我觉得我们六哨乡在我们眼里发生了很大的变化，因为原来一提到六哨乡我们就觉得这就是一个贫困地区，就是一个很落后的地方，可是这套书让我们更清晰地认识到六哨乡贫困背后，其实还隐藏着许多宝藏，等待着我们去开发，我们之所以贫困就是还没有意识到这些，还没有把这些宝藏开发出来，这就要求我们这些教师不断对我们的学生进行爱家乡教育，让我们的学生热爱家乡，建设家乡。并让学生把这种思想带回去给他们的父母。我们很希望把校本研究再扩大和深化，这不仅有利于加强教师间的合作与交流，而且有利于六哨乡整体的发展。

> ——田野调查日记

教师个体越来越认识到合作的重要性，并在组织的建设与教育活动的设计中将合作意识与合作能力的发展作为重要的战略性任务来讨论。

第六节　关注教育改革中教师的情感体验

一、调整教师的认知方式

认知方式是个体在认知操作中表现出来的个性特征，又称认知风格。认知方式表现为一个人习惯于采取什么方式对外界事物进行认知，它并没有好坏的区分和优劣的价值判断取向。心理学的相关研究表明，决定人的情绪反应的不是事件本身，而是对事件的态度和看法。同样导致个体情绪和行为反应偏离正常的原因，不是事件本身，而是个体对事件的理解、看法和评估，即个人的认知方式。个体的情绪反应是个体的外部表现，而其中一个重要的影响因素是人们的信念和认知。不合理的信念和认知方式会引起不良情绪的持续发生。这些不合理的信念和认知方式有三种典型的表现形式："绝对化"倾向。即用非此即彼的标准来评判事物。对自己提出完美的高要求，一旦无法实现，则会自感压力很大，并产生各种消极情绪。1998 年乔耐曾做过这样一个研究，设置一个题目"要成为一个好老师必须怎样做"来调查 41 名教师的职业信念，调查结果显示，有 92% 的教师回答中使用了诸如"必须"、"应该"等绝对化的词语，且多数教师认同这些信念，实际上这些信念是导致压力产生的一个原因。"以偏概全"倾向。即用某一方面性质来涵盖整体。在教学中，教师会将自己的教学业绩（如学生成绩）作为肯定和否定个人能力的标准。"糟糕透顶"倾向。即将事情的负面结果扩大化，凡事往最坏处想，忽视事物的积极面，不能对事物的利弊进行客观、公正、合理的价值判断，这样的信念会导致压力的增加，从而影响教师当前的工作任务和参与竞争的信心。改变个体的不合理的信念和认知方式是不易的但又是必要的。这就要求把个体的理性思维、知识经验作为根基，对所遭遇的事件和对个体的影响，作出恰当、合理、客观的评估，并随着情境的变化而随时调整自己的评估。一个教师这样叙述道：

　　每个人都是一个独立的有机体，个性的多样化使得教师的心理承受能力也是不同的。随着社会的发展和竞争的日趋激烈化，教师要处理工作和生活的关系，一方面要控制和调整好工作的节律，避免长期处于紧张状态；另外在生活上，要妥善安排家务时间，做到忙里偷闲，劳逸结合。调整好心态和情绪，缓解来自各方面的压力。增强心理承受能力，学会在激烈中求缓和，紧张中求松弛，宽松中求发展。

　　教师要改变不合理的认知方式，首先要从自身入手，树立自信心，增强抗压能力。心理压力的大小因个体感受的差异而不一样，同样的外界刺激因个体的差异，感受到压力的大小是不同的，这是由每个个体自身的抗压能力所决定的，遭遇同样的外界刺激，如果个体感受到的心理压力小，那么个体的抗压能力就强；如果个体感受到的心理压力大，那么个体的抗压能力就弱。当然，个体的抗压能力不是与生俱来的，是个体在后天习得的，有效抗压的办法之一就是增强个体的自信心，自信心是克服和战胜困难的内在动力。个体具备了自信心，就具备了同困难进行斗争的勇气和乐观精神，在困难面前就不会畏头畏尾，就能提高抵抗压力的水平和能力。一个教师这样叙述道：

　　　　教师首先要明确自己的角色定位——教师也是人，而且是一些普普通通的平凡人。有了这样的认识，就有可能正确应对不断翻新的教材和教法，就更有可能以平等的身份来与学生探讨问题，共同提高，就不必再用"太阳底下最光辉的职业"来自喻神圣，从而来折磨自己。总之，教师是平凡的普通人，就会以"普通人"的眼光来认识自己，提升自己，做人做之事，尽人尽之力，就会以更从容的心态来享受工作的幸福感与悦愉感，承受工作与生活所带来的悲伤与痛苦。

　　在实际的教育教学情境中，教师个体应该正确地认识自己，客观地评价自己，要有勇气接纳压力，并主动应对压力。这在一定程度上，就要求教师适当树立自己的发展目标，个体在不断实现目标的过程中增强抵抗压力的信心和能力。因此，教师个体要根据自己的实际情况，制定切实可行的发展目标，科学合理定位自己的目标，如果目标定位过低，容易达到，个体就会没有动力，容易产生满足感；而如果目标定位过高，完全超出个体的实际能力，使个体无论怎么努力后无法达到，这也会使个体在实现目标的过程中遭受很大的挫折，继而产生巨大的心理负担。但如果教师个体已经遭遇了压力，就不应当回避压力，而是要正视压力、接受压力事实，继而采取相应的措施来应对压力。但是在现实生活中，很多教师在面临压力时往往无法加以妥善解决，其中最为重要的是因为教师从思想观念上意识不到它，采取感情或精神上回避的态度，甚至抗拒它，不敢面对现实情境，更不敢接纳它或者科学地解决它。有一部分教师遇到这样的情境时，还试图通过无视或者通过压抑自己的情绪来否定它，更有甚者采取各种方式来否定或逃避它。殊不知否定、逃避压力并不能从根本上缓解压力。因为，不管个体是否愿意去接受压力产生的事实，压力都是客观存在的，而且个体都会作出本能的应对。区别只在于个体是主动积极地接纳它，还是采取消极的逃避态度，被动的逃避不但不会让已经产生的压力自动消失，甚至会使压力因个体这种消极处理而得到更大范围的扩散。鉴于此，当个体已经遭遇了压力，就要正视它的存在，不要否定或忽视它，尽管有时个体所遭遇的压力远远超过个体的承载能力，让个体明显感受到恐惧和不安时，都不要简单的回避它，而是要主动的承认接纳它，然后科学客观的设法去调适和疏导它，只有采取科学合理的方式，个体才能更好采取进一步的行动来应对。

在缓解教师压力的过程中，还应积极发挥教师自身的作用。著名的教育家苏霍姆林斯基说："教师要善于掌握自己，克服自己是一种必要的能力，它既关系到教师的工作成就，也关系到自身的健康。不会正确地抑制每日每时的激动，不会掌握局面，是最折磨教师的心脏，煎熬教师的神经系统的事。"因此，就有必要引导教师正确认识压力，并通过心理疗法缓解压力。同时当教师个体发现自己有压力的征兆时，不是想方设法逃避压力，而是要勇敢地面对压力，正确认识压力的症状，主动寻求缓解压力的策略。一个教师这样叙述道：

教师现在确实面临着许多的压力，但是在缓解压力之前，首先要对心理压力有明确的认识和接纳的态度。教师应认识到，自己在压力之下所作出的反应并不是个人能力差的表现，而是人人都可能会体验到的正常心理现象。在工作、学习中遇到挫折、遭受失败也是在所难免的，不要过于自责。不妨将自己的思想做一个大转变，化消极回避为积极应对，相信压力反而是胜利成功的催化剂。要认识到自己所遇到的问题、压力和挫折别人同样也会遇到，只是时间早晚或阶段差异而已。因此，别人能正视并勇敢面对的事，自己如果想做，通过努力也能做到。"天生我才必有用"，要以平稳的、健康的心态去直面压力，主动地接受压力事件并适应之。给自己安慰、激励，控制自己的情绪，挖掘自己的潜能，培养并有效地展示自己的优势，而不应选择逃避或怨天忧人。

二、教师注意自我调适

在日常的工作和生活中，每个个体经常会遭遇各种各样的困惑或压力。在困境和压力面前，个体要形成正确的认知，要认识到压力虽然是一种危机，但同时也伴随着机遇。因此，在具体的教育教学情境中，教师要意识到压力无处不在，并正确地认识和调节压力。如果教师不能正确地认识压力，在面对压力时，教师个体就会处于紧张、焦虑的不良状态，随之产生倦怠，教师个体便无法应对正常的教育教学工作，这势必对教学质量的提高以及学生的发展产生严重影响。所以应培养教师个体对压力形成正确的认知，使教师个体掌握一定的抗压方法，在面对压力时，教师能够主动意识到，并从压力事件的刺激源中脱离出来。

教师个体在与外部环境进行交互作用时产生了压力，这种压力是外部客观环境和教师个体特征相互作用的结果。因此，要缓解教师职业压力，就必须改善外部客观环境和教师个体特征，减少压力刺激源。但是，教师工作的外部客观环境通常在短期内很难有所改变。因此，要缓解教师的压力，只有首先从教师个体特征入手，提高教师自我心理保健意识，增强教师自身调控压力的能力，这是缓解教师压力的有效措施之一。当然教师个体人生观、价值观的树立也是有效的缓解压力的办法之一，我国古代大思想家孔子曾说过："知之者不如好之者，好之者不如乐之者"，这也在一定程度上启发我们对事物"乐而为之"才是主要的。教师的"乐"表现在以最大的热情度投身于教育事业中，敢于面对挫折和压力，教师个体只有在没有挫折困境的状态下，才可能更加投入自己的教学工作，才可能更关注学生的发展，才可能在轻松和谐的氛围中体验更多的精神享受。教师对自己的职业做到"乐而为之"，还需要教师个体树立正确的个人价值取向，只有在正确的个人价值取向面前，教师才能克服压力。

教师除了建立正确合理的认知外，学会自我放松也是缓解压力的有效办法之一，因为有研究发现，如果个体长期关注那些令自己不愉快的事物或者情绪时，会使个体容易产生紧张感或焦虑感。这些关注越持久，越会强化这种紧张感，由此陷入一种越关注越紧张，越紧张越关注的恶性循环中，使压力不断扩大。在面对紧张焦虑的情境时，个体应及时转移注意力，以便使个体放松自我，缓解压力。注意力转移是指个体在进行某种活动时，由于受到外界的干扰，而把注意力暂时转移到外界的某个干扰刺激身上。当个体转移注意力时，个体情绪也就从一种状态转化为另一种情绪状态了。

在帮助教师个体建立合理认知上，社会的职责在于为教师的发展建立全方位的社会支持系统。在缺乏支持系统时，教师会陷入自责、无助的压力氛围中。一旦教师拥有良好的社会支持系统和倾诉对象，得到外界更多的理解和支持，教师不仅能够快速有效地处理自己的负面情绪，也更具备了应对压力的勇气和能力。而教师获得的这种社会支持系统需要教师在日常工作和生活中用心建立和维护。教师应在日常的点点滴滴中建立起这种支持系统。教师平时就注意关心和帮助自己的同事，这样在自己遇到挫折和压力时，才能获得他人的帮助和支持。另外教师也要加强自身素养。教师压力产生的一个重要原因是由不良情绪导致的，而控制不良情绪的重要保障之一就是个体良好的个性素养。这样就要求教师努力增强自己个性中的积极因素，克服个性中的消极因素。教师还应经常保持乐观自信的良好情绪，以及不断更新知识，提高技能。以便用广博的专业知识和精湛的专业技能来应对快速发展的社会变革。一个教师这样叙述道：

> 我是去年 9 月份刚刚参加工作的新老师，当我怀着激动的心情加入到这个队伍时，把我自己的全部时间和精力都投入到了教育教学中，很希望在学期末时得到应有的回报，可是把学生的试卷批改完后，我彻底绝望了，理想和现实，付出和回报的差距太大了，让我一时无法面对这个现实，我开始对自己产生怀疑，觉得自己根本就不是当老师的料，如此这般的付出都没有好的回报，那以后的教学就没有任何努力的价值了。我整个假期都在挫折中度过，以至于我慢慢发觉自己已经有了心理问题，我痛苦不堪，但又不知如何是好。

当教师个体所遭遇的压力体验超过自我调适的限度，教师个体通过自己的努力无法克服压力情境时，教师个体应该借助心理咨询技术来缓解压力感受，心理咨询技术是治疗压力的有效方法之一，当教师个体感到自身的心理压力已经超越个体自身所能进行调适和缓解的程度，都应当考虑寻求心理咨询的帮助，而不能一味的采取压抑的方式来逃避。心理咨询是一种科学合理的理论方法，主要运用心理科学的相关理论与方法，通过各种途径缓解或消除咨询对象的各种心理不适问题，以此来维护和增进咨询对象的身心健康，促进咨询对象个体潜能的开发等。过高的要求，过重的负担，导致多数教师心理压力过大，这在一定程度上会加重教师的各种心理不适症状，继而出现一些相应的心理障碍，甚至引发各种身心疾病。有时，教师个体通过自身的努力，可以调适好心理，但这个过程是艰难和缓慢的。但是，如果教师个体有意识或愿意接受心理咨询技术的辅导，可以在很大程度上帮助教师更快、更有效地解决各种压力所带来的不适或困扰问题。可就目前的现实情况来看，有相当一部分教师对心理咨询辅导技术的接受程度还非常有限，有的教师心里面希望通过心理咨询辅导尽快疏通自己的不良情绪，但现实中又没有勇气去接受心理咨询辅导，害怕别人笑话，把接受心理咨询视为羞于见人的事。受到这些传统思想的影响，教师很难认识到这些偏见其实都是人们思想上的误区或盲区，认识不到其实心理咨询是一种科学的理论和技术方法，它提供的是一种科学的指导建议，一种帮助个体缓解或消除心理不适的技术。教师作为先进理念的接受者和传播者，首先应该具备科学的认知态度，摒弃一些传统的偏见，以科学的态度正视心理不适问题，勇敢的接受心理咨询帮助，积极主动地寻求辅导，促进个体身心的和谐发展，真正提升自己的生命质量。一个教师这样叙述道：

> 在现实的工作和生活中，教师常常遇到许多不愉快的事件，这时教师要学会悦纳自己、理解生活、尽力而为，但不强求，尤其在偶尔考试失败时，工作受挫时，遭遇误解时更应如此。如果现实生活中，教师确实已经遭遇了上述情境，也不需要害怕，可以通过一些途径，请专业人士帮助我们进行相应的心理疏导，让自己尽快摆脱困境，实现身心良好的发展。如果自己不主动需求专业人士的帮助，遇到压力体验时只知道回避它，或者压抑它，或者简单的认为时间长了就可能没有事情了，只会加重压力的感受。所以我建议有压力体验而且自己没有办法缓解压力感受的教师，应该大胆地寻求专业的帮助和指导，不要在乎外界的看法，只有先保证了自己的健康心理，才能谈工作、谈生活、谈学生发展的问题。

三、教师从消极受控到主动参与

社会地位是与个人面临的近似的影响或相同的机会、社会诱惑和限制相关的一个词语。共同的社会环境与产生的共同利益不是一一对应的。阶级地位体现有选择地分配权力、特权、经济机会的特定的社会利益关系。[①] 本研究中的教师地位由教师所具有的权威和影响来决

---

① 　卡尔·曼海姆：《知识阶层：它过去和现在的角色》，辽宁教育出版社 2003 年版。

定，是指教师在社会其他成员眼里的相对位置。国际教育大会把教师地位看做是一种"取决于契约、任职期、工资、工作条件、社会福利等法律行政保障，部分社会地位与其他不易测量的相关单位和社会舆论对教师职业的尊重因素有关。"[①]

教师个体的社会地位与学校息息相关，学校作为教师社会地位的依附体，应该为教师发展提供更多的机会和平台，使教师个体得到更多的发展和提升，这样教师个体既能发挥其教育教学资源的作用，又能在发展中体验自身的价值和快乐，而愉快的心理情绪又会让教师个体产生不断向上的动力，成为教师个体不断前进的推动力，教师会感到自己是学校集体不可或缺的一部分，是学校的真正主人，这样才能有效缓解压力。一个教师这样叙述道：

> 要让教师全身心地投入到教育工作中，要让教师职业成为具有激烈竞争的行业，就要从根本上提高教师的社会地位和经济待遇，让教师真正成为人人羡慕的行业，那时就会有更多的人加入到这个队伍来，许多教师也才能真正做到"爱校如家"、"爱生如子"、"爱岗敬业"。

个体的社会地位与个体的经济收入有特定的联系，经济收入可以在一定程度上反映职业的社会地位，能够影响社会对该职业价值的了解和尊敬程度。成为人们在求职时的一个重要因素。社会学的观点认为，判断一种职业报酬是否合理取决于人才流动的走向。实践显示，"一个国家或一个地区教师的工资待遇如果是'低于型'，那么优秀教师的流失比率就会增加"。从客观上讲，教师及其职业是否拥有较高的社会和经济地位取决于教师是否对社会和经济的发展作出卓越的贡献。

长期以来，我国民族农村贫困地区教师的社会和经济地位一直偏低。近些年来，国家纷纷出台了一些政策，保障教师的社会和经济地位，虽然教师的社会和经济地位有了很大改善，但是与其他职业的从

---

① 赵中建：《全球教育发展的历史轨迹：国际教育大会60年建议书》，教育科学出版社1999年版。

业人员相比，教师的劳动付出与经济回报还没有完全成正比，教师的社会地位和经济收入水平仍然偏低，甚至有的地方还存在拖欠教师工资的现象，教师的付出与回报之间产生极大的差距。这种差距使得教师内心产生不平衡感，表现得较为消极、失落，心理压力由此加重。过低的回报，让教师承受着经济压力的负担，为了维持全家人的物质生活，有的教师不得不放弃自己热衷的岗位而选择新的岗位，有的教师虽然还在自己的工作岗位上，但表现出极不情愿的心态，这就不利于教师队伍的稳定。为了避免教师的流失，稳定教师队伍，政府应当采取有效的办法来改善教师的工资待遇，真正落实"尊师重教"的政策，切实提升教师的工资水平，在经济上给予教师支持，不仅能够提高教师的社会地位，对于引进优秀人才，提升教师的自我评价、对职业的光荣感、自豪感和加大教师的工作热情、工作满意度都起到积极作用。

自引进和实施 PRA 项目以来，多数教师的表现都发生了极大的转变，从项目组对课题申报书的拟定到六哨乡所有中小学学校根据自身的实际情况填报的相关课题来看，多数教师都表现积极。如参与对课题的选题，对拟采用的研究方法、选题的可行性和可操作性进行论证，并填写了相应的研究内容。这样一个申报过程，让这些教师更加意识到自己对于学校的重要性——学校必不可少的坚实力量，应该为学校担当起相应的责任，一位参与课题的教师这样陈述道：

> 　　原来只关心自己班学生的成绩，别的一概不问，因为问了也没有什么意思，我只是一个普通科任老师，我的责任就是学生的成绩和升学率。但是自从 PAR 项目引进后，我先后参加了几次培训，对我的触动很大，特别是 PAR 项目组实施了课题申报这件事，我和好几位教师都参与到了课题申报的填写中来，通过申报课题，我们发现其实我们还是可以做一些事情的，学校领导也发现大家跟原来不一样了，还开玩笑说真是真人不露相啊！我们觉得，至少我自己觉得，我也是学校重要的一分子，也是学校不可或缺的力量，对教学和学校多了一份责任。对学校里的一些事情我会更主动地关心和

过问，提出一些合理的解决意见。我觉得我还是非常喜欢当教师的。

——田野调查日记

　　学校中教师个体的社会地位可以通过民主的参与意识得以体现，教师队伍的文化层次和民主意识相对较高，与其他职业相比，其情感意识和参政意识也要强烈一些，同时教师希望被认同、被关注的意识也比其他行业高。因此，在学校这个小社会里，率先实行广泛而真实的民主，不仅是必要的而且是可能的。学校领导要树立民主平等理念，在学校内部营造一种互相尊重、平等相待的宽松和谐的心理氛围，使教师置身其间能有一种归属感和安全感，既欣赏自己，又悦纳别人，使身心健康得到维护和发展。

　　教师参与学校管理既是教育管理民主化的要求，也是教育管理现代化的趋势。教师参与学校管理，既包括管理自身专业事务，也包括参与管理学校行政事务。而参与学校决策，则是教师参与学校管理的重要体现。教师参与学校决策，并不意味着教师必须参加学校所有的决策。教师参与学校所有的决策不仅没有必要，而且也不现实。现实也表明，学校里的事务，不管大或小，不管是否与教师息息相关，都让所有教师参与讨论和决策，在一定程度上，不但不能很好的解决问题，反而会降低学校的办事效率，使得很多参与过程流于形式，而流于形式的参与过程难以给教师带来参与学校管理的满足感，反而给教师带来压力。对于教师而言，他们更关心与自身密切相关的，并且确实具备相关知识和能力进行决策的专业事务，当然也包括部分行政事务。当教师个体具备参与和决策事务的相关专业知识和能力的条件，但不能参与决策时，教师往往会感觉到自己在学校里处于受控状态。

第七节　增强教师的自我效能感

一、改革考试与评价制度

　　目前我国的教师评价主要是依据教师的工作业绩，对其作出解聘、晋升、调动、降级、加薪、减薪、增加奖金等奖惩性评价。其主要依据是以学生的成绩或升学率为标准的。这种评价只会降低教师的坦诚度和工作的热情，还往往忽视了教师在建立学生良好行为、道德和价值观等方面发挥的人格魅力，也不利于教师自我发展动机的激发和维持。目前看来，我国教师群体普遍把教师职业作为一种谋求基本生活的手段，处于谋生劳动阶段，而不将其作为自我追求和发展的崇高事业，从而达到自我劳动的阶段。教师需求主要停留在生存需要阶段，主要面临一些如聘任压力、考试压力、经济压力等的低层次压力阶段，还没有实现教师追求自身发展的需求，只有当教师工作从低层次的生存需要上升到一种更高层次的精神追求时，教师的教学活动才能实现从谋生劳动过渡到自我劳动阶段。因此以一种定性评价与定量评价、静态评价与动态评价、过程评价与结果评价相结合的教师评价机制代替以学生考试成绩为主要评价标准的教师评价机制，能够缓解教师压力和实现教师自我发展的需要。一个教师这样叙述道：

> 目前上级主管部门和学校对教师的评价，主要是根据学生的考试成绩来体现的，学生成绩好的班级和科目，相应的任课教师就被评为优秀教师，学生成绩差的就被评为不好的教师，很多教师一方面渴望放假，一方面又害怕考试，因为没有勇气面对考试的成绩。所以临近期末时，大家都会觉得紧张、焦虑。如果教育改革能够改变现行的评价标准，不再只是用学生的成绩来衡量我们的好坏，用学生的成绩给我们打分排序，我们将会更有自信和热情地承担教育教学任务。因此，我个人觉得要进行教育改革，首先应该改变评价方式，打破现行单一的教师评价制度。打破由上级自上而下对教师进行评价的模式，实行全员参与，通过多样化、多渠道的评价方式，并通过评价获得丰富和实际的教学资源，从而为教师个人发展献计献策，并为学校决策提供依据。

著名新制度经济学家道格拉斯认为：制度是社会的博弈规则，并且提供特定的激励框架，从而形成各种经济、政治、社会组织。由于教师评价与教师的专业发展、职称职务晋升、经济收入等切身利益息息相关。因此，教师评价的合理与否将直接影响着教师的工作心态和热情。在实际的调查走访中，我们了解到目前农村教师的评价往往是奖惩性的评价模式，将评价的注意力集中于对教师教育教学的总结和评定，仅对教师过去工作的成败简单进行考核、鉴定、认可等，评价方式比较单一、古板，评价结果直接与经济利益挂钩，最终只有少数教师受益，不利于大部分农村教师的工作积极性的调动。基于此，我们必须对以往评价进行反思，实施一种有利于大多数教师发展的新的评价模式。

近年，由上海华东师范大学的王斌华教授提出的"发展性教师评价制度"是一种新的教师评价体系，认为："发展性教师评价制度是一种面向未来，以促进教师未来发展为目的的形成性评价制度。它没有将教师评价制度作为奖励和惩罚的机制。其目的是，在没有奖励和惩罚的条件下，促进教师专业的发展。"[1] 发展性教师评价是一种建立在双方相互信任的基础上的双向的教师评价过程，提倡在评价中建立和谐的气氛，是一种形成性评价，在没有奖惩的条件下促进教师的专业发展，并实现学校的发展目标。王斌华教授认为，发展性教师评价的主要特征是：（1）学校领导注重教师的未来发展；（2）强调教师评价的真实性和准确性；（3）注重教师的个人价值、伦理价值和专业价值；（4）实施同事之间的教师评价；（5）由评价者和教师配对，促进教师的未来发展；（6）发挥全体教师的积极性；（7）提高全体教师的参与意识和积极性；（8）扩大交流渠道；（9）制定评价者和教师认可的评价计划，由评价双方共同承担实现发展目标的职责；（10）注重长期的目标。由此可以看出，发展性教师评价，在评价方向上是贯穿于过去、现在和未来的，在注重教师的现实表现的同时，重视教师的未来发展和促使教师自我的提升。[2]

发展性教师评价是依据一定的发展目标和发展价值，运用了管理心理学关于"个人在组织中的价值"理论，形成主评和被评配对，

---

① 王斌华：《发展性教师评价制度》，华东师范大学出版社 1998 年版。

② 王斌华：《发展性教师评价制度》，华东师范大学出版社 1998 年版。

在双方认可的情况下，共同协商制定评价目标和评价计划，把促进教师发展的目标和对评价的实施看做是双方的共同责任；并由主评与被评共同承担实现发展目标的职责，运用相应技能，对被评进行素质发展、工作职责和工作成果的价值评判，使被评在教育发展性评估过程中的个体能从多种渠道获取信息，不断促进其专业发展，不断认识自我、发展自我、完善自我，从而提高教育教学能力和水平。

发展性教师评价倡导以教师为核心，以促进教师个体发展为根本，重视多渠道交流信息。发展性教师评价模式把教师个体看成是发展的中心和主体，评价的过程就是通过对教师工作状况的客观分析，让教师的专业得到发展，使教师个体得以提升。这种形成性评判标准，将教师已经取得的工作成绩和教师实际工作表现结合起来，制定教师个体未来的发展方向和目标。一个教师这样叙述道：

> 有关考试和评价制度的改革，在实际的教育教学情境中有过一些有益的尝试，如"学生成长记录袋"、"表现性评价"、"反思性教学"等的实施，尽管在具体的教育教学实践操作中，因为它的客观性、公正性和繁琐性遭到颇多质疑，推广性不强。但是对工作在中小学的一线教师来说，确实受到过一些冲击，并且严格按照操作程序在教学中使用，收获颇多。

发展性评价区别于奖惩性评价之处在于，发展性评价是在评价中促进教师个体的发展，根据教师具体的工作表现或成绩，制定教师个体的发展计划和目标，并为教师专业的深入发展提供更多的机遇，对教师个体的奖惩不再仅仅依靠评价的结果，这种评价还包括对教师目前工作状况的鉴定，作用在于促进教师专业的发展和提高教师的教学水平，以及让教师真正参与到教育教学工作中来，成为教育改革的有效实施者和积极创造者。

二、从"他评"到教师"自评"

美国心理学家布卢姆教授曾提出"教育评价的功能在于发展而非甄别"。评价的终极目的是使教师个体的积极性、主动性和参与性得到最大的发挥，在对教师个性特征充分尊重的前提上，促进教师专业自主发展。实施发展性的教师评价制度的根本所在，就是要改变以往评价过程中"重教育结果、轻教育过程"的教师教育评价模式，建立关注教师教育过程、以促进教师专业自主发展为目的的评价体系，对教师评价应采取多元的方式，而非单一的模式，要强调在对教师进行评价时，除了上级主管部门和学校领导外，还应加入同事的评价，学生的评价和家长的评价等。总之对教师进行评价应坚持系统的评价方式，要求对教师进行全面评价、全员评价、全程评价，评价除了看学生最后的考试成绩外，还要考虑教师本身的素质和平常的工作表现，合理处理好教师显性工作与隐性工作、工作结果与工作过程，工作的定量分析与定性分析的关系，变单一的"他评"为教师"自评"与"他评"相结合，避免对教师作出主观、片面和随意性的价值判断，走出以往教师评价的误区，以便教师的付出得到客观的肯定和认同，同时发挥教育评价的导向和激励作用。

在发展性评价体系的构建中，最具有建设性的是提倡教师自主评价。教师自主评价的好处在于，教师对自身的了解胜于别人对自己的了解，教师能够对自己的背景和工作对象，对自己在工作中的优点和不足有更清晰的了解，当教师对自己进行评价时，教师能够客观地对自己的优缺点进行评定，在一定程度上能感受到评价带给自己的是一种积极的动力，这样会促使教师对自己的理念和行为进行深刻反思，促使教师个体在对自己进行评价的同时，提升自身对专业发展的认知，进而明确自己专业发展的方向。教师除了自我评价外，还可根据领导、同事、学生、家长的评价，把多方面的评价进行整合，扬长避短，加快自身发展的步伐。一个教师这样叙述道：

> 虽然我们只是很不起眼的民族贫困地区教师，但是我们

也有自己独特的生活经历，有着自己独特的工作背景，上课风格和职业道德。所以在对我们进行评价评定时，请不要把学生的考试成绩作为唯一的标准，请把我们的平时工作表现和品德放进评价中，不要再用一把尺子衡量所有的教师，请意识到每个教师个体都是唯一的，教师之间是存在差异性的，请尊重教师身上的这种差异性，根据教师的差异性确定符合各自特征的评价标准，以及采取相应的评价方法，这种有针对性的教师评价才有利于教师个体形成自律的工作作风。

绝对客观公正的评价标准和模式是不存在的，因为教育教学本身就充满了复杂性、不可预见性和模糊性，在实际的教育教学情境中，教师面对的问题也是复杂而多变的。所以对教师进行评价时采用单一的量化评价作为标准，难以体现教育教学情境的复杂性。对教师的评价要以教师的专业发展作为出发点，评价过程中除了对教师的本职工作进行审视外，更要通过评价促进教师的发展，给予教师更多的关怀和帮助，对教师的评价还应从高高在上的姿态转向讨论论式的交流和对话；从教师个体被动地接受评估转向教师主动参与的互动过程。目前学术界倡导的发展性评估，其评价方法不仅在于激发教师参与教学的主动性和创新性，且有利于教师自我价值的实现和提高。

发展性教师评价制度强调评价中教师主体作用的发挥，鼓励教师积极主动地参与到评价中来，成为评价的主体，充分发挥教师的主体性地位，同时鼓励教师在参与的基础上，积极进行自我评价、自我反思。而在评价的内容方面则突出教师发展的差异性，在教师的评价上要能够做到因人而异，因类而异。"每个人都是独特的，关键是你要用爱去感受，你将会看出每个人区别于他人的独特之处。"[1]同样，教师个体也是独一无二的，每个个体都有各自的个性特征。因此，在对教师进行评价时，有必要从"以人为本"的理念出发，尽可能从多个角度进行，让教师在参与评价的过程中获益，最终得以发展和提高。

---

① 　吴淡如：《昨日历历晴天悠悠》，漓江出版社 2003 年版。

三、增强教师的自我效能感

自我效能感，最初是由教育心理学家班杜拉提出来的，指的是自己对自己是否有能力完成一件事情的评估和设想。包括结果预期和效能预期。结果预期指个体对自己完成某件事情的结果的设想和评价，而效能预期是一种对完成事物能力的信念或自信。自我效能反映出一个人的行为的动机和范围，特别能预测个体当面对困境时的持久性和耐受性。[1] 班杜拉的观点是，自我效能是对自己能力的估算，相信自己有完成好某事的多种技能，并能在特定的情境中准确而成功地实现行动。对自身控制能力的预测能产生某种应对的行为并让此行为持续下去。个体对自己应对行为的坚持性和有效性，亦影响着人们试图去应对特定的情境的能力。对自己的能力和表现不够自信（低自我效能）的评价使个体对所要进行的事情不可控制和预测，导致的后果就是认为这个事件是有压力的。[2]

"教师自我效能感与教师是否愿意进行教学改革、教师的紧张状况以及职业愿景是有关联的。具有高自我效能感的教师有更为强烈的教学革新热情和较低的人际关系不良现象，对教师职业比较喜欢；而具有低自我效能感的教师则是对教学革新意愿表现得更为消极，人际关系表现紧张，讨厌教师职业。"[3] 教师自我效能感在一定程度上会影响教师进行教学的主动性和积极性、持续性，影响教师的教学技能、对教学方式的革新以及教师的教学态度。具有高自我效能感的教师，表现得更为积极主动，更愿意付出努力，不断进行教学方法和教学策略的改革，在教学态度上倾注了更多的积极认知和正性情绪，热衷于教育教学工作，对学生真诚、平等、开明，鼓励。"[4]

教师自我效能感的高低与教师在具体教学情境中的表现是有一定

---

① Bandura, A. (1997): Self-Efficacy: The Exercise of Control. Freeman, New York.

② 傅维利：《论教育改革中的教师压力》，《中国教育学刊》2004 年第 3 期。

③ Tschannen-Moran, M, Woolfolk, A. E: *Teacher-efficacy*: *Its Meaning and Measure*. Review of Educational Research 1998（2）.

④ Guskey, T. R, Passaro, P. D: Teacher-efficacy: *A Study of Construct Dimensions*. American Educational Research Journal 1994.

的关系的，罗斯教授的相关研究发现，具有高自我效能水平的教师在教育教学情境中能发挥更积极主动的作用，能有效地与他人相处并营造温馨和谐的人际关系，能活跃班级的课堂气氛，让学生更好配合教师完成教学任务，能灵活应用新的教育理念和方法去适应新的变革和要求，能够以积极的心态和热情应对改革中的挑战，并处理好教育教学情境中的复杂问题，能根据情境的变化而采用难度较大的工作方式，面对压力自我调节能力较强；而自我效能低的教师则被动地执行教育改革的相关要求，不能很好与别人交流沟通，不能以积极的心态对待求知的学生，习惯于常规的工作方式，不能用新的思路来处理复杂的问题，缺少灵活处理问题的能力，改革目的性不强，当面对新的挑战刺激时不够自信，会产生紧张、焦虑、失落和压抑感，自我调控能力不够。教师不同的处事方式、工作风格、职业态度，导致不同的工作效果、心理承受能力和健康程度。2000年布洛沃兹教授和汤米克教授的研究也表明：自我效能感直接影响个体的成就，如果个体拥有较高的自我效能感，个体会产生积极的情绪体验，对压力源也能作出客观的评估。相反，如果个体拥有较低的自我效能感，则会直接导致个体情感衰竭等负性情绪的产生，继而影响到个体对压力源所作出的判断。另一学者施瓦尔泽教授等认为，低自我效能的教师往往会产生紧张和忧虑的消极情绪。由此可见，教师的自我效能感影响着教师在教育改革中的表现。因此，提高教师的自我效能感是缓解教师在教育改革中压力的有效策略之一。

教师的自我效能感会对学生学习的主动性、学习爱好、学习认知、价值期待、自我评定和情绪情感变化以及学生的学习成就动机产生影响。相应的实证研究也提出，教师自我效能感与学生的学业成效（Gibscn，1984），学生的学习动机（Newman，1989）之间存在显著相关。[①]另外，教师的自我效能也在一定程度上影响其身心健康和职业发展，低自我效能感的教师在教育教学情境中往往花费更多的时间和精力，但教学效果并不是十分显著，这样就容易产生压力，自暴自弃。

从以往进行的多项研究中，我们可以初步得出这样的结论，教师

---

① 余国良、辛涛、申继亮：《教师教学效能感：结构与影响因素的研究》，《心理学报》1995年2期。

个体所具备的自我效能感是教师从事工作的基础条件之一，是教师个体在其工作中不断努力奋斗的动力之一。在实际的教育教学情境中，应该有意识地培养教师的自我效能感，因为自我效能感高的教师对自己的职业更有信心，更热爱自己的职业，能开拓性地进行工作，并能通过自己的工作对学生产生影响，还可以有效应对压力，摆脱困境，实现自我的提升。

从 PRA 项目引进和实施以来，项目不仅涉及六哨乡学校教育内部，还通过六哨乡学校辐射到教育外部，包括脱毒马铃薯的种植等，项目组通过对六哨乡的多次实际考查和调研，发现六哨乡这一高寒山区，非常适合马铃薯这种经济作物的种植，于是项目组邀请马铃薯专家参与该课题，并与项目组成员一起研讨六哨乡马铃薯的种植情况，项目组通过在六哨乡学校试种，主要是由学校教师负责，由教师带领学生在马铃薯专家的指导下，用科学的种植手段完成的。后逐步推开，最后马铃薯在六哨乡的种植取得到了大面积的推广，并取得了很好的丰收。教师自豪的说：

他们不只做一个教书匠，还可以做一个农业专家。今后即使下岗了，还可以通过种植马铃薯养家糊口。而且马铃薯在六哨乡得以推广很大程度上教师起到了至关重要的作用，因为脱毒马铃薯这种新品种是在他们的试种下推广开的，他们在学校通过带领学生亲自种植，不仅可以改善住校学生的吃饭问题，而且还可以让学生把这种科技种植的方式带回家中，示范给他们的父辈，改变传统低效的耕种方式。使当地老百姓的经济收入得到了很大的增加，带动了六哨乡经济的发展，更重要的是让教师在这个过程中获得了更多的成就感，大家的工作热情都很高昂，都觉得自己的付出是有价值的，很多教师将这种积极性带到自己的课堂，带到自己的教学工作中。

——田野调查日记

　　为了让民族农村贫困地区教师具备较高的自我效能感，就需要引导这些地区教师群体不断进行相关专业知识和技能的学习，不断更新他们的教育教学理念，增强他们的教育教学能力，提高参与工作的积极性和主动性。要达到和实现这些要求就需要提高教师自身教学监控能力。教学监控能力指的是教师为促进教学的提升，达到预设的教学目标而在教学过程中，对教学活动本身加以重视，不断对其给予计划、评估、改善、调整和控制的能力。① 教学监控能力的提高可以促进教学能力的提升，同时促进教师自我效能感的提升。

---

　　① 申继亮、辛涛：《教师教学的监控能力》，《北京师范大学学报（社会科学版）》1995 年第 1 期。

第七章　总结与展望

——生成中的自我

其实是一回事，医生把人的疾病，由大治小，直到治愈，漫画家则直接把很小的病放大了又大，放大是一种提醒，提醒，也是为了治愈。

——吴斗勤

第一节　研究总结

欧美等西方国家对教师职业压力的研究始于上世纪 30 年代，70 年代开始广泛关注教师压力问题，把教师压力作为社会科学的重要课题来对待，重点研究教师压力源和缓解压力的应对策略，通过教师自身的叙述、或者通过一些调查方法、测量工具等来检测和分析教师压力形成的机制，探讨影响压力发展变化的因素或事件，主动寻求缓解教师压力的应对措施，其研究积累了一定的研究数据和资料，形成了一些有关教师压力的研究理论和学派，在一定程度上丰富了教师压力研究领域。我国对于此问题的关注较晚，研究的文献资料也很少，特别是随着教育改革的推进，以及教育结构调整和变革，中小学教师普遍感受到压力的存在，这些压力加剧了教师出现身体上、心理上和行为上的不良适应。适度的压力是一种动力机制，是引导教师个体发挥积极性的工具，是帮助教师个体发挥潜能的催化剂，并能取得良好的效果。但是如果教师个体遭受到过度的压力体验，会使教师感到没有归属感和安全感，影响到教师的情绪情感体验，极大的消耗和透支教师的体力和精力，最终对教师的身心健康以及教师的教育教学质量、效果产生负性影响。鉴于此，对教师压力状况进行研究，对压力源进行分析，对压力的利弊进行理解，对适度有效的缓解策略进行掌握是非常有必要的。

尽管以往研究的设计广泛吸纳了前人已有的研究成果，并在研究架构的导引下，研究过程始终遵循着科学、严谨的治学原则，研究结果也以实证的方法验证了理论假设。但由于时间、人力、经费等客观因素的限制，以往研究在诸多方面仍然存在一定的局限性，这也是在后续研究中需不断思考和解决的问题。我们对此进行简单的梳理，以便给后续研究者提供借鉴和参考。对于教师压力的界定，现在都没有形成一个正式统一的定义，这就在一定程度上限制了教师压力研究工作的顺利开展；对教师压力进行测量的工具不统一，不同的研究者根据自己研究需要和偏好，采用个人倾向的测量指标体系进行研究，在一定程度上影响研究结果的一致性；研究的范围领域过于单一，主要集中在中小学教师群体，缺乏群体与群体之间的横向比较以及群体内部的纵向比较，把对单一群体的研究结论直接推及到其他群体领域，混淆了其共同性与特异性；多数研究结论对教师压力的负性影响强调过多，特别对压力引发教师个体的生理、心理和行为异化给予关注，这就容易强化教师对压力的负性体验。其具体表现如下：

一、研究变项方面

教师形成职业压力的原因来自内外多方面，以往多数研究没有对影响教师压力的原因进行严格的内外部区分，更没有详细的将教师的教学情境、教师的健康状况、教师具备的人格特质、教师的成就动机、学校的办学理念、学校的组织氛围等变量完全考虑到研究中，只是有选择性的抽取了其中部分变量加以展开，并未涉及影响教师压力的所有因素。因此，我们建议后续的研究可考虑更多的内外在相关变量，进一步探讨教师个体的人格、社会比较、组织气氛、应对方式、职业进展等变量对压力形成的影响，从而进一步寻找影响压力的调节变量或中介变量，以便更好地开展教师压力的干预研究，获得更加全面而深入的研究结果。另外，可以通过教师本人以外的重要"他人"，如配偶、同事、家长、学生对教师的评价来了解与教师压力有关的信息，也可以通过测量生理指标来了解教师压力状况，生理指标的运用可以更科学合理的对教师压力进行分析和解释。从多个角度和层面更好地对教师压力进行研究，也更能客观深入的反应教师压力的真实情境。但是对研究者挑战很大，要求更高，研究者必须投入大量的时间和精力，在具体的操作实施中会遇到很多的困难。

二、研究工具方面

以往研究教师压力的工具主要是采取直接运用一些已有的心理量表（如 SCL-90 量表）进行测试，或者是研究者根据研究需要自编量表进行，在测试量表具有较高信度和效度的基础上，展开进一步研究。本研究属于后者，所采用的"民族农村贫困教师压力调查问卷"是我们综合文献和参照及引介辽宁师范大学刘磊硕士学位论文中"基础教育课程改革中教师体验调查问卷"的编制，在理论推导，并结合开放式问卷和访谈资料的基础上构想而成。目前国内现有的此类问卷均未在实际的研究中得到验证和认可，因此编制适合中国教师现状的、科学的、合理的、能得到公认的测量教师压力的工具势在必行。后续研究可在研究工具的编制上进一步完善，从多个视角对不同时空的教育情境进行审视，以编制出最能反映当前问题的调查问卷，为教师的职业压力研究提供先进的技术支持。在编制过程中应该考虑到如新课程实施的相关要求和标准、教学计划的安排、教师的教育教学情境、教师专业发展的自主性、课程之间的连贯性，教师的工作量，教师的工作环境等这些教育情境是否会对教师职业压力产生影响，此等问题将成为后续研究的主要任务。

三、研究内容方面

由于各种原因和条件的限制，以往教师压力研究只在某个或某几个方面或领域给予重点关注，特别关注引发压力的外在因素，而对内在压力源如教师的人格特质、教师的自我成就感、自尊感、教师角色、成就动机、倦怠感等因素的关注缺乏，更未涉及教师压力的所有领域或方面。本研究也鉴于时间、经费与人力等限制因素的考虑，只以简单的问卷调查法和访谈法收集了有限的资料，而对教师压力却未作长期的追踪研究。所以不能面面俱到地呈现理论模型上的因果问题，各种变量有显著差异潜藏的细微原因还需进一步的研究分析。除此之外，压力的普遍性、压力源及压力的干预还可以继续展开研究。当前有关压力的理论与模型还需进一步的实验验证，尤其还需要大量的实证研究来建构一个完整的、具有统计学意义的教师职业压力模型。再者，如何发展教师职业压力的跨文化研究，并根据文化差异提出针对性较强的干预策略，值得未来研究深入探讨。[1] 而对教师压力特殊源的关注，研究者除了对常规教师压力源给予重视外，还要重视教师压力的特殊源，要关注教师个体的人格特质、人生观或价值观、教师生存环境对其压力产生的影响，不能忽略体制、文化、学校、社会这些因素对教师压力的影响。

四、研究方法方面

从以往研究的方法维度来看，在对教师压力进行研究时，多数研究者主要采用的研究方法是问卷调查法，部分研究者根据研究需要有目的性、有针对性的自行编制或设计一些闭合式的条目，部分研究者，直接运用一些具有较高信度、效度的教师压力问卷，让被调查者依据自身的情绪情感体验来评定所感受到的压力水平，并作出相应选择或回答。同时研究者兼顾统计的便捷性，把需要被试选择的答案按照某

---

① 黄梅珍：《澳门小学教师的工作压力与工作满意度之研究》，《华南师范大学硕士学位论文》2005 年。

一标准进行排列，一般采用五级计分的方式。另外一些方法是采用开放式的访谈法，通过进行结构式或半结构式集体座谈或个别访谈方式，了解教师的压力体验或感受，然后采用归纳的思维方式总结出教师压力来源，以便提出理论上的缓解措施。近年来，还有很少一部分学者通过案例研究的方法来对个别教师压力状况进行研究，其研究的对象都具有某些独特的特质，不具有普遍性。总的来说，问卷调查法是应用最广泛的，重视从统计技术的层面来对教师压力的不同方面进行描述和解释。[①] 但是几乎没有研究涉及高级统计技术的运用，如通过结构方程模型、多重线性模型等方式控制误差变异，更科学合理的阐述教师压力，而主要是采用一些相对简单的调查法，单一的研究方法的使用难以建立压力与其他环境因素之间的关系和方向，会在一定程度上降低研究结果的可靠性和科学性。建议后续相关研究应综合研究方法，结合质性研究和量化研究，运用高级的统计技术，从横向和纵向的层面，尽可能的加强教师压力的解释力度。

五、研究焦点方面

以往教师压力的研究主要聚焦于教师压力消极影响的探讨，集中分析教师压力对学校、学生以及教师本人产生的不良影响。过度压力会引起教师生理、心理和行为的异常反应，威胁到教师个体的健康，当压力阈值达到一定范围或极限，就会引发个体一系列生化反应，身体机能会出现失调现象，继而出现各种身体不适症状，以及出现心理和行为的异常化倾向。从而直接或间接的影响学生的认知、学业水平和学生的发展，因为当教师个体面对不堪重负的情境时，其提供给学生的信息量较少，对学生的进步不予理会，对学生的一些价值观念和行为反应不予认同，对学生表现出过分敌意的行为，甚至讨厌学生。正如美国学者德沃肯曾指出，"且不论教师压力对教育体系及学校组织产生什么样的后果，这些教师的学生才是最终的牺牲者。"[②] 这种压力

---

①　陈德云：《教师压力分析及解决策略》，《外国教育研究》2002 年第 12 期。

②　Schwab，R. L：*Teacher stress and burnout*. *Sikulan*. *Handbook of Research on Teacher Education*. Hampshire：Macmillan，1996. 46（4）.

体验还将消弱教师在教学质量、承担义务方面的能力，最终影响到学校教育教学质量的提升。2000 年英国国家主任教师协会对全国的主任教师进行调查研究，结果表明，调查对象中 40％的教师因工作压力到医院就诊；20％的教师承认因压力酗酒；15％的教师通过大量饮酒来缓解压力，认为自己已经变成酒鬼；25％的教师出现了与压力有关的健康状况，患上失眠症、高血压、抑郁和内分泌失调等症状。[①] 压力引发了恶性循环机制，因压力引起教师的心理危机，在危机中教师把不良的情绪体验带到学校，继而影响到教师在课堂上积极性和创造性的发挥，降低教师的教学效率，造成师生之间的紧张氛围，给学生的心理健康造成负性影响，限制学生的发展，继而又导致教师的高压力体验，形成一个恶性循环圈。因此，要高度认识教师压力的危害性，尝试建立教师压力的预警机制，及时疏导教师压力，打破恶性循环机制将成为未来研究的一个努力方向。

六、研究范围方面

以往教师压力研究范围主要集中在义务教育阶段中小学教师群体，对其他范围领域，如幼儿园教师群体、私立学校教师群体、职业学校教师群体、高校教师群体、民族农村教师群体压力的关注或研究不够，缺乏比较系统的研究。有部分研究者用某个教师群体的压力结果来直接推断整个教师群体的压力状况或水平，这是不具有科学性和合理性的，因为其研究对象数量有限，多数研究只是针对某一群体教师进行短期的调查，在此基础上推断出研究结果。加之不同教师群体，因其工作环境、工作对象的差异性，所产生的压力情绪体验不同，其压力状况或水平存在一定的差异性，压力体验表现的形式也具有不一致性。因此，在参考中小学教师群体压力研究的基础上，借鉴其研究的理念或方法对不同群体教师压力进行研究，在特定的时空条件下分析教师压力的症状或水平。还可通过对不同群体教师压力进行横向比较，或者通过对同一教师群体不同阶段压力进行纵向比较，加强跨区域之间

① Matt Jarvis: Teacher stress: *A critical review of recent findings and suggestions* ［EB/OL］. http：//www. isma. org. uk/stressnw/teachstressl. htm，2005－12－28.

的教师压力研究，深入揭示教师压力的共同性与特异性，以便读者对不同领域、不同阶段及不同文化背景教师压力进行全方位的了解或解读。

第二节　教师压力研究的展望

综合国内外教师职业压力的研究，我们发现，研究者在短时间内已经从不同角度对教师职业压力进行了研究，取得了一定的研究成果。这些研究成果让人们全面地认识了教师职业压力，为预防和缓解教师职业压力提供了一定的理论依据。但是在以往的研究中，研究者大多是从宏观的角度来研究教师职业压力，而没有从微观角度对教师职业压力进行深入、细致的研究。可见，关于教师职业压力的研究仍然有许多地方还需要进一步完善。

一、理论研究

目前，有关教师职业压力的研究最明显的不足就是在理论、概念上还不成熟，直接把一般职业压力的研究成果作为研究的理论支撑，所以今后的研究应该以完善教师压力理论方向努力，向以理论为基础的研究转变。此外，正如许多研究着重强调的那样，持续不断的职业压力会损害教师的身心健康，阻碍教师的专业发展，更会使学生处于不利境地，影响学生的发展。因此，要加强压力对教师的危害性的认识，建立压力预警机制，对教师产生的压力及时疏导，不能等到问题严重时才采取行动。要根据理论指导，有针对地、有实效地加强教师职业压力的本土化研究。要特别关注教育改革实施给教师造成的压力。我国目前正进行着如火如荼的教育改革，新的教育理念、先进的教学范式、先进的教学技术、还有各种不确定因素等让教师处于前所未有的压力和焦虑的纷扰中。关注教育改革实施过程中教师面临的种种压力，并对此采取各种解决措施是教育改革方案顺利实施、达到预期目的的有力保证。不然持续不断的压力会引起教师过度的心理紧张与焦虑，产生职业倦怠，最终使得教育改革流于形式，失去了实质性的进展。

二、动态研究

对于教师职业压力研究来说，对教师压力的普遍性、教师压力源和缓解教师压力的策略进行继续研究是有必要意义的，而且这些研究需要在前人以往研究的基础上，深入探索压力产生的根源以及压力的发展变化，尤其注意学校里正在发生的那些高压力的变化趋势。许多国家的学校跟随着时代的风云流转而经历着快速变化，这些变化影响了教学方式、课程内容和评估程序等，对教师教学质量的管理同样也在发生变化。如果教师想顺利地应对学校等相关部门对他们提出的要求，那么必须提高自身应对变化的能力。这种因教师应对变化而产生的压力需要特殊的研究，以便给政府以及政策的制定者提供教育改革对教师压力的影响机制。[①] 进一步深入地分析在目前教师专业化进程、教育改革的影响下教师职业压力的动态发展变化，并把教师的职业生涯发展与职业压力的变化联系起来研究，随着社会和教育的不断发展变化，动态的考察教师压力的内容、来源和缓解措施，以便不断完善以往研究中的不足，对压力发展的趋势和变化进行不断探索和把握，以期寻求有效的解决策略，可以成为未来研究的一个发展方向。此外，可以通过采用自我报告方式对教师压力进行动态反馈，把教师个体的认知评价作为一个中介变量进行研究，以此了解教师个体对压力的主观感受，对不同时段的教师压力体验进行呈现，其研究具有一定的合理性，但需避免一些因素引起的偏差，导致出现一些教师压力与环境因素之间的不合理相关。所以在使用自我报告方式研究教师压力时，尽可能避免结合使用其他信度、效度很低的测量工具，[②] 以免影响研究结果的解释力度。

---

① 邵光华：《国外教师压力研究综述》，《比较教育研究》2002 年第 11 期。

② 刘荣：《教师职业压力与健康状况研究述评》，《首都师范大学学报（社会科学版）》2004 年第 4 期。

三、干预研究

以往研究对压力基本状况的调查偏多，关于如何有效干预压力的研究明显不足，研究教师职业压力的目的是为了预防压力的产生和缓解已形成的压力，维护和增进教师的心理健康，提升教师的生命质量。心理学家荣格认为训练人们控制情绪是有效缓解压力的方法之一，个体产生压力通常是因为个体养成了长时间沉思事件的习性并使该状态一直持续下去，这就使得事件发生后，个体还长时间处于烦恼状态。如果个体能够很好的控制情绪，理性的对事件进行认知并着手思考未来的状况，这就使得教师有充分的准备和方法来应对压力状况。同时，领导层也有必要对缓解教师压力采取一些措施，一个富有支持性的领导体制，将能够考虑以何种方式给那些做了需要鼓励的行为的教师以积极的反馈，这样就可以减轻教师的压力。因此，在今后的研究中，如何更好地预防和缓解教师职业压力将是其中的重点，而不只是停留在对压力进行简单的理论分析和一般经验总结的意义水平。有针对性地研究我国教师在职业压力上的特点，可以更好地对教师压力进行干预，采取全面、系统、针对性较强的应对策略。

四、综合研究

要扩大教师职业压力研究的广度和深度。应注重从环境、社会文化、历史等外部因素以及教师自身的生理、心理等内部因素，结合多个维度来深入探讨教师的职业压力。现有的研究大多缺乏与一线教师的全面接触，对中小学教师职业压力的了解片面而肤浅，仅从表面看到了他们的某些职业压力，而没有详尽地深挖他们在具体的生活、工作场景中表现出来的其他压力，更没有全面分析压力源。农村教师（尤其农村中小学教师）的职业压力与压力源的专门研究更是鲜见。因此，未来需要加强这方面的研究，给予特殊群体更多的关注。此外，还需进一步研究人口统计学变量对教师职业压力的影响。虽然国内外很多研究已经证实了人口统计学变量（即职位、职称、教龄、学历、性别等）对职业压力的产生有重要影响，但以往的研究都是从个人的角度出发，探讨个人的年龄、性别等对职业压力形成的影响，而目前越来越倾向于研究个人和群体的人口学特征状况对整个组织的影响。教师职业压力是一个社会问题，不单独是教师个人的问题，它受到各种各样因素的交织作用，上至社会大环境，下至学校小环境都会对教师职业压力的形成产生重要影响。这要求未来研究者使用多种研究方法（如：访谈、现场研究等）收集资料，把定性分析和定量分析相结合，尽可能提高资料的可靠性和研究的生态效度。

五、应对研究

鉴于目前教师职业压力的应对研究依然很薄弱的现状，应考虑结合社会、学校和个人，建立三位一体的压力应对有效机制。虽然自上世纪 70 年代以来，国外的应对方式研究日益增多，国内的相关研究也引起了人们的关注，应对研究有了一定的发展，但与应对的重要性相比，已有的应对研究在数量和质量上都还远远不够，其中教师职业压力的应对研究更是罕见。这些极少的教师职业压力的应对研究更是忽视了应对的有效性。这种现状制约了人们对教师职业压力应对的正确认识，不够重视教师健康职业生活制度的改善，这与压力在人们日常工作和生活中的普遍性与后果的严重性的研究结论相悖。[1] 提高教师压力应对的有效性需要做到：第一，切实提高教师的社会地位（尤其是经济地位），给予教师合理的社会期望；建立教师在职前、入职和在职不同时期的教育培训制度，有效提高教师的专业素养；利用先进的通讯技术为教师提供实际、方便的服务（如：压力咨询网站）。第二，学校要切实改善对教师的领导方式，实行民主管理，构建真诚互信、资源共享的和谐校园，为教师的专业成长提供自由宽松的文化环境。第三，教师个人要正确认识自身存在的压力，认清压力源，掌握一定的应对策略，提高对自身压力管理的有效性[2]。鉴于此，后续研究应重点关注改变压力的应对研究，进一步探讨压力与应对的重新评估阶

---

[1]　吴红：《教师职业压力及其应对研究的回顾与反思》，博士论坛。
[2]　周月朗：《西方国家教师压力研究进展及其启示》，《云梦学刊》2006 年第 7 期。

段之间的关系，并通过相应的行动给应对选择提供合适的信息，帮助处理教师个体与环境之间的交互作用。

六、拓展研究

随着社会的发展，教师压力也出现了动态变化的趋势，以往研究成果无法全面的反应不同时空背景下的教师压力状况，一些研究者开始尝试从不同的视角来对教师压力进行研究。有研究者从心理契约角度来展开研究，认为教师与学校环境中的互动因素之间的心理契约受到破坏或者出现不平衡时，教师会产生压力体验。特别是随着社会变迁和教育制度改革的不断推进，学校也开始引入市场经济的运作模式，采取教师聘用制或末尾淘汰制，严格对教师绩效进行评估。而传统的文化特征和工作性质导致教师对独立性、自主意识和自我实现充满强烈的需求感，而教师的这种心理期望是无法用经济契约的形式来替代的，如果教师个体的心理期望长期得不到满足，教师个体对工作的投入度会慢慢减少，也容易诱发压力体验。[①] 还有部分研究者尝试通过心理弹性理论来解释教师压力情境，分析处于同一情境下教师不同压力体验的原因，心理弹性理论最终目的不是为了解释现象而是为了探索个人生存和成长的力量源泉，使逆境对个体的消极影响最小化，使个体的适应和成长最大化。[②] 心理弹性理论为教师压力应对研究，以及教师心理健康维护提供了理论和实践的新视角。

[①] 植凤英、杨卫星：《从心理契约角度看教师职业倦怠》，《贵州师范大学学报》2006 年第 2 期。

[②] 马伟娜、桑标：《心理弹性及其作用机制的研究述评》，《华东师范大学学报（教育科学版）》2008 年第 3 期。

主要参考文献

中文文献

著作类：

[1] Phillip L Rice，石林等译：《压力与健康》，中国轻工业出版社 2000 年版。

[2] 王以仁等著：《教师心理卫生》，中国轻工业出版社 1999 年版。

[3] 赵昌木：《教师成长论》，甘肃教育出版社 2004 年版。

[4] 钟启泉：《学校社会学》，华东师范大学出版社 2001 年版。

[5] 叶澜：《教师角色与教师发展新探》，教育科学出版社 2001 年版。

[6] 托马斯·戈登著：《顶好教师：建立良好的师生关系》，知识产权出版社 2002 年版。

[7] 左藤学著，钟启泉译：《课程与教师》，教育科学出版社 2003 年版。

[8] 藤田英著，张琼华、许敬译：《走出教育改革的误区》，人民教育出版社 2001 年版。

[9] 袁振国：《"学历主义"现象——教育新理念》，教育科学出版社 2002 年版。

[10] 范梅南：《教学机智——教育智慧的意蕴》，教育科学出版社 2001 年版。

[11] 瞿葆奎：《教育学文集》，人民教育出版社 1993 年版。

[12] 孟登迎：《意识形态与主体建构》，中国社会科学出版社 2002 年版。

[13] 福柯：《主体解释学（福柯集——20 世纪外国文化名人书库)》，

上海远东出版社 2000 年版。

[14] 茨达齐尔著，李其龙译：《教育人类学》，上海教育出版社 2001 年版。

[15] 安东尼·吉登斯：《现代性与自我认同》，三联书店 1998 年版。

[16] 卡尔·蔓海姆：《知识阶层：它过去和现在的角色》，辽宁教育出版社 2003 年版。

[17] 夏正江：《教育理论哲学基础的反思——关于"人"的问题》，上海教育出版社 2001 年版。

[18] 博尔诺夫著，李其龙译：《教育人类学》，华东师范大学出版社 1999 年版。

[19] 华勒斯坦：《学科·知识·权力》，三联书店 1999 年版。

[20] 吴淡如：《昨日历历晴天悠悠》，漓江出版社 2003 年版。

[21] 赵中建：《全球教育发展的历史轨迹：国际教育大会 60 年建议书》，教育科学出版社 1999 年版。

[22] 弗洛姆著，孙依依译：《为自己的人》，三联书店 1988 年版。

[23] 郑汉文：《教师素质的哲学思考：鲁洁教授访谈师道到叙事法之用于师范教育》，载《基础教育与师范教育国际会议嘉宾文集》，2000 年 10 月 25—28 日。

[24] 陈向明：《旅居者和"外国人"——中国留美学生跨文化人际交往研究》，湖南教育出版社 1998 年版。

[25] 朱慕菊：《走进新课程》，北京师范大学出版社 2002 年版。

[26] 李建平：《聚焦新课程》，首都师范大学出版社 2002 年版。

[27] 黑龙江省教育厅：《黑龙江基础教育改革与发展报告，2001 年中国基础教育报告》，教育科学出版社 2002 年版。

[28] 张力：《面对贫困——贫困地区教育发展的背景、现状、对策》，广西教育出版社 1998 年版。

[29] 方铭琳：《我国基础教育管理体制改革和对策，2001 年中国基础教育发展研究报告》北京教育科学出版社 2002 年版。

[30]《基础教育课程改革纲要（试行）》，教育部文件，教基〔2002〕17 号。

[31] 顾明远、孟繁华：《国际教育新理念》，海南出版社 2001 年版。

[32] 联合国教科文组织国际教育发展委员会：《学会生存：教育世界的今天和明天》，教育科学出版社 2003 年版。

[33] 钟启泉等：《基础教育课程改革纲要（试行）解读》，华东师范大学出版社 2001 年版。

[34] 陈玉琨、沈玉顺等：《课程改革与课程评价》，北京教育科学出版社 2003 年版。

[35] 王湛：《扎实推进素质教育，开创基础教育课程改革新局面（代序）》，钟启泉等：《为了中华民族的复兴为了每位学生的发展基础教育课程改革纲要（试行）解读》，华东师范大学出版社 2001 年版。

[36] 高谦民、黄正平：《小学班主任》，南京师范大学出版社 1999 年版。

[37] 吴康宁：《教育社会学》，人民教育出版社 2001 年版。

[38] 鲁洁：《教育社会学》，人民教育出版社 2003 年版。

[39] 保罗·弗莱雷著：《被压迫者教育学》，顾建新、赵友华等译，华东师范大学出版社 2001 年版。

[40] 李玢：《世界教育改革走向》，中国社会科学出版社 1997 年版。

[41] 程方平：《中国教育问题报告》，中国社会科学出版社 2002 年版。

[42] 张厚粲：《大学心理学》，北京师范大学出版社 2001 年版。

[43] 肖川：《教育的理想与信念》，岳麓书社 2002 年版。

[44] 滕星：《文化变迁与双语教育》，教育科学出版社 2001 年版。

[45] 周光礼：《学术自由与社会干预——大学学术自由的制度分析》，华中科技大学出版社 2003 年版。

[46] 陈向明：《质的研究方法与社会科学研究》，教育科学出版社 2000 年版。

[47] H. Altrichter 著，夏林清译：《行动研究方法导论——教师动手做研究》，远流出版事业股份公司 1997 年版。

[48] 北晨：《当代文化人类学概要》，浙江人民出版社 1988 年版。

[49] P. Bourdie：《文化资本与社会炼金术——布迪厄访谈录》，上海人民出版社 1997 年版。

[50] 布迪厄、华康德著，李猛、李康译：《实践与反思——反思社会

学导引》，中央编译出版社 1998 年版。

[51] 陈波：《社会科学方法论》，中国人民大学出版社 1989 年版。

[52] 陈伯璋：《教育研究方法的新取向——质的研究方法》，南宏图书公司 1989 年版。

[53] 邓正来：《研究与反思——中国社会科学自主性的思考》，辽宁大学出版社 1998 年版。

[54] 费孝通：《江村经济》，转引自袁方著：《社会研究方法教程》，北京大学出版社 1997 年版。

[55] 费孝通：《三访"江村"》，转引自袁方著：《社会研究方法教程》，北京大学出版社 1997 年版。

[56] 费孝通：《学术自述与反思》，三联书店 1996 年版。

[57] 高敬文：《质化研究方法论》，师大书苑有限公司 1996 年版。

[58] 胡塞尔著，倪梁康译：《现象学的方法》，上海译文出版社 1994 年版。

[59] 胡幼慧：《质性研究》，巨流图书公司 1996 年版。

[60] 胡幼慧：《多元方法：三角交叉检视法》，巨流图书公司 1996 年版。

[61] M. Horkheimer. 著：《批判理论》，李小兵译，重庆出版社 1989 年版。

[62] 景天魁：《现代社会科学基础——定性与定量》，中国社会科学出版社 1994 年版。

[63] 赖秀芬、郭淑珍著：《行动研究》，载胡幼慧：《质性研究》，台湾：巨流图书公司 1996 年版。

[64] 李秉德：《教育科学研究方法》，人民教育出版社 1986 年版。

[65] 袁方：《社会研究方法教程》，北京大学出版社 1997 年版。

论文类：

[1] 冉祥华：《谈中小学教师职业倦怠的成因与对策》，《教育探索》2004 年第 9 期。

[2] 赵立芹、张海燕：《教师压力成因分析》，《外国教育研究》2004 年第 2 期。

[3] 高竟玉、余虹：《教师职业倦怠的成因及对策》，《教育探索》2004

年第 2 期。

[4] 陈明丽、许明：《国外关于教师职业压力的研究》，《福建师范大学学报（哲社版）》2000 年第 3 期。

[5] 孙慧：《关于教师职业压力负面影响的研究》，《教育探索》2004 年第 10 期。

[6] 蔡慧君、雷玉英：《论教师职业倦怠》，《教育探索》2004 年第 1 期。

[7] 孙杰远、李青：《新课程背景下教师职业压力的调查研究》，《广西师范大学学报（哲社版）》2005 年第 1 期。

[8] 赵建华：《中学教师职业压力及自我心理调控策略研究》，《心理科学》2002 年第 2 期。

[9] 王广中：《关于我国中小学教师职业压力的研究》，《教育探索》2002 年第 12 期。

[10] 朱丛书、申继亮等：《中小学教师职业压力源研究》，《教育管理与评价》2002 年第 3 期。

[11] 傅维利、刘磊：《论教育改革中的教师压力》，《中国教育学刊》2004 年第 3 期。

[12] 李允：《课程改革中教师的心理压力及缓解策略》，《中国教育学刊》2004 年第 9 期。

[13] 李学容：《教师职业倦怠的成因及对策》，《当代教育科学》2004 年第 16 期。

[14] 刘磊、傅维利、董光恒：《关于"新课改"中教师压力的调查研究》，《教育学》2004 年第 9 期。

[15] 杨翠娥、黄祥祥：《论教师职业倦怠》，《教育探索》2004 年第 9 期。

[16] 蓝秀华：《教师的职业压力和职业倦怠》，《江西教育科研》2003 年第 5 期。

[17] 邬开东、王志曲：《入职阶段教师职业倦怠探析》，《现代教育科学》2005 年第 1 期。

[18] 卢秋玲：《现阶段中小学教师心理问题的成因与对策》，《赣南师范学院学报》2001 年第 4 期。

［19］杨小青：《教师职业压力及自我应对策略》，《经济与社会发展》2003 年第 2 期。

［20］邵光华：《国外教师压力研究综述》，《比较教育研究》2002 年第 12 期。

［21］落晓、施若谷：《当前小学教师教学困惑与压力分析》，《课程·教材·教法》2003 年第 12 期。

［22］田小红：《农村教师实施新课程的问题与困难分析》，《教育理论与实践》2004 年第 8 期。

［23］陈华：《中学教师的生活事件及工作压力调查》，《中国心理卫生杂志》2002 年第 8 期。

［24］孟宪乐：《新课程改革中教师的角色转换及实现》，《教育探索》2004 年第 1 期。

［25］胡波：《合作新课程对教师的新要求》，《课程·教材·教法》2004 年第 7 期。

［26］罗祖兵：《新课改中农村教育边缘化问题及其对策研究》，《中国教育学刊》2004 年第 10 期。

［27］丁凤琴：《教师心理健康与基础教育课程改革》，《教育探索》2004 年第 6 期。

［28］李兴洲：《从乡村大教育看我国农村教育的现代化》，《教育学》2004 年第 5 期。

［29］别敦荣、陈廷柱、刘旭等：《"十五"规划应当重视解决农村教育问题》，《教育发展研究》2000 年第 8 期。

［30］广少奎：《试论农村教育的问题及其对策》，《教育学》2004 年第 1 期。

［31］孙百才：《农村教育发展的现状与对策》，《教育探索》2004 年第 3 期。

［32］"新三片基础教育发展水平研究"课题组：《西部大开发中的新疆农村基础教育调研报告》，《教育研究》2004 年第 5 期。

［33］徐汇区教育局：《教育资源开发的重要环节：优化教师队伍建设》，《教育学》2000 年第 1 期。

［34］赖文燕：《面向 21 世纪教师队伍建设的探讨》，《教育探索》2004

年第 3 期。

[35] 张乐天:《贫困农村地区小学教师队伍建设的问题分析》,《全球教育展望》2004 年第 9 期。

[36] 陈光明:《近代教育家论教师队伍建设今议》,《教育探索》2004年第 1 期。

[37] 余扬、薛梅等:《试论加强中小学教师队伍建设的途径》,《教育探索》2004 年第 8 期。

[38] 邬向明:《课程改革:问题与对策》,《课程·教材·教法》2005年第 2 期。

[39] 吴升山、宿广才:《农村中小学校本课程开发的现状及对策》,《现代教育科学》2005 年第 1 期。

[40] 温恒福:《农村教育的含义、性质与发展规律》,《教育探索》2005 年第 1 期。

[41] 刘茗、王大民等:《河北省贫困县初级中学教学改革面临的问题与对策》,《河北师范大学学报(教科版)》2005 年第 1 期。

[42] 胡卫平、韩琴等:《小学新课程实施现状调查报告》,《课程·教材·教法》2005 年第 2 期。

[43] 赵军、于明晶:《农村中小学新课程教学改革现状的调查及对策》,《现代教育科学》2005 年第 1 期。

[44] 钞秋玲:《关于课程改革的一点思考》,《教育研究与实验》2005年第 1 期。

[45] 马治国:《信息化时代的农村教育发展策略》,《辽宁师范大学学报(社会科学版)》2004 年第 9 期。

[46] 谭春芳:《制约我国农村教育发展的因素分析》,《内蒙古师范大学学报(教育科学版)》2004 年第 4 期。

[47] 苏选良:《当前农村教育存在的问题及缓解对策》,《教育探索》2003 年第 2 期。

[48] 马云鹏、唐丽芳:《基础教育课程改革问卷调查与分析》,http://www. pep. com. cn/200401.

[49] 张积家:《高校教师生活压力的研究》,《应用心理学》2003 年第 2 期。

[50] 谈松华：《农村教育：现状、困难与对策》，《教育评论》2003 年
　　　第 1 期。

[51] 徐军：《职业倦怠：教师积极教育行为的障碍》，《宁波职业技术
　　　学院学报》2002 年第 2 期。

[52] 杨秀玉、杨秀梅：《教师职业倦怠解析》，《外国教育研究》2002
　　　年第 2 期。

[53] 曾玲娟：《新世纪的关注热点：教师职业倦怠》，《株洲师范高等
　　　专科学校学报》2002 年第 3 期。

[54] 高海容：《浅谈教师心理健康》，《教育探索》2002 年第 7 期。

[55] 徐富玲：《教师心理健康与教育教学质量》，《甘肃教育》2001 年
　　　第 5 期。

[56] 俞良国：《论教师心理健康及其促进》，《北京师范大学学报》
　　　2001 年第 1 期。

[57] 苏学忠：《浅谈教师心理健康的维护》，《教育探索》2001 年第 6
　　　期。

[58] 苗田军：《教师心理健康的维护》，《山东教育科研》1998 年第 2
　　　期。

[59] 教育部"新课程实施与实施过程评价"课题组：《基础教育课程
　　　改革的成就、问题与对策——部分国家级课程改革实验区问卷调
　　　查分析》，《中国教育学刊》2003 年第 12 期。

[60] 方晓义：《中小学教师师德观的内隐研究》，《北京师范大学学报
　　　（人文社会科学版）》2002 年第 1 期。

[61] 崔允漷：《国家课程改革的理念与策略》，《在辽宁省"基础教育
　　　新课程专题教育"上的报告》2003 年第 3 期。

[62] 吴康宁：《意义的生成与变形："课程接受"的社会学释义》，《教
　　　育发展研究》2001 年第 4 期。

[63] 赵昌木：《教师应在课程改革中成长》，《江西教育科研》2003 年
　　　第 1 期。

[64] 操太圣、卢乃桂：《抗拒与合作：情景下的教师改变》，《课程·
　　　教材·教法》2003 年第 1 期。

[65] 邵光华：《关于我国青年教师压力情况的初步研究》，《教育研究》

2002 年第 9 期。

[66] 耿文侠、冯春明：《中小学教师职业态度与职业行为的调查与思考》，《教育研究》2002 年第 7 期。

[67] 苏素美：《美国教师的"职业倦怠"之探讨》，《教育资料文摘》1995 年第 5 期。

[68] 马建生：《教师：何以成为教育改革的阻力》，《教育科学研究》2003 年第 10 期。

[69] 辛涛、申继亮、林崇德：《教师自我效能感与学校因素关系的研究》，《教育研究》1994 年第 10 期。

[70] 凤四海、黄希庭：《预先应对：一种面向未来的应对》，《心理学探新》2002 年第 2 期。

[71] 赵丽：《教师自我效能感及其影响因素》，《社会心理研究》2001 年第 3 期。

[72] 王加绵：《辽宁中小学教师心理健康状况的检测报告》，《辽宁教育》2000 年第 9 期。

[73] 张卫东：《应对量表（Cope）测评纬度结构的研究》，《心理学报》2001 年第 1 期。

[74] 郑有珠：《初中教师职业压力及应对特点研究》，《北京师范大学硕士学位论文》2002 年。

[75] 温盛霖：《影响心理应对方式的因素分析》，《中国心理卫生杂志》2001 年第 3 期。

[76] 汪向东：《心理卫生评定量表手册（增订版）》，《中国心理卫生杂志》1999 年第 12 期。

[77] 王玲：《生活事件、应对方式与心理健康》，《华南师范大学学报（社科版）》1994 年第 1 期。

[78] 申继亮、徐富明：《中小学教师的职业压力应对策略与其人格特征的关系研究》，《中国临床心理学杂志》2002 年第 10 期。

[79] 王治明、兰亚佳：《教师职业紧张、紧张反应和个体应对资源研究》，《职业卫生与病伤》2000 年第 3 期。

[80] 梁宝勇、郭良才：《关于应对的一些思考与实证研究》，《中国临床心理学杂志》1999 年第 3 期。

[81] 孙志麟：《教师自我效能：有效教学的关键》，《教育研究资讯》1997 年第 6 期。

[82] 俞磊：《应付的理论、研究思路和应用》，《心理科学》1994 年第 3 期。

[83] 施承孙、董燕：《应付方式量表的初步编制》，《心理学报》2002 年第 4 期。

[84] 杨昭宁：《个体应对紧张情境的两种理论述评》，《心理学探新》1999 年第 3 期。

[85] 叶一舵、申艳娥：《应对及应对方式研究综述》，《心理科学》2002 年第 6 期。

[86] 朱丛书、申继亮、刘加霞：《中小学教师职业压力源的研究》，《现代中小学教育》2002 年第 3 期。

[87] 张中山：《校长领导行为与教师工作满意度关系研究》，《心理科学》2001 年第 1 期。

[88] 姜文锐、马剑虹：《工作压力的要求——控制模型》，《心理科学进展》2003 年第 2 期。

[89] 冯伯麟：《教师工作满意度及其影响因素研究》，《教育研究》1996 年第 2 期。

[90] 陈云英、孙邵邦：《教师工作满意度的测量研究》，《心理科学》1994 年第 3 期。

[91] 石林：《工作压力的研究现状与方向》，《心理科学》2003 年第 3 期。

[92] 谭方明：《社会学方法论新探（上）——科学哲学与语言哲学的理论视角》，《社会学研究》2008 年第 2 期。

[93] 丁钢：《中国教育：研究与评论》，教育科学出版社，《国际性中国教育研究集刊》第 5 辑。

[94] 陈向明：《王小刚为什么不上学了——一位辍学生的个案调查》，《教育研究与实验》1996 年第 1 期。

[95] 陈向明：《社会科学中的定性研究方法》，《中国社会科学》1996 年第 6 期。

[96] 陈向明：《定性研究中的效度问题》，《教育研究》1996 年第 7 期。

[97] 陈向明：《研究者个人身份在质的研究中的运用》，《教育研究与实验》1997年第2期。

[98] 陈向明：《教育研究的质量评价标准》，《高等教育论坛》（北京大学）1997年第2期。

[99] 陈向明：《访谈中的提问艺术》，《教育研究与实验》1997年第4期。

[100] 陈向明：《质的研究中研究者如何进入研究现场》，《高等教育研究》1997年第4期。

[101] 陈向明：《质的研究中的局内人和局外人》，《社会科学研究》1997年第6期。

[102] 陈向明：《从范式的角度看社会科学的质量评价问题》，《中国社会科学季刊》（香港）1997年第12期。

[103] 陈向明：《教育研究中访谈的回应技术》，《教育科学》1998年第6期。

[104] 北京教科院基教所：《北京市中小学实施素质教育问题扫描》，《中小学管理》2002年第3期。

[105] 刘微：《当今我国中小学教师心态大型调查系列报道之八》，《中国教育报》2002年9月。

[106] 万小妹：《制约农村教育发展的主要因素及对策》，《湖南师范大学教育科学学报》2004年第6期。

[107] 陈明丽、许明：《国外关于教师职业压力的研究》，《教育学》2000年第10期。

[108] 罗晓：《当前小学教师教学困惑与压力分析》，《课程·教材·教法》2003年第12期。

[109] 顾云虎：《思考与实践的变化及教师的应对——沉思现代教师素质要求》，《上海教育》2001年第18期。

[110] 张直中：《教师职业倦怠的教育文化探因》，《教育文摘周报》2003年2月26日。

[111] 教育沙龙：《中学教师压力谈》，《江苏教育》2003年第9期。

[112] 杨秀玉：《美国教师职业倦怠根源探析——以巴利 A. 法伯的研究为中心》，《外国教育研究》2005年第6期。

[113] 蔡宗奎：《促进教师心理健康学校领导任重道远》，《中小学心理健康教育》2005 年第 3 期。

[114] 刘冬梅、韦玫：《中小学教师压力的成因及对策》，《教育探索》2005 年第 9 期。

[115] 胡中锋、黎雪琼：《论教育研究中质的研究者》，《华南师范大学学报（社会科学版）》2005 年第 8 期。

[116] 安莉娟、封文波：《影响教师心理健康的压力源及应对策略》，《河北师范大学学报（教育科学版）》2005 年第 7 期。

[117] 李娟、李辉：《影响民族贫困地区小学教师心理健康的原因探析》，《教育探索》2005 年第 9 期。

[118] 黄赐英：《职业倦怠：制约教师专业发展的一种重要因素》，《中国教育学刊》2005 年第 8 期。

[119] 郭思、钟建安：《职业倦怠的干预研究述评》，《心理科学》2004 年第 4 期。

[120] 陈华：《中学教师生活事件及工作压力调查》，《中国心理卫生杂志》2003 年第 8 期。

[121] 王玲：《生活事件、应对方式与心理健康——广州、澳门中小学教师心理健康调查》，《华南师范大学学报（社会科学版）》1994 年第 1 期。

[122] 彭雷生：《高校青年教师的心理压力与调适》，《湖北教育学院学报》2001 年第 4 期。

[123] 李建平：《为教师创新"松绑"》，《中小学管理》2000 年第 1 期。

[124] 张人杰：《中小学教师的素质和任务：世纪之交的审视》，《教育参考》1995 年。

[125] 石林：《控制感在应对过程中的作用——一个关于应激应对风格的模式》，《中国心理卫生杂志》2004 年第 3 期。

[126] 何志燕：《关于农村中小学教师职业倦怠的思考》，《教育探索》2006 年第 2 期。

[127] 林倩：《论新课程改革中教师的素质结构》，《四川师范大学学报（社科版）》，2005 年第 1 期。

学位论文：

［1］李健：《中小学教师职业紧张与紧张反应的研究》，《华西医科大学博士学位论文》，国家图书馆收藏 2000 年。

［2］程一民：《国民小学教师工作压力与应对方式之研究》，《台北市立师范学院初等教育研究所硕士论文》，民 85.

［3］徐富明：《中小学教师的职业压力应对策略及其相关因素研究》，《北京师范大学硕士论文》2000 年。

［4］朱丛书：《关于中小学教师职业压力及压力源的研究》，《北京师范大学硕士论文》2000 年。

［5］杨宜音：《"自己人及其边界"——关于"差序格局"的社会心理学研究》，《中国社会科学院博士学位论文》1998 年。

［6］刘晶波：《师幼互动行为研究》，《南京师范大学博士学位论文》1997 年。

［7］刘磊：《"新课改"中教师压力研究》，《辽宁师范大学硕士学位论文》2004 年。

［8］申艳娥：《中小学教师压力应对特点及相关因素研究》，《福建师范大学硕士学位论文》2003 年。

外文文献：

［1］See Chris Kyriacou：Teacher Stress：*directions for future research*，Educational review，vol. 53，No. 1，2001.

［2］See Borg，Mark G：Occupational stress in british educational settings：A review，Educational Psychology，1990，vol. 10，Issue 2.

［3］See Ann Edworthy：Managing Stress，Open University Press，2000.

［4］Kyriacou，C. & Sutcliffe，J：Teacher stress：Prevalence，sources，and symptoms，British. Journal of Educational Psychology，1978.

［5］Otto：Occupational stress among teachers in post—primary Education，A study of teachers in Technical schools and some comparative date on high school Teachers，1987.

［6］Manthei,R & Solman,R:Teacher stress and negatives in schools Journal of Educational studies,1988.

［7］Brown,M & Ralph,S:Towards the identification of stress in teachers, Educatioanal Research,1992.

［8］Gregoy,J. Boyle and Mark,G. Borg:A structural model of the dimensions of teacher stress,British Journal Educational Psychology, 1995.

［9］Brown,Marie,Ralph,Sue & Brember,I:Change—Linked work—related stress in British teachers. Research in Education:May 2002 Issue(67).

［10］Weick,K. E:Sense making in organizations. London:Sage,1995.

［11］Rudolf van den Berg:Teacher, Meanings Regarding Educational Practice. Review of Educational Research, Winter 2002, Vol. 72 (4).

［12］Cheng,C:Assessing coping flexibility in real-life and laboratory settings:a muti-method approach. Journal of Personality and Social psychology,2001,80(5).

［13］Michael Huberman:"Burnout in Teaching Careers",European Education Vol. 25 No. 3 1993.

［14］Kyriacou,C. and Sutcliffe,J:"Teacher Stress:Prevalence,Source, and Symptoms",British Journal of Educational Psychology Vol. 48,1978.

［15］Dunham,J. and Varma,V:Stress in Teacher:Past,Present and Future. Whurr Pubsishers Ltd,1998.

［16］David,W. Chan and Eadoin,K. P. Hui:Burnout and coping among Chinese secondary school teachers in Hong Kong. British Journal of educational Psychology,1995.

［17］Elaine Adams:Vocational Teacher Stress and Internal Charactristics. http // scholar lib. vt. edu/ejournals/JVTE/vl6nl/adams. html.

［18］Veenman,S. A. M:Perceived Problem of Beginning Teacher. Review of Education Research,1984.

[19] David Fontana,Reda Abouserie:Stress Levels:Gender and Personality Factors in Teachers. British Journal of Educational Psychology,1993.

[20] R. L. Schwab:Teacher Stress and Burnout. Handbook of Research on Teacher Educational. sikulan Editor,Macmillan,1996.

[21] Kop,N,Euwema,M. and Schaufeli,W:Burnout:Job Stress and Violent Behavior among Dutch Police Officers. Work and Stress,1999(4).

[22] Yin,R. K:Case Study Research:Design and Methods. 2nd Ed. Thousand Oaks:Sage,1994.

[23] Woods,P:New Songs Played Skillfully:Creativity and Technique in Writing Up Qualitative Research. In Robert Burgess(Ed.)Issues in Educational Research. Philadelphia:Palmer Press,1985.

[24] Wolcott,H. F:The Art of Field work. Walnut Creek:Altamira Press,1995.

[25] Wolcott,H. F:Posturing in Qualitative Inquiry . In M. D. Lecompte et al. (Eds.)The Handbook of Qualitative Research in Education. New York:Academic Press,1992.

[26] Wolcott,H. F:On Seeking-and Rejecting-Validity in Qualitative Research. In E. W. Eisner& A. Peshkin (Eds.)Qualitative Inquiry in Education:The Continuing Debate. New York:Columbia University,1990.

[27] Wolcott,H. F:Writing Up Qualitative Research. Newbury Park:Sage,1990.

[28] Wievorka,M:Case Studies:History or Sociology? In C. C. Ragin & H. S. Becker(Eds.)What Is a Case? Cambridge, UK:Cambridge University Press,1992.

[29] Whyte,W. F:Learning From the Field. Newbury Park:Sage,1984.

[30] Whyte ,W. F:Interviewing in Field Research. In R. G. Burgess

(Ed.)Field Research:A Source Book and Field Manual. London:
George Allen & Unwin,1984.

[31] Wax,R. H:Doing Fieldwork:Warnings and Advice. Chicago:University of Chicago Press,1971.

[32] Vidich,A. J. & Lyman,S. M:Qualitative Methods:Their History in Sociology and Anthropology. In N. K. Denzin & Y. S. Lincoln (Eds.)Handbook of Qualitative Research. Thousand Oaks:Sage, 1994.

[33] Van Maanen,J. et al:Varieties of Qualitative Research. Beverly Hills:Sage,1982.

[34] Van Maanen,J:Tales of the Field:On Writing Ethnography. The University of Chicago Press,1988.

[35] Van Maanen,J:The Moral Mix:On the Ethics of Fieldwork. In R. Emerson （Ed.） Contemporary Field Research. Boston: Little, Brown,1983.

[36] Trend,M. G:On the Reconciliation of Qualitative and Quantitative Analyses:A Case Study. Human Organization,1978.

[37] Tesch,R:Qualitative Research:Analysis Types& Software Tools. New York:The Falmer Press,1990.

[38] Taylor, S. J. &Bogdan, R: Introduction to Qualitative Research Methods. 2nd. Ed. New York:Wiley,1984.

[39] Strauss,A. & Corbin,J:Grounded Theory Methodology. In N. K. Denzin &Y. S. Lincoln(Eds.)Handbook of Qualitative Research. Thousand Oaks:Sage,1994.

[40] Strauss, A. & Corbin,J:Basics of Qualitative Research:Grouded Theory Procedures and Techniques. Newbury Park:Sage,1990.

[41] Strauss,A:Qualitative Analysis for Social Scientists. Cambridge, UK:Cambrige University Press,1987.

[42] Spradley,J. P:Participant Observation. New York:Holt,Rinehart & Winston,1980.

责任编辑:李惠 pphlh@126.com
装帧设计:雅思雅特
责任校对:马 婕

图书在版编目(CIP)数据

社会转型期民族农村地区教师压力研究——以云南省寻甸回族彝族自治县
六哨乡为个案/李孝川 等著. -北京:人民出版社,2012.9
(云南民族农村教育研究丛书)
ISBN 978-7-01-010959-6

Ⅰ.①社… Ⅱ.①李… Ⅲ.①少数民族教育-农村教育-教师-心理
压力-研究-寻甸回族彝族自治县 Ⅳ.①G443

中国版本图书馆 CIP 数据核字(2012)第 125078 号

社会转型期民族农村地区教师压力研究
SHEHUI ZHUANXING QI MINZU NONGCUN DIQU JIAOSHI YALI YANJIU
——以云南省寻甸回族彝族自治县六哨乡为个案

李孝川 王凌 刘菊华 著

人民出版社 出版发行
(100706 北京朝阳门内大街 166 号)

北京新魏印刷厂印刷 新华书店经销

2012 年 9 月第 1 版 2012 年 9 月北京第 1 次印刷
开本:700 毫米×1000 毫米 1/16
印张:18.25 字数:224 千字

ISBN 978-7-01-010959-6 定价:38.00 元

邮购地址 100706 北京朝阳门内大街 166 号
人民东方图书销售中心 电话 (010)65250042 65289539